透析作业

基于30000份数据的研究

王月芬　张新宇等◎著

华东师范大学出版社
·上海·

图书在版编目(CIP)数据

透析作业:基于 30000 份数据的研究/王月芬,张新宇
著.—上海:华东师范大学出版社,2014.10
(作业,教育变革的力量)
ISBN 978 - 7 - 5675 - 2703 - 4

Ⅰ.①透…　Ⅱ.①王…②张…　Ⅲ.①学生作业-教
学研究-中小学　Ⅳ.①G632.46

中国版本图书馆 CIP 数据核字(2014)第 242073 号

"作业,教育变革的力量"系列丛书之一

透析作业
——基于 30000 份数据的研究

撰　　著　王月芬　张新宇等
封面题字　尹后庆
策划编辑　张俊玲
审读编辑　陈俊学
责任校对　高士吟
装帧设计　卢晓红

出版发行　华东师范大学出版社
社　　址　上海市中山北路 3663 号　邮编 200062
网　　址　www.ecnupress.com.cn
电　　话　021 - 60821666　行政传真 021 - 62572105
客服电话　021 - 62865537　门市(邮购)电话 021 - 62869887
地　　址　上海市中山北路 3663 号华东师范大学校内先锋路口
网　　店　http://hdsdcbs.tmall.com

印 刷 者　常熟市文化印刷有限公司
开　　本　787×1092　16 开
印　　张　18.75
字　　数　368 千字
版　　次　2014 年 10 月第 1 版
印　　次　2022 年 6 月第 16 次
印　　数　45101 — 50200
书　　号　ISBN 978 - 7 - 5675 - 2703 - 4/G·7711
定　　价　48.00 元

出 版 人　王 焰

(如发现本版图书有印订质量问题,请寄回本社客服中心调换或电话 021 - 62865537 联系)

上海市义务教育阶段作业设计与实施现状研究项目

项目组长

倪闽景　上海市教委基教处处长
徐淀芳　上海市教委教研室主任，特级教师

项目主持

王月芬　上海市教委教研室科研项目部主任，综合教研员，科学与技术学科教研员

总项目组核心成员

张新宇　上海市教委教研室科研项目部　综合教研员
汪茂华　上海市教委教研室考试命题与质量监测部　综合教研员
薛　峰　上海市教委教研室小学学科部　小学语文教研员
陈　祯　上海市教委教研室初中学科部　中学社会教研员
朱　浦　上海市教委教研室小学学科部　小学英语教研员，特级教师
姚剑强　上海市教委教研室小学学科部　小学数学教研员
曹　刚　上海市教委教研室初中学科部　初中语文教研员
赵尚华　上海市教委教研室初中学科部　初中英语教研员
黄　华　上海市教委教研室高中学科部　中学数学教研员，特级教师
汤清修　上海市教委教研室高中学科部　中学物理教研员
许　萍　上海市教委教研室初中学科部　初中科学教研员
朱　蕾　上海市教委基教处　处级调研员
颜慧芬　上海市教委基教处　副处长
金莉莉　上海市教委基教处　主任科员

目　录

第 12 章

序

作业从来都不是教育领域的一个"小问题"。

作业应有的价值毋庸置疑。但是如果在实践过程中，由于作业设计不当，或者实施欠科学，作业就可能会走向其价值的反面。目前，作业存在着种种与课程改革要求相脱节的现象，社会对于作业的评价也比较负面，如负担重、质量差、效果不理想等。作业问题已经成为深化课程改革的瓶颈与关键，开展对作业的研究与实践刻不容缓。如果说课程改革数十年，我们在课程建设、课堂教学上已经有了一定的突破，那么，我们在作业领域还基本停留在"原始状态"。

作业并没有想象中那么容易研究。一方面对于作业的理论研究还很薄弱；另一方面学生真实的作业很难被研究者长期跟踪获得，往往只能获得零星的片段，难免以偏概全。另外，由于学生作业的实施与完成基本都在家中进行，研究者对于作业完成的过程很难掌握。由于上述种种原因，使得作业问题一直处于教育研究和教育实践的"盲区"。

作业研究不能脱离当下作业实践中存在的真实问题，因为作业是鲜活的教育活动中每天都发生的；作业研究更不能是"拍脑袋"的想当然，写一堆"高大上"的理念，让教师和学生依然觉得无所适从。因此，剖析作业在现实实践中的真实问题，并且分析其产生的原因，是作业研究的基础和关键。

为回答"作业存在怎样的问题？""这些问题在不同学科和群体的具体表现是什么？""不同作业问题产生的原因是什么？""如何去解决作业问题？""用什么方法去解决更好？""如何证明这些方法对于解决作业问题是有效的？"等一系列有关作业的基本问题，自 2010 年开始，上海市教委教研室启动并持续地开展了"提升中小学作业设计与实施品质"的研究与实践。本书着重介绍了 2013 年 10 月开展的上海市义务教育阶段作业设计和实施现状的研究成果。这项研究前后历经两年多的深入研究,有助于促进社会全面系统地认识作业。

本书既是一本主要基于学生真实的作业文本资料分析的研究成果,也是一本通过数据和证据进行作业全面分析与解读的著作。本书不仅全面阐述了作业观念、作业设计、作业批改、作业讲评、作业效果等各个方面的现状与问题,而且还通过学段差异分析,学生、教师和家长的群体差异分析,学科差异分析,不同学业成绩的学生差异分析,不同学历层次家长的差异分析,不同教龄的教师差异分析,以及作业各要素相互关系的综合分析等,反映了现象背后可能的原因,系统而深入地透析了作业全貌。本书中一些作业问题、现象、规律的发现都为精准地诊断作业问题,提出改进措施,提升作业实施效果奠定了良好的基础。

值得一提的是,本项研究有很多值得肯定的地方。本项研究将质量保障作为基本出发点,遵循高质量实证研究的基本要求,采取严格的质量保障措施:一是应用规范的研究程序。依照明确目标、设计框架、研制工具、开展研究、处理数据、获取结果的过程展开。二是组建复合型研究团队。以理论基础深厚的高校专家为顾问,以研究功底扎实的各级教研员为核心,以实践经验丰富的一线优秀教师为主体,以组织能力强的各级教育管理部门为支持。三是采取科学的研究方法。采用严格的抽样方法,保证所选择的样本能够反映上海市义务教育阶段的整体作业状况;精心设计标准化的调查问卷,使得调查问卷具有良好的信度以及较好的效度;创造性地研制作业文本分析技术,使得对于作业解释性、难度、选择性、多样性等层面的了解不再停留于专家的主观感受

与学生的口头报告,增加了分析的深入性,提升了证据的可靠性。四是应用恰当的、多样化的统计工具进行精确的统计处理。除了使用频次统计等常规统计方法外,还使用了方差分析、t 检验等方法反映不同群体的差异,通过相关分析反映不同变量的关系,通过回归分析探讨各变量的相互影响,多样化的数据处理方式带来了多层面的结果。在研究过程中,不断分析并逐步地优化研究工具的信度与效度。

更加难能可贵的是,本书还细致地描述了研究的过程与方法,在作业研究思路的整体设计、作业研究工具的设计、科学的抽样方法、作业文本分析方法、作业结果分析方法等方面都有非常扎实的研究与介绍,这对于各范围不同的区域、学校或者研究团队开展相似的研究,可以提供借鉴与参考。本书中对于作业的研究,不仅仅停留在简单的描述作业现状和问题本身,还提供了作业各个因素的相互关系,以及影响作业效果的关键因素等。这些都是本书的突破点和亮点。在作业研究方法和统计方法上的突破,是深入把握作业问题,挖掘作业规律的重要前提,也是本书希望提供给读者有益借鉴的重要内容之一。

综观本书,着重围绕三个主要问题在进行:现实的作业效果如何?影响作业效果的因素如何? 这些影响因素是如何作用于作业效果的?本书第 1 章着重论述了作业的价值意义以及作业研究的整体设计;第2—4 章主要讲述了如何研究并论证上述三个基本问题的方法与途径,包括作业研究工具的设计、抽样以及数据处理方法等;第 5 章主要描述作业效果的现状,并推断可能导致作业效果差的主要原因;第6—10 章主要论述了可能导致作业效果差的各个因素的情况,包括作业设计质量,作业实施质量,作业管理水平,各个学科作业设计质量等;第 11 章从综合分析的角度，着重论证了作业效果与各个因素之间的相互关系，并挖掘影响作业效果的关键因素；第12章主要从展望的角度，为作业变革的方向提供建议与思考。

作为全国首次进行的一项大规模作业现状研究，虽然是以上海市为主要样本，但是相信本书中所呈现的作业的主要观念，大型作业研究的关键方法，包括如何科学设计作业问卷，如何进行问卷的预调研分析，如何进行作业的文本分析，如何进行科学的统计和解释等，以及本书中所透析的作业核心问题，不同群体在作业设计和实施中的差异分析，作业各个因素的综合分析，作业效果影响因素的分析等，都会对整个基础教育的作业变革具有重要的借鉴意义。

期望这项科学严谨并且来自于一线真实的作业资料分析的研究成果，能打开作业研究与实践的"黑箱"，开启作业研究的正确方向与道路；期望有志于作业研究与实践的志同道合者，能够通过本书中展现的各种方法、思路，进行可重复性的验证研究，并实现作业研究方法和成果的超越；期望广大教育工作者能够透过数据的表象，剖析并关注作业设计和实施中很多让人费解或者引人深思的现象与问题；更加期望这本带有浓郁的原创性色彩的作业专著，为切实减轻学生作业负担，助力教育的健康发展，实现新的跨越！

第 1 章
作业研究的背景、意义与整体设计

作业是课程改革中不可或缺的关键领域，作业又是教育领域中"熟悉的陌生人"。作业和教学、评价有着千丝万缕的联系。作业如果出现问题，就会导致连锁反应，不仅影响教学的效果，而且会对学生的学习兴趣产生不良的影响，从而影响整个课程改革的效果，甚至走向课程改革的反面。因此，作业问题的研究与探索，是促进课程改革内涵发展不可回避的关键领域。

作业研究属于教育研究的范畴，属于理论支持下的实证研究。教育研究具有描述现状、解释原因、预测趋势、改进实践的作用[1]。如何采取有效的质量保障措施，以便客观地描述现状，深入地挖掘原因，合理地预测趋势，精准地改进实践，是任何教育研究都必须考虑的根本性问题。实证研究是教育研究的重要范式，高质量的实证研究，依赖于有代表性的抽样技术、确立研究变量的规范、标准化的研究工具、控制干扰变量的手段、符合线性因果观的论证过程、检验假设时精确的统计处理[2]。

本章在分析作业内涵与价值，明确作业研究面临困境的基础上，围绕研究定位、研究范围、研究框架、研究工具，概括性地说明本项研究的主要思路与方法，同时阐明本项研究保障信度与效度的措施。阅读本

---

① ［美］M. 高尔，W. 博格，J. 高尔著. 许庆豫等译. 教育研究方法导论(第 6 版)［M］. 南京：江苏教育出版社，2002：3.
② 杨小微主编. 教育研究的原理与方法［M］. 上海：华东师范大学出版社，2002：45—46.

章内容,有助于在明确作业研究意义,设计作业研究的整体思路,实施作业研究过程等方面获得启示。

本章主要内容:
◆ 作业内涵与价值
◆ 作业研究的困境
◆ 作业研究的设计

本章阐述的主要问题与观点:

● 作业的地位究竟如何?

　　作业是课程改革不可或缺的关键领域,也是评判课程改革成败的重要指标之一。作业是连接课程、教学和评价的关键环节,也是社会和家庭认识和理解教育的"名片"。作业领域已经成为目前课程改革中不可回避、积重难返的"瓶颈问题"之一。

● 作业的内涵与价值是什么?

　　作业是学校教师依据一定目的布置给学生并且利用非教学时间完成的任务,不包括课内完成的练习和任务。作业应有的价值是多方面的,不同的国家、同一国家不同时期对作业价值的判断也是不同的。但是如果因为作业设计和实施得不当,会让作业走向反面,发挥消极作用。

● 作业研究的困境究竟是什么?

　　作业研究并没有想象中那么轻而易举,作业研究的困境在于作业收集的困难,也在于研究方法的局限。作业文本分析法是一种创新型的研究方法,有助于弥补文献法、问卷调查和访谈的不足,起到相互补充的作用。

● 如何开展作业研究?

　　全面系统的作业研究是发现作业问题的基础,但作业研究并不局限于发现问题本身,还可以发现问题背后的原因,以及解决作业问题的普遍规律。作业研究需要系统地设计研究目标、研究框架、研究范围、研究工具等。

从世界范围来看，在各国的教育改革中，作业都是关键词之一。作业是课程的重要组成部分，也是实现课程目标的重要因素之一，是连接课程实施与课程评价的中间环节，也是绝大部分教师和学生几乎每天都要接触的内容。由于社会和家长无法每天走进学校和课堂去了解学校教育的全貌和过程，所以，作业就成为社会、家长直接接触和了解学校教育的主要内容，社会和家长通过作业的质量来反观学校的教育价值导向和教育质量。因此，作业是社会和家庭认识和理解教育的"名片"。

一、作业内涵与价值

爱因斯坦曾经提出，人的差异在于业余时间。只要知道一个青年怎样度过他的业余时间，就能预言出这个青年的前程怎样。可见，学生在业余时间做什么是相当重要的。作业是中国学生业余时间里的主要任务，甚至几乎是绝大多数学生业余生活的全部内容。

(一) 作业内涵

作业可谓"熟悉的陌生人"，作业名称耳熟能详，却不易作出精确界定。广义而言，作业泛指学生独立进行的学习活动[1]，包括课前预习、课堂任务和课后作业。狭义而言，作业特指由学校教师布置给学生利用非在校时间完成的任务[2]。

借鉴已有的研究观点，本研究将作业界定为学校教师依据一定目的布置给学生并且利用非教学时间完成的任务，俗称"家庭作业"。[3] 本定义包含以下基本内涵：(1)作业主要指课前和课后完成的练习和任务，不包括课堂内的练习和任务；(2)作业不仅仅包括学生个人完成的，也包括学校布置的团队性任务，还包括需要家长参与的一些任务；(3)作业强调一

---

[1] Husen，T.，etc. 吴庆麟等译. 国际教育百科全书[M]. 贵阳：贵州教育出版社，1991：508.

[2] Cooper，H. Homework. New York：Longman，1989.

[3] 该作业内涵的界定借鉴于上海市教委教研室重大科研项目"提升中小学作业设计与实施品质项目"研究。本专著中，"作业"和"家庭作业"是同一内涵。因此在引用一些已有的研究成果时，为了尊重原文意思，有时候采用"作业"，有时候采用"家庭作业"。

定的功能和目的，即强调教师有意识的设计；(4)作业完成的时空主要是指非教学时间，包括学生回家作业时间，学生在学校利用课间休息的时间或者其他非教学时间等；(5)通常情况下，家长也会布置作业，学生还会自己做一些作业。对于这些特殊作业，在分析时会特别注明。

当然，作业与课堂教学的内容、课内练习也有着联系。实际上，课前预习、课内练习、课后作业需要进行系统设计。为分析方便，本书着重研究学生课外完成的各类作业的情况。

(二) 作业价值

作业，是对学生在校学习活动的重要补充(Henderson，1996)，作业的价值不可小觑。2001年，美国学者Epstein将作业功能总结为十个方面，即练习、预习、参与、个性发展、亲子关系、家长—教师沟通、同伴交往、政策制度、公共关系和惩罚[①]。

对于学生来说，作业能够巩固课堂教学的知识与技能，发展解决问题的能力，养成持之以恒的态度，培养良好的学习习惯，掌握科学的学习方法；对于教师来说，可以通过学生作业中发现的问题，来诊断和改进教学。此外，作业完成情况有助于诊断和矫正课程标准的要求，作业还能够促进学校和家庭的联系。

作业如此重要，以至于从来没有人怀疑过作业的价值，也几乎没有人愿意轻易否认作业的应有价值。学生日复一日地做着各种作业，教师日复一日地布置和批改着学生的作业，家长日复一日地关心、辅导甚至监控着孩子的作业。人们在对作业充满期望和肯定的同时，似乎又不断地饱受着"作业之殇"，学生的课外休闲时间几乎消失，睡眠时间越来越少，学生体质越来越弱，学生越来越讨厌学习，惧怕作业……

当然，作业的功能不能一概而论，不同的国家对于作业价值的认同度并不完全相同。即使是同一国家，在不同的时期对作业价值的认同也不完全相同。这主要是因为作业的功能不是单一的，可能同时会产生多种功能；同样的作业有可能在发挥积极功能的同时，也产生了一些附加的消极功能。而且不同的人群对于作业价值的判断与感受也会截然不同。库珀认为，除了极少数例外情况，家庭作业的正面与负面影响会同时存在。

但不管不同的国家和不同的学者对作业功能的争议如何，不可否认的是，作业的确是影响教育质量不可或缺的关键因素。即使在作业被饱受诟病的今天，在整个社会都充

---

① Joyce L. Epstein, Frances L. Van Voorhis. More Than Minutes: Teachers' Roles in Designing Homework [J]. Educational Psychologist，2001，36(3)：181 - 193.

满着对作业"又爱又恨"的矛盾情结的时候,教师、家长每天依然很坚定地布置给学生各种作业,学生也每天坚持不懈、半信半疑地做着各种作业。因为在大家的心中总有一个信念:不管怎样,做作业总比不做作业好,多做一些作业总比少做一些作业好,不断地通过作业来训练巩固总能达到熟能生巧的境界。教师、学生和家长这种对于作业强烈信任的背后,其实隐含着一个可能并不成立的基本假设,即所有人都认为作业本身的质量是没有问题的。事实上,作业质量对于作业所能达到的效果起着非常关键的作用。高质量的作业或许能够达到人们所期望的所有愿望,而低质量的作业对学生所起到的效果可能往往背道而驰。

二、作业实施与研究的困境

近年来,作业再次被推向风口浪尖。无论是 2012 年 PISA 测试[①]结果,还是各种新闻报道,抑或是一些教育调查或者研究结果,甚至一些政府的教育政策文件,都将"学业负担过重"的矛头直指作业问题。家长、社会和学生抱怨最多的负担来源之一是作业,审查专家对教材中最不满意的也是作业练习部分。甚至有人将"课业负担"直接窄化为"作业负担"。

作业究竟是"天使"还是"魔鬼"?

(一) 作业实施的困境

在 2012 年国际 PISA 测试中,上海学生成绩优异,以数学 613 分、阅读 570 分和科学 580 分,在所有 65 个国家(地区)中位居第一,这也是上海继 2009 年首度参加 PISA 之后再度蝉联榜首。但是学业成绩第一的背后,是上海学生平均每周做作业时间为 13.8 小时,同样位列世界第一,比所有参与国家平均值高出近一倍[②]。面对这一结果,学业成绩再一次世界第一的殊荣,似乎并没有让我们过于狂喜,每一个教育工作者在内心深处似乎有一种深刻的悲哀感,因为我们都非常清楚:学生获得高学业成绩的光环背后,折射的是我们的学

---

① PISA 测试:经济合作与发展组织(OECD)开展的国际学生评估项目,每 3 年测试一次。PISA 测评即将完成义务教育时,学生在多大程度上掌握了全面参与社会所需要的基本知识和技能,聚焦在阅读、数学和科学等关键领域的学生能力上。除试卷测验外,PISA 还会进行学生、教师、学校问卷调查。
② 王婧. PISA 测试:上海学生成绩蝉联全球第一,作业时间也第一[N]. 新闻晨报,2013 - 12 - 04(4).

生所付出的沉重代价,包括学生长时间的作业、很少的睡眠时间、令人担忧的身心的健康等问题。当然,这是否是作业问题的本质问题,是不是作业时间这么长就一定是负担重?值得进一步研究。

2013年8月,教育部曾经下发《小学生减负十条规定》征求意见稿。征求意见稿中的第四条明确提出:

"四、不留作业。小学不留书面式家庭作业,可布置一些适合小学生特点的体验式作业。积极与家长、社会资源单位联动,在确保安全的前提下,因地制宜地安排学生参观博物馆、图书馆、文化馆等社会设施,组织参加力所能及的手工劳动、农业劳动。"

2014年5月20日,浙江省一位年仅11岁的女生因为抄作业遭父亲毒打致死。面对这种狼式教育酿成的惨剧,背后依然折射出了作业对于家庭教育的严重影响。

……

虽然也有少数的坚持者认为,学生的学习本身就是一件辛苦的事情,学生必须付出努力和汗水,才能获得优异的成绩,才能磨炼坚强的意志,同时才能取得未来的成就。但是,不管这些理由多么的冠冕堂皇,过重的课业负担危害重重,不可小觑。从个人、学校、家庭乃至社会、国家的角度,过重课业负担所带来的危害是非常明显的。当学生迷失在现在时,他们已经厌倦去憧憬未来,甚至因绝望而不愿走向未来。

从个人成长来看,过重的课业负担会导致学生近视率的逐级攀升;脊柱发育不良;睡眠长期不足,身体素质下降;存在显性或隐性的精神创伤;学生厌学和逃学现象、行为异常日渐增多,甚至导致少部分学生自杀……

从家庭和学校来说,过重的课业负担导致师生、家庭关系紧张;学生对学校和家长毫无感恩之情,甚至憎恨;学生学习的内在动机丧失,缺乏可持续学习的愿望与兴趣……

从社会和国家可持续发展的角度来说,过重的课业负担会导致学生多种生活能力的缺失;缺乏解决真实问题的能力;学生创新能力丧失,国家失去持续发展和创新的人才基础……

过重的课业负担所导致的严重后果,无论对个人、家庭、社会,还是对国家,哪怕只发生在10%—20%的中小学生身上,都是严重的民族素质问题和社会问题,是涉及民族根基的大问题[1]。中国教育上的问题,没有哪个像过重的课业负担这样。从建国开始,几代国家最高领导人都出面表态,就是基于过重的课业负担可能产生严重的社会后果这一风险所致。

---

[1] 山子."过重课业负担"的概念分析及问题求解[J].基础教育,2011(10).

（二）作业研究的困难·

面对作业痼疾，各级部门颁布严格的规定，采取严厉的措施，进行严肃的处理，但却收效甚微。究其原因，在于措施的针对性与操作性欠缺，往往没有综合考虑各类要素，也没有以系统的研究为基础。

纵观国内外有关作业的研究，令人遗憾的是，国外的作业研究主要局限于"作业时间与学业成绩"等局部问题的探讨上，而国内的作业研究也主要停留在个人经验总结上。国内外迄今为止鲜有与作业有关的完整、系统、深入且具有说服力的作业理论、实施操作方法等方面的研究。

造成作业研究与实践问题迭出的原因很多。一方面是因为我们的教师长期布置"作业"，对于作业都觉得非常"有经验"，认为作业问题无需研究，而且"作业做得越多越好"、"做作业总比不做作业好"等观念不断左右着教师的行为。另一方面和国内外缺乏深厚的作业理论基础有关，导致我们的作业研究热衷于描述经验性或者理想化的观念，根基不牢。当然在作业研究的实际操作中，还存在以下一些不容忽略的客观原因：

第一，由于作业是很多学校"克敌制胜"的"法宝"，或者由于学校的作业大都违背了教育行政部门的一些禁令，所以导致很多学校愿意展示课堂教学，却不愿意将学校自己开发的作业对外共享，导致作业往往成为学校教育的"暗箱"。

第二，因为作业代表了一所学校的学业负担，学校对于作业往往"讳莫如深"，研究者很难从学校获取一手作业资料来分析研究。即使获得"第一手资料"，也未必真实和完整。如果仅仅通过问卷来获得信息，也会因为"社会期望效应"和教师、学生的"自我保护"心理，难以获得真实有效的数据。

第三，作业是一个庞大的研究系统，学科差异、学校差异、学生差异、家庭差异、时代差异、文化差异巨大，研究者需要具备很好的学科背景知识、研究功底，甚至是丰富的教学经验，否则很难判断学科作业中的本质问题。

第四，作业研究与实践的效果不是一朝一夕就能够看到的，需要研究者花费极大的耐心，长期跟踪研究，"快餐式"、"短、平、快"的研究方法很难取得突破性进展。

第五，作业缺乏比较系统的理论研究基础，导致很多研究的深度不够，而且由于作业牵涉的因素和变量极其复杂，很难判断作业成效。部分学者甚至认为作业研究属于极其微观的研究领域，认为这是教师个人的事情，不屑于进行这方面的探索。

……

综合上面种种原因，作业研究的困难就不言而喻。也正是作业研究的匮乏，导致作业问题层出不穷,就不足为怪。但是,考虑到作业对于课程改革的价值,作业作为教育中的关键因素和不可或缺的环节,这就需要我们把作业放在一个宏观的课程改革背景下进行思考。如果说我们的课程、教学都发生了巨大的改变,而我们的作业却数十年如一日地纹丝不动,那么很有可能就因此导致我们的课程改革的失败,这绝不是危言耸听。我们更不能因为作业研究中实际操作的困难就放弃了对作业系统研究的决心。我们需要在作业研究方法、研究思路上都力争有所突破。

三、作业研究的必要性与整体设计

如前所述,由于种种客观的原因,导致作业成为我们实践时间最多,却是研究最少的内容之一。我们似乎总是离作业的现场很近,但是却离作业的本质很远。

毋庸置疑,作业是"减轻学生过重课业负担"的焦点之一,作业是课程改革内涵发展的难点和重点。作业究竟应该是怎样的?作业在现实的实践中又是怎样的?我们今天在研究和实践作业的时候,应该如何把握作业的本质和核心,应该从何处着手进行有效的作业研究与实践?如此种种问题,对于科学有效地解决作业问题,显得愈来愈重要。

正确做事,先要做正确的事。找出正确的问题,则是做正确的事的第一步。作业究竟存在什么样的问题,究竟是什么原因导致作业走向了教育的"反面"?为深入地了解义务教育阶段作业设计和实施现状,针对性地解决作业存在的问题,2013 年 10 月,在前期充分研究论证的基础上,上海市教育委员会教学研究室和上海市教育委员会基础教育处联合开展了对上海的大型作业现状研究。

任何研究,都不应该是无目的的随心所至。作业研究是一个科学严谨的整体设计。作业研究应该依照一定的科学程序与规范进行:明确研究目标、确定研究范围、设计研究框架、研制研究工具、进行研究活动、处理研究数据,以保障研究的系统性、科学性、规范性、深入性。

(一)作业研究的定位

作为上海市范围内首次,也是全国范围内较早的全面反映作业现状的系统研究,2013年上海市义务教育阶段作业设计与实施现状的研究,主要以"服务当下、面向未来"为基本定位。服务当下即全面了解上海市作业设计与实施现状,为教育决策提供咨询服务,为教育实践提供方法指导;面向未来即为后续开展作业研究,证实教育决策与改进措施的有效性提供数据基础。

1. 构建反映作业设计与实施品质的评价指标体系,设计相关研究工具

工具不是目的,但有时却比目的更为重要。离开了科学、有效的工具,就很难实现研究目的,甚至可能得出错误的结论。正因为如此,多数研究均将有效工具的设计与应用作为重要工作。而就作业研究而言,普遍面临问卷质量欠佳、文本分析方法匮乏的窘境。为此,本项研究将调查问卷设计和作业文本分析作为重要突破口,同时探索利用其他获取证据的途径。

2. 全面了解作业设计与实施存在的主要问题及产生原因,提炼可借鉴的成功经验

对于作业现状,已有一定数量的小规模研究,提出了一些存在的问题,也提供了少许成功的经验。然而,由于样本量的限制,这些问题是否普遍存在,提供的经验是否具有推广价值,目前少有定论,这在一定程度上增加了教育决策的难度。为此,本项研究以全面了解上海市作业设计与实施现状为目标,力图发现普遍存在的典型问题及其可能的原因,同时挖掘有助于切实解决问题的成功经验。

3. 挖掘影响作业设计与实施品质的关键因素,探索各因素对于学生学习效果的影响

作业是一个复杂系统,包含了设计、完成、批改、反馈等诸多结构要素。各要素相互作用、相互影响,关系错综复杂,共同影响着学生的学习效果。在当前作业研究不够充分、实践较为随意的背景下,很难做到全面、均衡地提高各要素的水平。为此,本项研究试图挖掘影响作业设计与实施品质的关键因素,探索各因素影响学习效果的具体表现,为提出针对性的问题解决方案奠定基础。

4. 积累作业设计与实施的前测数据,为发展性比较建立数据基础

改革不是一幅蓝图,而是一个旅程。发现的问题是否恰切,制定的政策是否合理,采取的措施是否到位,取得的成果是否有效,均需要在教育实践中不断检验。这就需要保持研究思路的持续性,体现研究方法的一致性。为此,本项研究有助于全面地积累作业设计与实施的基础性数据,为进行不同阶段数据的发展性比较奠定基础。

综合有关作业价值、作业困境、作业研究的意义和定位等分析,科学的作业研究需要体现全面性、深刻性、发展性。而作为作业研究本身而言,需重点解决针对哪些样本研究、从哪些维度研究、应用哪些方法研究等要素。

表 1-1 作业研究所思考的问题

| | | 需解决的问题 | | |
		研究样本	研究维度	研究方法
研究特征	全面性	应用何种抽样方法，以保证研究样本的代表性	如何设计研究框架，以保证研究维度的全面性	如何整合研究方法，形成方法体系
	深刻性	收集哪些作业样本，以便于进行深入分析	如何建立各研究维度、指标之间关系的假设	如何准确把握作业现状的具体表现 如何分析不同维度之间的关系
	发展性			如何设计高质量研究工具，以保证研究方法的持续性 可以提出哪些基于证据的针对性建议，以提升作业设计与实施品质

（二）作业研究的框架

研究框架是研究设计与实施的基础，指引研究工具的设计，引导研究过程的实施。研究框架不仅可以明确需要研究的维度与指标，也可以反映各研究维度与指标之间的关系。确定研究框架时，需要回答一系列问题：从哪些维度开展研究？各维度之间存在什么关系？各维度可进一步分解为哪些研究指标？维度、指标之间可能存在什么关系？本部分围绕这些问题，形成研究框架结构。

1. 确定研究维度

作业设计与实施是一个系统，主要包括作业设计、作业布置、作业完成、作业批改、统计分析、讲评辅导等环节。其中，作业设计、作业布置、作业批改、统计分析多以教师为主，作业完成以学生为主，讲评辅导则体现了师生互动。各环节之间存在较为明显的相互影响。例如，如果作业批改仅采用评定对错的方式，则只能统计正确率；而如果需要统计学生出错的可能原因，就需要在作业批改时指明存在的问题。

作业设计与实施品质可能会对作业效果产生明显影响。作业效果主要表现为对学生作业负担、作业兴趣、学业成绩的影响。这种影响是相互的，若作业设计合理且实施品质高,作业效果就好,即有助于提高学业成绩,减轻学习负担,激发学习兴趣。好的作业效果又会增强学生完成作业的动力,提高作业完成的质量,实现良性循环。

作业设计与实施品质受到多种因素的影响,具体可分为人的因素和物的因素。人的因素包括教师、家长、学生等,物的因素包括环境、条件、设备等。这些因素对作业设计与实施的品质也应该具有一定的影响。若能实现各因素的协同作用,无疑可以提高作业设计与实施品质。

综上,可建立作业各环节,作业影响因素,以及作业效果三个维度的关系图(见图1-1)。

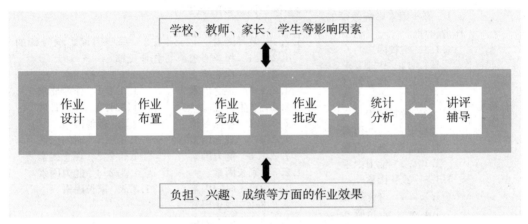

图1-1 作业设计与实施的研究维度与关系

与此相对应,建立三个基本假设:

假设1:当前中小学作业效果不理想。

假设2:作业效果不理想与作业设计与实施品质不高有关系。

假设3:作业设计与实施品质不高受到学校、教师、家长乃至学生等多方面因素的影响。

2. 设计研究指标

维度的综合性、包容性较强,具体化程度则有所欠缺。为此,有必要作更为细致的分析,提炼各维度的关键组成要素,形成研究指标。在构建各研究指标之间的关系时,也可将指标称为变量,包括自变量、因变量、中介变量、调节变量等。研究指标的形成经历了以下阶段:

● 作业文献研究:查阅了解作业研究的文献,综合作业研究涉及的各项指标。

● 作业应用研究:选择两个区县,以教师访谈为主要方法,进行作业应用的初步研究,了解作业实践中较为关注的作业要素。

● 多轮小组研讨:应用归纳方法,整理由文献分析和应用研究得到的作业指标。通过多轮小组研讨,形成初步的研究指标体系。

● 实证研究修正:依据预调研结果调整某些很难实施的指标。例如,对于作业实施效果,原本区分为设计效果、完成效果和反馈效果。但预调研表明,这些效果存在很强的交互作用,很难作出区分。为此最终以实施效果统整这几个方面。

经过以上阶段,最终形成如表1-2所示的研究指标体系。

表1-2 作业研究指标体系

	作业设计	作业完成	作业反馈①
1. 影响因素	1.1 哪些因素影响教师的作业设计 　1.1.1 学校因素 　　1.1.1.1 作业要求 　　1.1.1.2 作业管理 　　1.1.1.3 专业支持 　1.1.2 教师因素 　　1.1.2.1 时间因素 　　1.1.2.2 观念因素 　　1.1.2.3 能力因素 　1.1.3 家长因素 　　1.1.3.1 文化程度 　　1.1.3.2 经济收入	1.2 哪些因素影响学生的作业完成 　1.2.1 教师因素 　　1.2.1.1 作业要求 　　1.2.1.2 作业检查 　　1.2.1.3 观念因素 　1.2.2 学生特征 　　1.2.2.1 作业习惯 　　1.2.2.2 观念因素 　　1.2.2.3 能力因素 　1.2.3 家长因素 　　1.2.3.1 时间因素 　　1.2.3.2 观念因素 　　1.2.3.3 能力因素	1.3 哪些因素影响教师的作业反馈 　1.3.1 学校因素 　　1.3.1.1 作业要求 　　1.3.1.2 作业管理 　1.3.2 教师因素 　　1.3.2.1 时间因素 　　1.3.2.2 观念因素 　　1.3.2.3 能力因素 　1.3.3 家长因素
2. 作业设计与实施	2.1 作业是如何设计的 　2.1.1 作业题来源 　2.1.2 作业题优化 　2.1.3 作业题组合 2.2 设计的作业具有怎样的特征 　2.2.1 作业解释性 　2.2.2 作业选择性 　2.2.3 作业难度 　2.2.4 作业多样性 　2.2.5 作业科学性 　2.2.6 作业时间 　2.2.7 作业结构性	2.3 学生如何完成作业 　2.3.1 作业环境 　2.3.2 作业完成时间 　2.3.3 作业完成方式 　2.3.4 家长参与方式	2.4 如何批改作业 　2.4.1 批改主体 　2.4.2 批改方式 　2.4.3 批改频次 　2.4.4 批改结果 2.5 如何进行统计分析 　2.5.1 统计频次 　2.5.2 统计方法 　2.5.3 分析角度 　2.5.4 结果表达 2.6 如何进行讲评辅导 　2.6.1 讲评频次 　2.6.2 讲评方法 　2.6.3 辅导对象 　2.6.4 辅导方法
3. 实施效果	3.1 作业应用取得怎样的效果 　3.1.1 作业兴趣　3.1.2 作业负担　3.1.3 学业成绩		

① 本书中,作业反馈包括作业批改、统计分析、讲评辅导等环节。

在表1-2中，横向表示递进关系，按作业设计、作业完成、作业反馈的过程排列。对于每个阶段，细致地指出组成要素。例如，对于学生完成作业的方式，分解为作业环境、作业完成时间、作业完成方式、家长参与方式等要素。又如，对于统计分析，分解为统计频次、统计方法、分析角度、结果表达等要素。

纵向表示因果关系假设，用于探明问题产生的原因，以提出针对性的解决方案。例如，教师因素是影响作业设计、完成及反馈特征的主要因素，包含时间、观念、能力、态度、要求、检查等方面。其中，观念因素对于各作业设计与实施的各个环节均可能会产生影响；作业要求与作业检查可能对学生作业完成情况产生影响；时间、观念、能力等因素可能会对作业设计与反馈产生影响。因而，拆分这些影响因素，并与实施方式相对应，以更好地分析现状，解释原因。

（三）作业研究的范围

合理抽样是保证研究样本代表性的必要条件，明确研究范围则是合理抽样的前提条件。研究范围涉及研究年级、研究学科、研究对象等方面。在正式进行研究前，进行了一次预调研。此次预调研不仅优化了研究工具，也为确定研究范围提供了充分证据。关于预调研的详细过程，将在后续章节专门说明，此处仅提供与确定研究范围相关的结果。

1. 研究年级

上海市义务教育阶段共包括九个年级，采用五、四学制，即小学为一至五年级，初中为六至九年级。在确定研究年级时，既要兼顾各年级的代表性，又要考虑体现不同年级的发展趋势。在预调研时，小学阶段研究年级为二、三、五年级，初中阶段为六、七、八年级。因一年级学生识字量有限，九年级中考压力大，情况特殊，均未作为研究对象。

预调研采用纸质问卷的形式进行，并辅以认知访谈。研究结果表明，二年级学生阅读能力欠缺，很难准确理解并恰切回答相关问题，加之正式研究会采用网络调研的方式，操作也会存在困难。为此，在正式研究时，将二年级调整为四年级，使得研究范围为三到八年级，共计六个年级，形成一个发展连续体。

2. 研究科目

在预调研时，小学阶段研究科目为语文、数学、英语，初中阶段研究科目为语文、数学、英语，以及六、七年级的科学。其中，初中语文、数学、英语为中考科目，科学为非中考科目。

对于思想品德、信息科技、艺术、体育等学科,因为很少有课外作业,不作为研究对象。

预调研结果表明,科学课几乎没有课外作业。而在八年级,物理学科属于中考科目,课外需完成相应作业,对作业时间有明显影响。为此,正式研究时,取消了六、七年级的科学,增加了八年级的物理。最终确定的研究年级与学科如表1-3所示。

表1-3 作业研究年级与学科

		学科			
		语文	数学	英语	物理
小学	三年级	√	√	√	
	四年级	√	√	√	
	五年级	√	√	√	
初中	六年级	√	√	√	
	七年级	√	√	√	
	八年级	√	√	√	√

3. 研究对象

"全面了解上海市作业设计与实施现状"的研究目标要求获取全方位、广视角、多来源的作业信息。在预调研时,研究对象为各学科教师(含班主任)、学生、家长,以及校长或分管教学的副校长。

结果表明,校长主抓学校管理,课时数较少,且很少承担考试科目的教学工作,因而对于学科作业情况并不是很了解。为此,正式研究时,取消了校长问卷,主要研究对象为学生、学科教师和家长。此外,要实现"探索问题产生原因"的目标,就需要建立不同证据来源之间的联系。为此,本项研究以班级为抽样单位,实现教师、学生、家长的三方匹配。

(四) 作业研究的方式

明确研究指标后,面临的问题就是如何利用恰当的研究方式,全面、客观、准确、深入地反映作业现状。在确定研究方式时,需同时满足两个基本要求:第一,要保障研究的信度与效度;第二,要尽可能简单易操作。

如何通过研究视角的创新,恰当地应用科学方法,来真正深刻把握作业的问题,寻找解决作业问题的途径?这是本项作业研究迫切需要解决的核心问题。

1. 常见研究方式的优势与不足

文献研究法、问卷法、访谈法、行动研究法等都是比较常见的研究方法。文献研究法对国内外有关作业研究的资料进行系统分析，可以在一定程度上梳理作业理论，反映作业现状，了解已有研究成果。然而，教育是文化的缩影，作业是教育时代的产品。离开了民族与时代情境，研究成果的适用性就会大打折扣。因此，文献研究主要是提供给我们启示和参考，不宜直接应用于当前的实践。

问卷调查具有回答较简便、时间有弹性、规模可调控、结果易量化、数据能挖掘的优势。对于大规模作业现状研究的问卷，还可以借助网络的自动数据采集优势，无疑会有助于全面了解作业设计与实施现状。通过科学、规范的研制思路，辅以深入、有效的思考，也可以保证问卷调查的信度与效度。应用问卷调查，可以整体性地了解作业时间、作业内容、作业功能、作业设计、作业完成、作业反馈、作业效果等维度的倾向性情况，系统性地探索各维度之间的相互作用与因果关系，从而指出解决问题的思路与方向。不过，应用问卷调查，很难了解到问题的表现特征，也不易挖掘问题产生的本质原因。因此，问卷调查可以提供一些方向性的指导，不易提出针对性、操作性和指导性的措施与建议。

访谈具有问题易聚焦、信息较广泛、交流更深入的特点。通过访谈，往往可以了解表面特征背后的深层原因。因此，访谈可以在一定深度上弥补问卷的不足。然而，若作为独立的研究方法，虽然设计较为便利，但往往因为开放性较强而增加分析难度。为此，访谈一般可作为形成问卷的重要环节，也可用于问卷调查后获取一些原因分析或经验提炼层面的信息。

文本分析法是逐步得到重视的研究方法，强调以收集学生真实的一手作业资料、进行系统化的文本分析为突破口。通过对学生真实的各学科作业文字、图形、符号等相关记录保存下来的原始资料内容，根据一定的研究目的与分析框架，对这些内容进行的客观、系统和定量的统计分析，并在此基础上进行相关的说明、分析与解释。这对于真实、深刻地把握作业设计中的科学性问题、目标针对性问题、作业难度、作业整体结构、作业类型等，以及剖析作业问题的具体表现形态，挖掘作业问题背后的原因，寻找对策等，有着不可替代的作用。可见，文本分析法可以充分弥补问卷法、文献研究法、访谈法的不足。

当然，作业文本分析法远没有言语表述的那么简单，几乎没有人应用这种方法进行作业研究的原因很多。第一，绝大部分研究者都很难获得学生真实而全面的一手作业资料，因为各个学校不愿意将本校作业轻易公之于众。第二，由于研究者无法获得学生全面的作业资料，所以也很难研制出分析作业文本内容的工具。第三，文本分析法以耗时长、操作繁、要求高为代价，获取精准的基于证据的研究结论。这三方面的原因，是导致很多研究者没有采用作业文本分析这一研究方法的主要原因。本书中的作业研究以作业文本分析为突破口,在限定文本数量、优化文本来源、精炼分析维度的情况下,增强分析深度,提升研究效果。

2. 研究方式的整体设计

在明确研究方式后,针对每一个研究指标,从两个方面作出判断:一是指标是否适合用问卷(访谈)或文本分析的方式,二是如果适合用问卷(访谈)方式,是否适合提问校长、教师、学生或家长。当然,有些指标可以通过多种方式获取研究结果,不同结果之间可以形成互补或互证,例如作业时间。

表1-4 研究方式的整体设计示例(以作业设计维度为例)

维度		指标	问卷(或访谈)				文本分析
			校长	教师	学生	家长	
1.1 哪些因素影响教师的作业设计	1.1.1 学校因素	1.1.1.1 作业要求	√	√			√
		1.1.1.2 作业管理	√	√			√
	1.1.2 教师因素	1.1.2.1 时间因素		√			
		1.1.2.2 观念因素		√			
		1.1.2.3 能力因素		√			
	1.1.3 家长因素					√	
2.1 作业是如何设计的		2.1.1 作业题来源		√			√
		2.1.2 作业题优化		√			
		2.1.3 作业题组合		√			
2.2 设计的作业具有怎样的特征		2.2.1 作业的解释性			√		√
		2.2.2 作业的选择性			√		√
		2.2.3 作业难度			√		√
		2.2.4 作业多样性			√		√
		2.2.5 作业科学性			√		√
		2.2.6 作业时间			√		√
		2.2.7 作业结构性					√
3.1 作业应用具有怎样的效果		3.1.1 作业兴趣			√		
		3.1.2 作业负担			√		
		3.1.3 学业成绩			√		

在明确每个研究指标的研究方式后，分别设计教师问卷、学生问卷、家长问卷的内容以及文本分析的思路，同时完成研究工具的设计。

3. 研究的信度与效度

完成研究工具设计后，按以下过程实施研究：第一，采用 PPS 分层抽样方法，抽取区域、学校、班级、学科，并据此确定作为问卷调查对象的教师、学生和家长样本代表。第二，在作为问卷调查对象的学校中，进一步抽取年级、班级，选择相应学科作业，作为文本分析对象。第三，处理问卷调查数据和文本分析数据，客观地描述各类数据，分析不同数据之间的关系，阐述作业设计与实施的现状，发现存在的问题，并挖掘可能存在的经验。第四，针对可能存在的经验，采取实地观察和校长、教师访谈的方式提炼，力争增加经验的可复制性。

在研究工具设计与研究实施过程中，采取多种途径保障研究的信度与效度[①]：首先，无论是问卷编制，还是作业文本分析工具研制，均应用严格、规范的研究程序，采用初稿设计、预调研测试、修正优化的思路，综合专家论证、认知访谈、数据分析等方法，保障调查问卷和作业文本分析工具的信度、内容效度与结构效度。其次，依据研究需要，采取多阶段概率抽样，抽取能够反映上海市作业设计与实施整体状况的样本，保障研究结果的效度。再次，通过求算嵌入在问卷中量表的克隆巴赫一致性系数，保障各量表的信度。在处理问卷数据时，则采用科学的统计方法，保障研究结论的可靠性。

在确定了作业研究目的、整体研究框架、作业研究范围和主要研究方式后，作业研究还涉及几个关键的问题：一是如何设计科学的研究工具，包括作业问卷和作业文本分析工具；二是如何科学抽样，保证研究样本的代表性；三是如何对数据进行处理、统计与分析。本书将在第 2—4 章中对这几个关键问题进行阐述。

---

① 信度（reliability）即可靠性，是指根据测量工具所得到的测量结果的一致性或稳定性。信度主要包括重测信度、复本信度、内部一致性信度、评定者信度等类型。效度（validity）是指测量工具的准确性，即测量结果能够反映所要测量的特性的程度。效度主要包括内容效度、结构效度、效标效度等类型。信度是效度的必要条件，但不是充分条件。一个测量工具要有效度必须有信度，没有信度就没有效度；但是有了信度不一定有效度。

第2章
作业问卷的研制

　　问卷调查具有回答较简便、时间有弹性、规模可调控、结果易量化、数据能挖掘的优势。对于大规模作业现状研究的问卷,还可以借助网络的自动数据采集优势,无疑会有助于全面了解作业设计与实施现状。

　　使用问卷调查方法,其难点在于抽样的实施,更在于高质量的问卷设计。粗劣的问题设计随处可见,而改进问题设计质量是提高调查数据质量所能采取的最容易、最有成本效益的步骤之一[①]。若问卷体现出结构性、典型性、合理性、可理解性、可操作性、可推论性等特征,则就会具有较好的效度。

　　本章围绕问卷编制的规范思路,较为细致地阐述了调查问卷产生的过程,以及各环节中的操作方式。希望本章中有关作业问卷编制过程的介绍,以及对于各阶段中方法应用的说明,对于问卷编制的方法与要求,给您提供一定的启示。

本章主要内容:

◆ 问卷初稿设计

◆ 预调研测试

◆ 修正问卷结构与表达

◆ 形成各类问卷

---

① ［美］福勒著. 蒋逸民等译. 调查问卷的设计与评估［M］. 重庆:重庆大学出版社,2010:作者前言.

本章阐述的主要问题与观点：

- 问卷编制遵循怎样的系统思路？

 为保障问卷的内容效度，问卷编制需要依照严格的程序，并借助专业力量。问卷编制一般需经问卷初稿设计、预调研测试、问卷结构与表达修正等阶段。

- 不同类型的问题具有什么特点？

 问卷中主要涉及开放性问题、定类问题、定序问题、定距问题等不同类型。各类问题在编制时需遵循特定要求，在数据处理方式上也有所差异。相对而言，定序问题、定距问题的数据处理方式更为多样。

- 问卷编制中会用到哪些研究方法？

 利用文献研究、专家咨询、访谈等方法有助于形成调查问题；进行预调研测试、认知访谈等有助于借助定性与定量信息发现问题；不断提出问什么、问谁、怎么问的问题，有助于增加分析与思考的深度。

高质量的问卷设计是保障问卷调查效度的重要环节。设计好的调查问卷是一项技术含量极高的专业活动，而规范的过程、科学的方法、专业的支持是形成高质量问题的基本保障。本次问卷设计严格遵循优质问卷设计的一般思路，依据初稿设计、预调研测试、修订优化、专家论证的程序，使用文献分析、焦点团体、师生访谈、小组研讨等各类方法，从问题的类型、提问的对象、表述的方式、选项的设计等层面不断优化，最终形成各类问卷。

高质量问卷具有可理解性、可操作性、可推论性、典型性、结构性、合理性等特征，具体如表2-1所示。

表2-1　高质量问卷应该具有的特征

对象	特征	解释	要求
调查问题	可理解性	题干及选项对于调查对象来说必须是能达成一致理解的	(1) 使用被普遍接受的术语 (2) 表述清晰易懂
	可操作性	题目对于调查对象来说必须是能够回答的	(1) 题干不宜包含多个问题 (2) 问题需与选项在逻辑上形成匹配 (3) 选项整体上需要形成全集 (4) 选项之间必须相互排斥
	可推论性	根据回答必须能够作出合理推论	(1) 减少社会期望效应 (2) 调查对象有足够经验回答 (3) 在定距量表中，要围绕中间选项呈对称分布 (4) 避免因用词不当产生暗示效应
问卷整体	典型性	调查问题对于某个维度而言必须非常重要	(1) 重要指标需对应较多的题目 (2) 题目严格指向对应指标 (3) 题目反映了指标的重要方面
	结构性	目标、维度与问题必须形成良好的结构系统	(1) 各维度之间逻辑关系必须非常明确 (2) 调查问题必须要严格从属于相应维度
	合理性	问题的组织结构要便于调查对象完成	(1) 起始问题应该有趣、简单且没有威胁性 (2) 困难的、综合的问题应置于序列的较后位置 (3) 问题应该以逻辑性的方式排列，不宜过于跳跃

前已提及,除需反映作业设计与实施层面存在的问题外,本项研究还承载了探索问题产生的原因、挖掘影响作业品质关键要素的期望。这就要求问卷调查满足信度和效度的基本要求,同时要保持不同问题之间的关联性,以及应答方式上的标准化,以便推断不同维度、指标之间的关系。

(一) 收集调查问题,形成问题集

调查问题的形成是逐步去伪存真、去粗存精的过程,需要关注问题来源的广泛性。围绕研究框架和研究指标,主要通过以下三种途径收集调查问题:

一是文献研究。查阅国内外有关作业研究的文献,尤其是美国库珀及其研究团队对于作业的主要研究成果。这些问题已经过实证研究的检验,具有较高的质量。

二是师生访谈。设计具有开放性的访谈问题,选择上海市两个区县的部分小学和初中,进行教师与学生访谈,对调查对象的回答结果进行归类分析,并改编为调查问题。

三是团体研讨。组织多次专家研讨,讨论优质作业应用所应该具有的特征,指出作业设计和实施现状与优质作业应用的距离,在此基础上产生需要通过问卷调查进一步了解的问题。

综合以上三种来源,初步形成调查问题集。其中,教师问卷和学生问卷相关问题约100道,家长问卷大约50道的问题。

(二) 设计回答方式,形成题目

问卷中的问题主要有四种类型:一是开放性问题,即仅提供问题,不提供选项,调查对象根据自己的想法回答问题。二是定类问题,即设置不同选项,供调查对象选择。定类问题不具有数量或顺序意义[①],选项的顺序可调换。三是定序问题,即按一定次序设置选项,

---

① P. Nardi 著. 汪顺玉,席仲恩译. 如何解读统计图表:研究报告阅读指南[M]. 重庆:重庆大学出版社,2009:3.

供调查对象选择。定序问题具有顺序意义①,需按一定规则调换。四是定距问题,即按一定次序设置选项,且选项之间距离等距。定距问题具有数量特性②,选项顺序也需按一定规则排列,不宜任意调换。

案例分析:问题的主要类型与分析方法

开放性问题:学校是否有明确的有关作业的规定? 主要有哪些?"(问题1)

定类问题:您的性别为( )。A. 男 B. 女 (问题2)

定序问题:您的职称为( )。A. 中学高级 B. 中学一级 C. 中学二级 D. 尚未定级(问题3)

完成数学作业有助于提高我的学业成绩( )。A. 非常同意 B. 基本同意 C. 不确定 D. 不太同意 E. 非常不同意(问题4)

定距问题:数学老师平均每周布置作业的次数大约为( )。A. 0次 B. 1次 C. 2次 D. 3次 E. 4次 F. 5次及以上(问题5)

开放性问题的回答较为便利,信息收集较为广泛,且可能获得一些独特的认识与意想不到的答案。不过,正因为信息来源丰富,回答往往较为随意,且模糊不清,提炼难度较大。对于开放性问题,一般采用内容分析法,对回答结果进行归类,在此基础上统计频率。

定类问题属于封闭性问题,只能从给定选项中选择答案。定类问题的选项设计要求较高,要注意使不同选项构成全集,且选项之间不交叉、不重叠。对于定类问题,可对选项结果进行频率统计,以反映调查对象某些方面的特征趋势。

定序问题也属于封闭性问题,但选项需依一定规则排列。例如,对于问题3,亦可按职称由低到高的顺序排列,但不宜打乱顺序。对于定序问题,除可对选项结果进行频率统计外,还可进行相关分析或差异分析。

定距问题同样属于封闭性问题,选项也需依一定规则排列。例如,对于问题5,除按目前由低到高顺序排列外,也可按由高到低顺序排列。对于定距问题,除可进行频率统计、相关分析外,还可对数值进行平均等数字运算,有利于应用相互比较与回归分析等统计方法。

---

① P. Nardi 著. 汪顺玉,席仲恩译. 如何解读统计图表:研究报告阅读指南[M]. 重庆:重庆大学出版社,2009:4.
② 同上.

依据本项作业研究发现问题、分析原因、指明方向的目标，不仅要进行频率层面的分析，也要进行不同要素的差异比较，还要进行各要素之间的关系分析。在此背景下，适合以定距问题为主要问题类型。因为纯粹的定距问题很少，采用将定序问题转化为定距问题的处理思路。具体而言，尽可能使用频率高低或同意程度的问题设计。

案例分析：本次问卷调查中的问题设计

使用同意程度的问题：

完成数学作业有助于提高我的学业成绩（　　　　）。（问题6）

A．非常同意　　　B．基本同意　　　C．不确定　　　　D．不太同意

E．非常不同意

使用频率高低的问题：

在作业批改时，梳理学生作业中出现的错误（　　　　）。（问题7）

A．总是　　　　　B．经常　　　　　C．有时　　　　　D．偶尔　　　　　E．从不

使用这两类问题设计，在处理数据时可以将选项转化为数值。例如，对于问题6，可将"A.非常同意　B.基本同意　C.不确定　D.不太同意　E.非常不同意"分别转化为5、4、3、2、1分。同样，对于问题7，可将"A.总是　B.经常　C.有时　D.偶尔　E.从不"分别转化为5、4、3、2、1分。在转化为分值后，可进行数据运算、关系比较和回归分析等操作。

（三）专家逐条审核，形成问卷初稿

经过以上步骤，初步形成了问卷的问题集。这些由核心团队建立的问题集，是否具有优质问卷应具备的典型性、可理解性等特征，需要得到专家乃至调查对象的检验。为此，在初步设计调查问题后，组织专题研讨会，邀请专家围绕四个方面对题目进行逐条审核：第一，题目是否有必要（典型性），包括题目所对应的指标是否有必要，以及题目是否是针对指标的典型设计。第二，题目是否可理解（可理解性），包括题目使用的术语是否被普遍接受，以及题目的表述是否清晰易懂。第三，题目是否易回答（可操作性），包括题干是否因包含多个问题而难以回答，选项中是否因存在选项重叠现象而难以回答，以及选项是否因缺乏包容性而难以回答。第四，题目是否易推论（可推论性），包括回答者是否有足够的经验进行回答，以及回答者是否愿意回答真实情况（参见表2-1）。

为便于专家作出判断,设计了专家评价表(见表 2-2)。在提供题目的同时,依据研究框架写出拟调查的指标,促进专家作出更为准确的判断。在专家判断后,立即进行统计,并反馈统计结果。专家讨论判断结果,指明问题产生的原因,提出优化题目设计的建议。依据专家研讨结果,调整问题设计,形成问卷初稿,此过程提高了问卷的内容效度。

表 2-2 专家评价表示例(部分)

题目(学生问卷)	拟调查的指标	评价(若符合,请打"√")			
		题目没有必要	题目难以理解	题目难以回答	回答不够可靠
1. ×××学科布置的作业与学习内容联系紧密(　　) A. 非常同意　　B. 同意 C. 不同意　　D. 非常不同意	3.1.1　对作业的理解(作业设计是否能满足学生需要)				
2. 我能理解×××学科多数作业题的要求(　　) A. 非常同意　　B. 同意 C. 不同意　　D. 非常不同意	3.1.1　对作业的理解(作业设计是否能满足学生需要)				
3. ×××学科老师为我布置与其他同学不同的作业(　　) A. 非常同意　　B. 同意 C. 不同意　　D. 非常不同意	3.1.2　作业的选择性(作业设计是否满足学生的需要)				

二、问卷的预调研测试

为了继续优化研究问卷的题目,增强问卷的可理解性、可操作性与可推论性,进一步保障研究的信度与效度,组建了预调研小组,在两个区县选择一定数量的学校、教师和学生样本,开展了有关作业设计与实施品质的预调研。

(一) 研究对象

此次预调研涉及小学、初中两个学段。小学研究对象为来自二年级、三年级、五年级的学生、教师和家长,初中研究对象为来自六年级、七年级、八年级的学生、教师和家长。

　　学校样本主要考虑学校层次差异;学生样本则适当兼顾性别及学业成绩差异。每个群体的样本数至少为30人,符合统计学上的最小样本量要求。

表 2-3　预调研样本信息

		学校	教师数	学生数	家长数
问卷	F 区	3	15	120	15
	J 区	3	15	144	15
	小计	6	30	264	30
访谈	F 区	3	15	30	15
	J 区	3	15	30	15
	小计	6	30	60	30

　　上述抽样对象中,部分学生(244人)仅仅完成问卷,部分学生(60人)、所有教师(30人)、所有家长(30人)既完成问卷,同时作为访谈对象接受访谈。

(二) 预调研方法

　　预调研主要应用问卷调查法及认知访谈法,研究过程包括问卷及访谈提纲编制、问卷调查及访谈、结果整理与分析等几个阶段。

1. 预调研问卷设计及访谈提纲编制

　　预调研问卷主要承载着优化题目设计的功能。因此,除需要调查对象回答相关题目外,还要求他们指出难以理解的题目(可理解性)、难以回答的题目(可操作性、可推论性),以便为修正题目提供依据。问卷格式如表 2-4 所示。

表 2-4　调查问卷格式(学生问卷,语文)

题目	评价	
	题目难以理解	题目难以回答
38. 做语文作业时注意力集中(　　) 　A. 总是　　B. 经常　　C. 有时　　D. 偶尔　　E. 从不		

题目	评价	
	题目难以理解	题目难以回答
39. 先复习,然后再完成语文作业(　　) A. 总是　　　B. 经常　　　C. 有时　　　D. 偶尔　　　E. 从不		
40. 遇到语文作业问题时,暂时放弃,等待老师讲解(　　) A. 总是　　　B. 经常　　　C. 有时　　　D. 偶尔　　　E. 从不		
41. 遇到语文作业问题时,力争借助相关资料解决(　　) A. 总是　　　B. 经常　　　C. 有时　　　D. 偶尔　　　E. 从不		
42. 遇到语文作业问题时,向家人或同学寻求帮助(　　) A. 总是　　　B. 经常　　　C. 有时　　　D. 偶尔　　　E. 从不		

认知访谈也是发现题目存在问题、探明问题产生原因的重要途径。对预调研问卷进行逐题分析,提出调查对象可能存在的理解误区,并设计成访谈问题。例如,对于以下题目(教师问卷):

16. 做作业有助于培养学生良好的学习习惯(　　)

A. 非常同意　　　B. 基本同意　　　C. 不确定

D. 不太同意　　　E. 很不同意

预测教师对于学习习惯的界定可能差异较大,可能会造成理解差异,从而影响结果的有效性。为此,专门针对此题设计访谈问题:"在您看来,作业培养学生良好的学习习惯主要体现在什么方面"(见表2-5),以此探析教师对于学习习惯的理解是否一致。

表2-5　访谈问题格式

题号	访谈问题
15	在您看来,作业培养学生良好的学习习惯主要体现在什么方面?
记录:	

2. 预调研问卷调查及认知访谈

完成问卷格式调整与访谈提纲设计后,利用两天的时间进行预调研测试。在访谈对象完成问卷的过程中,访谈员注意观察并及时记录访谈对象的问卷完成情况,尤其关注在某个题目上停顿时间较长的情况。

待访谈对象完成问卷后,依照三个环节展开访谈。首先,针对访谈对象判定为难以理解和难以回答的问题,请他们描述难以理解之处与难以回答的原因。其次,针对访谈对象停顿时间较长的问题,请他们描述当时思考的重点与方向(格式见表2-6)。再次,针对预设的问题,请访谈对象回答。对于访谈的整个过程,均记录文字,并录音。

表2-6 难以理解或难以回答的问题的访谈格式

题号	难以理解(打"√")	难以回答(打"√")
原因:		

(三)预调研结果分析

整理预调研问卷调查结果,统计各调查题目的作答情况,推测题目可能存在的问题,初步判断问卷的信度和效度。整理访谈结果,了解每道题目的可理解性、可操作性与可推论性,分析调查对象对题目的看法与期望。整合问卷调查结果及访谈结果,举行问卷研制小组会议,提出优化思路。

预调研问卷调查与访谈结果显示,本次预调研取得了预期效果。一方面,问卷整体上具有较高的质量,得到了调查对象和研究人员的普遍认同,数据分析的信度也符合预期。另一方面,发现了问卷中仍然存在的可理解性、可操作性以及可推论性层面的问题,有助于进一步修改与优化试卷。

1. 信度基本符合预期

在问卷设计时,预设几道问题指向完全相同,但提问方式存在差异的题目,试图通过回答结果的相关性来说明调查对象回答的稳定性。例如,在家长问卷中存在两道指向相近的题目。分别为:

10. 学校老师布置的作业量大(   )

A. 非常同意   B. 基本同意   C. 不确定   D. 不太同意   E. 非常不同意

11. 孩子完成学校老师布置的作业的时间长(   )

A．非常同意　　B．基本同意　　C．不确定　　　D．不太同意　　E．非常不同意

作业量大是作业时间长的关键诱因，因而，对这两道题目的回答应该相同。表现在统计意义上，回答应该存在高度相关。统计家长对两道题目的回答，进行相关样本分析，可以得到如表2-7所示结果。回答结果相关系数r为0.482，显著性水平$p<0.01$，存在极为显著的相关①。

表2-7　相关分析

	均值	相关分析	
		r	p
第10题	3.4138	.482	.008
第11题	3.3793		

在教师问卷、学生问卷和家长问卷中均存在几对此类题目。进行相关样本分析，各对题目的回答结果均存在显著相关，由此说明各类群体对于问卷的回答均具有可以接受的信度。

2. 题目设计具有较好的区分度

如何避免社会期望效应，使研究结果更加真实，一直是问卷调查所要突破的难点。而从实际情况来看，突破非常困难，整体结果往往向好的方向偏移。为此，当前问卷调查时除了强调通过题目设计减弱社会期望效应外，也十分强调通过不同题目之间的比较弱化社会期望效应造成的影响。也就是说，在作业设计与实施中存在差异的各种处理方式，要能通过问卷调查加以区分。

例如，在教师问卷中，有5道题目调查教师对作业功能的认识。分别为：

12. 做作业有助于学生提高学业成绩（　　　）

13. 做作业有助于增强学生对学科的重视程度（　　　）

14. 做作业有助于保持学生的学习兴趣（　　　）

15. 做作业有助于巩固课堂学习内容（　　　）

16. 做作业有助于培养学生良好的学习习惯（　　　）

各道题目的选项均为：

A．非常同意　　B．基本同意　　C．不确定　　　D．不太同意　　E．非常不同意

———————

① 对于样本相关性分析方法，第4章"四、数据分析"中作了专门介绍。

各题的结果比较如表2-8所示。独立样本差异分析表明[1]，教师最为认同巩固课堂学习内容的功能（与其他各项均存在显著差异，$p<0.05$）；其次认同提高学业成绩和培养学习习惯的功能（这两项与其他各项存在显著差异，$p<0.05$；两项之间没有显著差异，$p=0.79$）；再次认同增强学生对学科重视程度的功能（与其他各项存在显著差异，$p<0.05$）；最不认同保持学生学习兴趣的功能（与其他各项均存在显著差异，$p<0.05$）。可见，调查问题能够反映教师对不同作业功能的认识差异。

表2-8　教师问卷均分

题号	12	13	14	15	16
均值	4.60	4.30	3.93	4.87	4.56

在教师问卷、学生问卷、家长问卷中均有类似的题组，分析表明，多数题组具有较好的区分度，适合于正式研究使用。

3. 问卷具有较强的可理解性与可操作性

学生在完成每一道题目时，同时需要回答两个问题：一是题目是否难以理解；二是题目是否难以回答。此外，还通过访谈专题了解问卷的可理解性与可操作性。在统计时，只要有人提出，就认为存在问题，但同一道题目不重复计算。

表2-9列举了各调查问卷中题目的总量以及存在问题的题目数量。分析可知，约有80%的题目不存在可理解性与可操作性层面的问题。由此看来，问卷在这两方面的质量还是令人满意的。

表2-9　可理解性与可操作性分析

问卷类型	教师问卷	学生问卷	家长问卷
题目总量	69	50	29
难以理解的题目数量	7	10	4
难以回答的题目数量	5	3	4

不过，在回答某些题目时，调查对象也遇到了一些困难。根据调查内容，将调查题目分

---

[1] 对于独立样本差异分析方法，第4章"四、数据分析"中作了专门介绍。

为四类：第一类为调查事实的题目，如调查教师的教龄、学生的年级、家长的学历等，此类题目有明确的答案。第二类为对事实作估计的题目，如作业时间的长短、进行各类活动的频率。此类问题无法获取精确的答案，但可以估计大致的范围。第三类为事实评价类题目，如评价作业量的大小与作业的难度等，此类问题主要是提问心理感受，个体差异会较大。第四类为调查观念的题目，严格说来与正在进行的作业实践没什么关系，但往往会影响作业实践，如对作业功能的认识。

目前问卷中，有较多的题目属于第三类与第四类。数据分析表明，其中少部分题目的可推论性不够。访谈结果则表明，有些调查对象无法区分题目是属于第三类还是第四类，导致回答时出现偏差。例如，家长问卷中有以下题目：

15. 学校老师应该少布置要求家长协助完成的作业（　　）

A. 非常同意　　B. 基本同意　　C. 不确定　　　D. 不太同意　　E. 非常不同意

此题本意是问家长的观念，反映一种应然状态，与学校实际布置的作业没什么关系。但有些家长回答时先判断学校此类作业量是否多，然后再判断需不需要减少，是对实然状态的一种价值判断。为此，在修订问卷时，有必要对应然状态与实然状态作出严格区分。

4. 需要考虑部分题目存在的必要性

通过前面严格的问卷设计程序以及较为深入的思考，在典型性层面体现得较好，而可理解性和可操作性层面可依据访谈结果进一步完善。但数据分析表明，部分题目的可推论性存在明显的问题。例如，在教师问卷中有以下题目：

9. 作业设计很重要（　　）

19. 作业批改很重要（　　）

21. 分析学生作业完成情况很重要（　　）

22. 作业讲评很重要（　　）

各道题目的选项均为：

A. 非常同意　　B. 基本同意　　C. 不确定　　　D. 不太同意　　E. 很不同意

设计这些题目的主要目的是从观念层面了解教师更重视作业实施过程的哪些方面，以解释教师作业实践的特征。但从实际情况来看，教师的报告绝大多数为非常同意，且各道题目之间没有显著差异。为此，正式组卷时需要删除明显缺乏区分度的题目。

5. 部分题目需转换提问对象

在教师问卷、学生问卷、家长问卷中有一道相同的题目，提问学生完成作业的总时间。具体为：

您所教班级学生每天完成学校各学科老师布置的所有作业的平均时间约为( )

A. 0—0.5 小时 B. 0.5—1 小时 C. 1—1.5 小时

D. 1.5—2 小时 E. 2—2.5 小时 F. 2.5—3 小时

G. 3—3.5 小时 H. 3.5—4 小时 I. 4 小时以上

此题各类结果相互矛盾:家长报告的时间最长,学生报告的时间次之,教师报告的时间最短。究其原因,主要有两个方面:

第一,三类群体对作业总时间的了解程度不一。学生和家长相对较为清楚,而教师一般只关注本学科作业的时间,没有整体感,其估计的精确度自然也就要弱一些。在 30 份教师问卷中,存在 7 个缺失值,也在一定程度上反映了教师不够清楚。

第二,存在社会期望效应。访谈研究表明,即使是报告用时最长的家长群体,也有意压缩了作业时间。而整体来看,作业用时实际是指向教师的作业布置的。因此,教师报告的时间有所保留也就在意料之中。

这就引发了值得思考的问题,对于特定的题目,针对哪一类对象提问能够得到最接近于真实的结论。为此,需要从该角度出发,重新思考每一道题目提问对象的合理性。

6. 需要减少专业术语的使用

分析各类群体提出的难以理解的问题,发现主要不在于语言表述的准确性方面,而在于专业术语的使用上。例如,在学生问卷中有一类问作业类型的题目,具体为:

31. 预习作业( )

32. 书面作业( )

33. 调查等实践类作业( )

34. 听说类作业( )

35. 需与同学合作完成的作业( )

36. 需要家长参与才能完成的作业( )

各道题目的选项均为:

A. 总是 B. 经常 C. 有时 D. 偶尔 E. 从不

学生对于预习作业和书面作业尚比较理解,但对于实践类作业、听说类作业、合作完成等术语,很难作出区分。访谈表明,教师对专业术语的理解问题不大,而家长和学生的理解问题则比较明显。如何使用通俗但又能准确表达意思的语言,需要作进一步的调整完善。

又比如,有一道题目是关于作业环境的。预调研的时候设计为:"在家做作业时,做作业的房间有噪音"。访谈中,一些学生尤其是小学生对于"噪音"很不理解。学生会问:"老师,我做作业的时候会听到奶奶切菜的声音,算不算噪音?"还有学生问:"爸爸妈妈房间的电视声音算不算噪音?"可见,孩子在回答这道题目的时候,对于"噪音"的理解并不相同。因此,预调研后,可将本题目中的"有噪音"改成"比较安静",便于学生理解:

在家做作业时,做作业的房间比较安静(　　　)

A. 总是　　　　B. 经常　　　　C. 有时　　　　D. 偶尔　　　　E. 从不

三、修正问卷结构与表达

在问卷编制的任何阶段,均需要解决问什么、问谁、怎么问的问题。与初稿编制阶段不同,预调研提供了充足的数据与证据,可以在很大程度上提高思考的深入程度。以预调研结果为基础,围绕研究目的,细致地研究每一道题目,解决存在的问题,提高题目的质量。

(一)问什么:解决结构性与典型性问题

问什么是对研究框架的回溯,主要解决结构性与典型性的问题。需将三份问卷作为一个整体看待,依次思考以下问题:

第一,本项研究要解决什么基本问题? 可以分为哪些研究维度? 各维度之间可能存在什么关系?

第二,对于每个维度,可以从哪些方面展开研究? 对于每个方面,又可以设计哪些具体的问题? 这些问题是同一指向,还是不同指向?

第三,对于目前已有的题目,哪些是指向研究维度的,属于必须开展研究的? 哪些属于并不指向维度,但研究者比较感兴趣的? 哪些属于既不指向维度,且与分析关系不大的?

具体而言,根据调查目的,将题目分为三类:第一类为基本信息题,主要调查一些基本信息,用于进行一些相关分析与群体比较。第二类为现状研究题,主要目的在于深入了解设计与实施的现状;第三类为关系建构题,主要目的是用于检验预设的一系列假设,挖掘影响作业质量的关键因素。其中,第二类和第三类题目可能存在重叠,既可以反映作业应用的现状,也可以反映影响因素之间的关系。

对于不属于这三类的一些题目,就加以删除。采用此办法,删除了一批关系不大的题目,使得问卷更为精炼。

(二) 问谁:解决可理解性、可操作性和可推论性问题

"问谁"主要解决可理解性、可操作性与可推论性层面的问题。预调研测试表明,有些问题很难从教师、学生、家长那儿获取可以相互验证的信息。因此,研究问题就转化为问谁最有可能提供最接近真实的答案。具体而言:

第一,提问方式只有可能使某一类群体理解,无法做到所有群体都理解。如对于作业的纸笔型、实践型、合作型等不同类型,教师普遍能够理解,而学生却不易理解。因此,将这些问题从学生问卷中转移至教师问卷。

第二,只有某一类群体了解真实情况,能够作出回答。比如各学科作业总时间的问题,学科教师并不知晓,而学生和家长则更加了解。因此,在教师问卷中删除此问题。

第三,虽然各群体都可能了解真实情况,但有的群体的回答结果更接近真实。例如,对于作业批改方式,教师和学生都比较熟悉,教师是对自己的评价,而学生则是对教师的评价。研究表明,在都熟悉的事情上,对他人的评价比对自己的评价要更为客观一些。因此,将此类问题从教师问卷转移至学生问卷。

(三) 怎么问:选项的个性化与标准化

"怎么问"除需要高度重视题干的可理解性外,还需要考虑选项的设计问题。选项设计依次聚焦于以下问题:

第一,用个性化选项还是用标准化选项(指频次、同意程度等)。

第二,个性化选项需要考虑所有选项形成全集、不同选项相互排斥的问题。

第三,标准化选项涉及使用几个选项,以及每个选项的名称问题(如用频次还是同意程度)。

考虑到影响因素的关系建构问题,除调查基本信息以及作业时间使用个性化选项外,其余题目均使用标准化选项。为此,还涉及选项个数对于回答结果影响的问题。例如,教师问卷的第13题和第69题问题相同,要求教师回答对"做作业有助于增强学生对学科的重视程度"的同意程度。第13题使用5个选项(非常同意、基本同意、不确定、不太同意、非常不同意),第69题使用6个选项(非常同意、同意、基本同意、不太同意、不同意、非常不同意)。对两道题目进行相关样本差异分析,结果如表2-10所示。

表 2-10　教师问卷第 13 题和第 69 题回答结果分析

		均值	相关分析		差异分析
			r	p	p
对 1	第 13 题	4.3571	.668	.000	.018
	第 69 题	3.9714			

分析可知,教师对于两题的回答存在极为显著的相关,在一定程度上说明了结果的信度较高。同时,教师对两题的回答结果存在显著差异,当使用 6 个选项时,教师同意程度有所降低。进一步的分析表明,主要的变化是部分教师将极端的"非常同意"改为不太极端的"同意"。

对学生问卷与家长问卷中的相关题目进行分析,同样得到类似的结果。可见,使用 5 个选项和使用 6 个选项会使结果发生偏移,表现为 6 个选项体现出一定的趋中趋势,差异甚至达到显著水平。但两种选择之间存在高度相关,说明基本上是在相近选项之间权衡。由于预调研已经表明 5 个选项具有良好的区分度,在正式问卷中,确定为使用 5 个选项。

四、形成各类问卷

修正问卷结构与表达后,组织专家论证。专家参考研究框架与研究指标,逐条阅读问卷,从结构与内容角度作出评价,并提出疑惑与问题。在研讨的基础上,作出针对性的调整,最终形成 16 类问卷,具体如表 2-11 所示。教师问卷和学生问卷均分学科,小学包含语文、数学、英语等学科,初中包括语文、数学、英语、物理等学科。

表 2-11　问卷类型

学科	小学			初中				合计
	语文	数学	英语	语文	数学	英语	物理	
教师	√	√	√	√	√	√	√	7
学生	√	√	√	√	√	√	√	7
家长		√			√			2

教师问卷由 61 道题目组成,学生问卷由 59 道题目组成,家长问卷由 38 道题目组成。

各问卷均围绕影响因素、作业应用、实施效果等 3 个维度进行题目设置。其中,作业应用进一步分解为作业设计、作业布置、作业完成、作业批改、统计分析、讲评辅导等要素。

此外,教师问卷、学生问卷、家长问卷中都分别设计了一些分量表,每个量表都由一定数量的题目组成。例如学生问卷中设计了作业设计质量量表(7 道题目组成)等;教师问卷中设计了教师作业观念量表(7 道题目)、作业设计能力量表(10 道题目)、教师作业专业发展量表(5 道题目)等;家长问卷中设计了家长参与方式量表(9 道题目)、家长作业布置量表(5 道题目)、家长作业观念量表(3 道题目)等。对于这些量表,均将通过数据分析反映信度问题,以满足信度要求为基础筛选题目。

第3章
作业文本分析工具研制

　　问卷调查有助于把握作业设计与实施的整体特征,也有助于建构不同维度、指标之间的关系。但是仅仅通过问卷,并不能真正剖析各个学科在作业设计中具体问题的表现,分析原因并提出针对性的建议,因此必须借助于作业文本分析。然而,作业文本分析并非易事,不仅因为作业文本分析工具极度缺乏,也因为对文本分析本身的认识缺乏一致性。文本研究是日益得到重视但却远未达成一致的研究方法,存在着内容分析、文本分析、论述分析等多种名称各异、侧重点不同但内容却有所交织的表述。具体到作业文本分析工具,既要体现文本分析的一般特征,又要适应作业文本这个特定对象,还需要兼顾不同学科的特点。

　　为研制有效的作业文本分析工具,突破作业文本分析的难点,增强对于学科作业分析的适应性,作业文本分析工具研制主要采取了以下质量保障措施:一是深入研究各类文献,把握作业设计质量要素,了解作业文本分析要点。二是组建复合型研究团队,发挥各自优势,进行充分交流,实现整体研究与学科研究的互动。三是采用系统化、实证性的研究程序,以数据分析为基础,结合作业实践经验,不断修正作业文本分析工具。

　　本章在概述文本分析方法的基础上,描述了作业文本分析工具产生的过程,并较为细致地阐明了开展作业文本分析的思路与方法,同时呈现了学科作业文本分析工具和分析过程与方法。作业文本分析方法可以为作业文本分析提供工具支持,也可以为其他类型文本分析工具的研制提供一定启示。

本章主要内容:

◆ 文本分析工具概述

◆ 作业文本分析工具研制过程

◆ 作业文本分析过程与方法

本章阐述的主要问题与观点:

● 文本分析具有怎样的特征?

文本分析以文本、图片、视频等资料为研究对象;具有客观性、系统性、可重复性等特征;可分为内容分析、关系建构、情境诠释等类型;当文本分析与访谈、观察、问卷等研究方法相结合时,就会变得更为有效。

● 作业文本分析工具是如何研制的?

作业文本分析工具研制以一般性文本分析方法为基础,在整体研究与学科研究不断互动的过程中,细化评价指标,优化分析方法,增加评价的操作性,提高分析的有效性。其中,作业属性分析是作业文本分析的核心环节,作业属性分析的质量直接影响了作业文本分析的质量。

● 如何利用作业文本分析工具进行作业设计质量的分析?

在建立解释性、分层性、多样性、结构性等评价指标的基础上,学科作业设计质量的文本分析工作,主要依照获取作业文本、确立教学主题、确定作业目标、划分作业题组、进行预评估分析、分析作业属性、统计分析数据、整理作业特征、开展整体评价的思路进行。

由于信息技术的日益发达,信息收集相对比较容易,而如何从海量的信息中获取和分析有价值的信息,才是更加重要的。世界上的信息绝大部分是定性的、文字的、非结构性或半结构性的文本信息。这些信息如果采用传统的解读式的定性分析方式,会受到"人"的"有限理性"的影响而出现偏差,甚至出现"一千个读者就有一千个哈姆雷特"的现象,使得分析结果受到质疑。如果将这样的文本信息转换为各类数据进行各种统计分析,就会显得相对客观。但是如何建立分析框架与思路,如何设计相对客观的标准则是这种分析方式的难点和关键。

一、文本分析概述

　　文本分析是对文本进行客观、系统、可重复的解析,根据有效的测量规则进行赋值,并对那些数值所涉及的关系运用统计方法进行分析,以便描述文本中所隐含的内容、结构和功能,并对文本意义作出推论的过程[①]。从本质上说,文本分析就是对所描述的交流内容的一个系统解析程序[②]。

　　关于文本分析最有名的案例之一是 20 世纪 30 年代中期,英国作家雅各布发表了一本震动世界的小册子,将希特勒军队的各军区的概况、军队的组织机构、参谋部人员部署等都披露无遗。雅各布被绑架到柏林,在审讯后才知道这些重要军事秘密的泄露,原来全部来自德国的报刊。原来雅各布通过文本分析方法,分析德国报刊,获得了这些信息。

(一) 文本分析对象

　　传统文本分析的主要对象为文学作品。早在文艺复兴时代,欧洲学者就已经开始进行文学批评。后来,文本分析逐渐发展到电影评论领域。当时文本分析的主要目的是发现文学作品和电影的价值,使得他人也能够欣赏和理解文学作品与电影的内容。

[①] D. 里夫,S. 赖斯,F. 菲克著. 嵇美云译. 内容分析法:媒介信息量化研究技巧[M]. 北京:清华大学出版社,2010:25 有修改.
[②] S. 麦瑞尔姆著. 于泽元译. 质化方法在教育研究中的应用:个案研究的扩展[M]. 重庆:重庆大学出版社,2008:86.

随着时代的发展,文本分析领域日渐拓宽,范围逐渐扩大,形态日益丰富,形式渐趋多样。就领域而言,已从文学批评领域拓宽到教育、心理研究领域。就范围而言,已扩展至多样化的社会媒介,如报刊、杂志、文件、档案、影视等。就形态而言,已不仅仅止于文本资料,还包括图片、视频、音频、网页等资料。就形式而言,可分为成果性资料与过程性资料。如心理学常用的出声思维方法,就是按照音频(或视频)记录、文字转译、文本分析的思路,对过程性记录展开的分析。

(二) 文本分析特征

文本分析方法属于科学研究方法范畴,具有科学方法的一般特征。文本分析具有客观性、系统性、可重复性等特征。

1. 客观性

文本分析具有客观性,强调用事实以及数据说话。一旦确定研究目的与范围,就要尽量排除研究者的信念、研究者对结果的期望等人为因素的影响。需要可概括的经验性证据,而不是趣味轶事性证据,更不能凭空推断对象背后的可能含义。对现象、关系、假定和推测的解释不会被不加批评地接受,而要经受系统的观察和实证证明。对于文本分析而言,资料来源的可靠性显得十分重要。一旦确定可靠文本后,受调查对象特征的影响就很小,比较容易保持分析过程的客观性。

2. 系统性

科学方法需要根据一步接着一步的约定俗成的规则,来确定要解决的问题,对可能的解释作出假设,然后来检验那个解释[①]。研究者要提前决定研究设计问题,要按照研究的时间框架确定过程,要明确什么类型的传播是研究的焦点,什么变量将要测量,以及测量必须要达到什么精度。系统化调查取样是分析的基本前提,必须有足够的数据来克服可能出现的随机偏差。

3. 可重复性

可重复性要求准确、全面、细致地说明研究的定义、概念与操作程序,以使读者准确地

---

① McLeod, D. M., Tichenor, P. J. The logic of social and behavioral sciences. In G. H. Stempel, D. H. Weaver & G. C. Wilhoit(Eds). Mass communication research and theory. Boston, MA: Allyn & Bacon. 91 - 110.

了解研究工作做了些什么。这种准确性意味着,其他研究者能够对程序和研究发现进行评估,并且如果他们愿意的话,就可重复进行这些操作,并得到相同的结果。

(三) 文本分析类型

可从不同的视角对文本分析进行分类。依照研究目的,可将文本分析分为内容分析、关系建构、情境诠释等类型。依照研究技术,可将文本分析分为质性分析和量化分析。这些分类之间的区分并不严格,只不过侧重点有所区别。

作为以内容为核心的传播媒介,文本具有社会性特征。文本的产生受到社会因素、个人因素等背景因素的多重制约,而特定条件下的文本应用又会产生诸多预期和非预期的影响(见图3-1)。因此,有必要摆脱文本与情境相脱离的现象,建立文本表述与社会情境之间的关联,从而完成更为精致的语境分析,更深入地掌握文本的内外因素。建立文本、情境关联的分析方法属于质性分析范畴,可称为情境诠释。在有些文献中,常用论述分析的名称取代情境诠释。

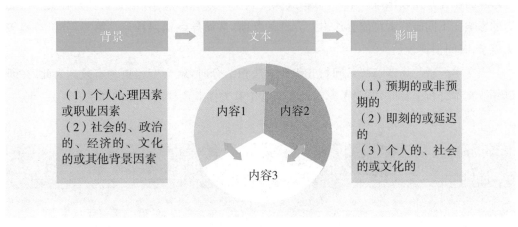

图 3-1 文本的背景、组成及影响

文本多由一系列相互联系的内容组成(见图3-1)。对于文本内容,存在着两种取向的分析方法,即内容分析、关系建构。内容分析针对内容本身,依照一定的准则,将内容区分为不同类型,并应用简单的统计方法,定量地反映文本在内容选择、表述、呈现等方面的特征,并据此作出推论。在有些文献中,内容分析特指定量内容分析。

关系建构则以分析不同内容要素之间的逻辑联系为核心,意图建立各内容要素之间的结构关联性,从整体上反映文本质量与特征,或作出相应推论。文献中常提到的文本分析,其重心往往在于关系建构,多属于质性分析范畴,有时也会对关系建构的结果进行定量统计。

可见,对于同一文本,可依据分析目的,综合运用质性分析与量化分析,相对客观地反映文本内容特征、内容要素之间的结构性关联以及内容与情境的相互关联。

(四)文本分析的优势与不足

与访谈、问卷等研究方法相比较,文本分析具有以下优势:第一,文本资源的获取较为容易,所需代价较低。第二,不受访谈对象主观因素的影响,避免各种数据与信息的失真,具有相对的客观性与真实性。第三,信度的建立较为直接,也较为便利。第四,对于读者、观众或消费者不明确的事件而言,可以提供事件、主题、议题的客观描述,也可以采取不同方法组合和不同分析层次,具有一定的弹性。第五,当结果面临质疑时,容易重复研究过程。第六,有助于通过不同阶段文本的对比,反映发展性趋势,不仅适用于现状研究,也可用于纵向研究或比较研究。

文本分析也有一些不足,具体表现为:第一,对于文本的描述较为简单,但对潜在原因与影响的探究却比较困难。第二,分析成果受到文本来源的限制,也受到研究者观念与能力的影响。不同研究者可能会作出差异性的判断,从而导致错误推论。第三,分析过程较为复杂,时间消耗较长。

当文本分析与访谈、观察、问卷等研究方法相结合时,就会变得更为有效。为此,在研制作业文本分析工具时,需要考虑与调查问卷中有关作业设计的问题的联系。

二、作业文本分析工具研制过程

作业文本分析工具可分为通用性分析工具以及学科性分析工具。如何保障通用性文本分析工具在各学科的适用性,以及如何充分体现学科特征的要求,是研制工具过程中无法避开的两个关键问题。为解决这些问题,同时考虑到文本分析尚没有经验积累的现状,分别成立了总项目组和8个学科分项目组,采取整体与学科互动、渐次推进的研究策略。

(一)跨学科的整体研究

作业文本分析工具属于评价工具,需要回答三个问题:一是依据怎样的评价标准?

二是参照怎样的评价思路？三是借用怎样的技术手段？资料查阅表明，几乎没有文献针对性地探讨作业文本分析问题，仅有少量文献探讨了文本分析、内容分析问题。为此，第一阶段跨学科的整体研究完全是基于经验的工具试开发过程，主要进行了以下工作：

首先，初步设计作业质量要求。从作业目标、作业难度、作业类型、作业时间等方面，建立初步评价标准。如作业要求要与作业目标相一致，解释性强；作业类型要较为丰富，体现多样性；等等。

其次，建立作业题分析框架。依据作业质量标准，建立了简单的分析框架。要求在分析作业题时，指明作业内容、作业目标、作业难度以及完成时间。至于作业目标如何设计，作业难度如何确定，完成时间如何估计，尚缺乏明确指导。

再次，明确宏观统整的思路。确立了以作业题分析为基础，以数量统计和比例计算为主要方法的统整思路。如统计与作业目标相一致的作业题与作业题总量的比例，统计不同难度的作业题与作业题总量的比例。

这些工作虽然整体较为宏观，没有达到较为细化的操作性水平，但对于后续研究起到了较好的方向指引作用。

（二）学科个性化研究

各学科分项目组以整体研究为基础，以增强工具可操作性、体现学科特色为目标，优化指标设计，细化内容表述，强化研究思路，形成了一系列研究成果。主要表现在三个方面：

其一，补充了部分指标。有的学科补充了科学性指标，要求内容科学、用语精炼、易于理解、要求明确、答案合理。有的学科补充了分层性指标，要求作业中有适量的选做题。

其二，细化了作业题类型。对于作业类型，各学科从多个角度构建了具有学科特点的分类方法，如初中物理从功能角度出发，将作业分为强化概念类、建构知识类、发展思维类、运用技能类等类型。

其三，建立作业分析数据统计表。有的学科进一步细化了宏观统整思路，明确了研究的具体步骤，将各步骤的具体要求，以表格形式呈现，既体现了直观性，也增强了操作性。

学科个性化研究不仅仅满足了体现学科特征的需要，其对一些问题的深入思考、开发的支持性手段对于整体提炼也具有重要参考作用。

（三）研究成果的整体提炼

总项目组组织各学科分项目组核心成员,以学科分项目组分析结果为基础,重新确立了评价标准、评价思路,并设计了一系列辅助性表格。具体表现为:

第一,增加了评价指标。在保留作业目标、作业难度、作业类型、作业时间等评价指标的基础上,增加了选择性和科学性评价指标。选择性要求提供一些可供学生选择的作业题,科学性要求作业题中不存在科学性错误。

第二,优化了评价思路。确立了微观分析、整体合成的基本思路,依次按照整体作业抽样、作业题微观属性分析、数据统整与分析、作业品质判断、专家判断结果比较的环节进行作业评价。

第三,细化了评价表格。设计了一系列表格,包括单个作业题分析表、课时作业数据统计表、单元作业数据汇总表等。此外,在填表时,将评价指标区分为 5 个等级。

经过以上过程,对于问题的考虑越加全面,也越发深入。分析思路与技术手段的完善,进一步增强了可操作性。

（四）学科试测基础上的工具完善

各学科分项目组均以通用评价工具为基础,补充学科特征的要求;选择超过 20 位教师,对他们实际布置的作业进行分析,或由他们当场设计作业,并进行分析。总项目组以各学科分项目组研究成果为基础,进一步调整、优化作业文本分析工具。

（1）增加结构性评价指标。解释性、科学性、难度分布、选择性、多样性、作业时间等 6 项指标可较好地反映作业质量。不过,这些分析均显示出明显的量化特征,对于不同课时作业在内容、难度、时间层面的关联不够关注。而这些关联同样是影响作业质量的重要因素,如有些老师连续几天布置较多的作业,又连续几天不布置作业,有的课时作业整体很难,有的课时作业又非常简单。为此,增加结构性评价指标,以反映作业时间、内容、难度分布的合理性问题。

（2）形成文本分析思路。应用的作业文本分析思路基本上可以保证文本分析顺利进行。不过,也存在需改进之处。首先,要能判断作业实际要求与作业目标的一致性,就需要在属性分析之前确定作业目标。其次,学科往往最后以分数呈现评价结果,但对于问题到底出现在哪里,很难清晰说明。为此,在进行作业品质判断之前,需补充特征整理环节,对作业特征作较为系统的归纳。

（3）进一步优化技术手段。此外，在分析过程中，使用了诸多表格，虽然填写较为方便，但需要手动进行统计，且需要在不同表格之间不断切换，在一定程度上增加了分析困难。为此，借鉴 Excel 的自动统计功能，将所有题目的分析、统计与评价合成为一张表格，大大降低了分析人员的工作量。

作业文本分析工具的研制过程，说明了文本分析工具研究的三方面的问题。一是工具研制过程并非一蹴而就，需要经过精心的安排与长时间的努力。二是在工具研制过程中，找准关键问题，发挥团队作用，应用合理方法，利用技术手段至关重要。三是经过严格、系统、细致的研究，可以实现工具的逐步优化，提高工具应用的效度。

三、作业文本分析过程与方法

经过整体研究与学科研究的多轮互动，最终形成了由导向性的评价指标、规范性的分析程序、科学性的分析方法、支持性的评价表格组成的各学科通用的作业文本分析工具。

（一）作业文本评价指标体系

虽说需要到文本分析的最后才应用到评价指标，但评价指标却往往是最先建立。因为评价指标限定了作业文本分析的要点，指引着数据统计的方向。经过多轮研究，明确了影响作业评价指标确定的内在要求和外在需要。

作业的内在要求主要涉及目标、内容、表述、难度、结构等层面。对于作业的内在要求，目前的研究较多，观点也较为明确。具体而言，一是要求作业具有解释性，即作业要做到目标一致；二是要求作业具有科学性，即作业要做到内容科学、用语精炼、易于理解、要求明确、答案合理；三是要求作业难度具有合理性，即不同难度作业题分配合理，不存在偏难或偏易的现象；四是要求作业具有结构性，时间分配恰当，内容相互关联，难度分布合理。

外在需要主要涉及课程理念、政府要求等层面。基于课程标准的教学与评价是当前最新的课程理念，也是最基本的课程实施要求。基于课程标准的教学与评价要求在教学与评价过程中充分关注学生的个体差异，重视知识与技能、过程与方法、情感态度与价值观目标的落实。这就要求作业体现出两个特征：一是作业具有选择性，体现学生的主体地位,满足不同学生的需要。二是作业具有多样性,不仅要有传统的有助于知识与技能目标落实的作业题,还要适当设计口头、合作、实践等类型的作业,以及预习、复习等不同功能的作业。此外,国家、上海市对于作业时间均有明确规定,而作业时间长也是导致学生作业负担重的关键因素。为此,有必要增加作业时间指标,以衡量学生作业时间是否在合理范围内。

综上,设计解释性、科学性、难度、选择性、多样性、作业完成时间、结构性等7项评价指标。

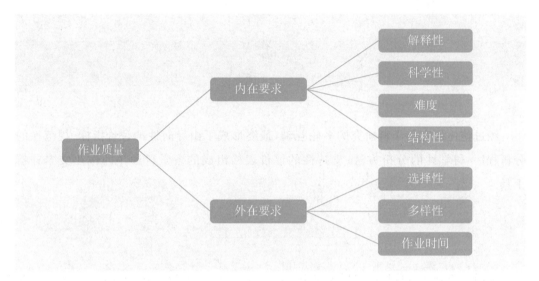

图 3-2　作业质量评价指标体系

对于每项指标,依质量将其分为5个等级。等级5为最好,等级1为最弱。严格地说,对于每个等级,需要制定相应的标准。不过,因为研究基础的缺乏,以及学科之间的差异,总项目组并没有制定统一的评价标准,由学科分项目组在实施时根据学科特点确定相应的评价标准[①]。

---

① 多数学科分项目在进行作业文本分析时,基于经验设计了评价标准,具体可见本书第9章"小学阶段主要学科作业特点"和第10章"初中阶段主要学科作业特点"。

表 3-1 作业评价指标

指标名称	指标解释
解释性	作业的实际要求与作业目标是否一致
科学性	作业是否具有科学性？是否存在概念、文字、数据、答案等方面的错误
难度	不同难度的作业题比例是否恰当？是否存在作业偏难或偏易的现象
选择性	是否为学生提供选择性的作业？或为学生提供不同层次的作业
多样性	是否适当设计口头、合作、实践等类型的作业？是否适当设计预习、复习等不同功能的作业
作业完成时间	学生完成作业所需时间是否合适
结构性	作业时间分配是否合理？作业内容之间是否存在关联性？不同类型、难度分布是否合理

（二）作业文本分析思路

参照文本分析的一般过程，考虑本项研究中质性文本分析与量化文本分析并存的特点，建立文本分析思路，并指出各环节中值得思考的问题（见图 3-3）。分析按获取作业样本、确定作业主题、确定作业目标、划分作业题组、预评估分析、作业属性分析、数据统计、特征整理、整体评价的思路进行。

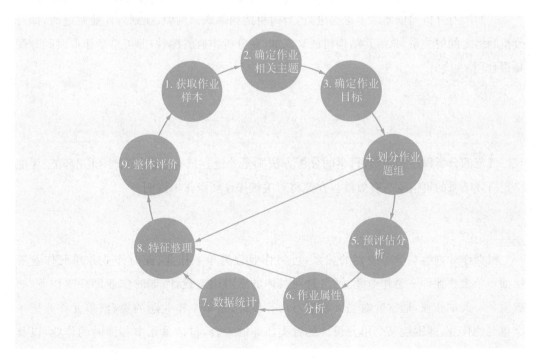

图 3-3 作业文本分析思路

（1）获取作业样本：按一定的规则与程序进行抽样，明确作业来源。按预定思路收集作业，获取作业样本。

（2）确定作业相关主题。主要思考对应的教材主题，这是确定作业目标的基本依据。

（3）确定作业目标：作业目标不同的学科有不同的设计方式。数学、物理等模块主题结构比较清晰的学科一般能够直接根据单元和教学主题确定作业目标；而英语、语文等学科则主要根据主题模块的作业目标，确定大致的学习主题目标。

（4）划分作业题组（分析单位）：划分作业题组是将作业根据一定的规则进行格式化的过程，避免一道作业题过大或者过小的现象。例如一道口算题和一道应用题，抄写一个词语和阅读一篇文章是不能同日而语的。

（5）预评估分析：作业分析专家尝试通过部分作业样本进行预评估分析，通过预评估分析进一步统一思想，避免过松和过紧的现象；同时，通过预评估分析调整和完善作业目标、划分题组的标准以及评价标准等。

（6）作业属性分析：依据确定的标准和题组划分，填写作业文本分析工具，做好作业时间、作业难度、作业目标等方面的分析，同时做好过程性的质性记录与评价，以及典型案例的摘录，过程性的记录有助于增加分析的深度。

（7）数据统计：整理作业属性分析结果，应用合理统计方法，形成作业分析数据。

（8）特征整理：依据数据统计，或参照质性分析结果，合理地描述作业特征。

（9）整体评价：依据作业评价指标，以特征整理结果为基础，恰当地评价作业质量。

并非所有分析均依照以上思路进行，有时可适当跳跃。例如，在划分作业题组时，即可分析题组之间的关系，总结其结构特征。又如，在分析作业属性后，即可总结作业时间分配是否合理。

（三）作业文本分析要点

规范的分析程序是基础，科学的分析方法则是关键。只有把握好每个研究环节，才能确定研究结果的可信度与有效性。在此将对关键操作要点作出说明。

1. 单个作业、课时作业和单元作业的分析

根据作业内容与学习内容的关系，可将作业分为单个作业、课时作业和单元作业等层面。单个作业即一道作业题，通常针对具体的学习内容设计；课时作业即一次作业，一般就是一天的作业，通常针对当天的学习内容设计，是单个作业题的集合；单元作业指一个单元的作业，即围绕某个单元设计的各类作业的集合，包括单元中各课时的作业，以及

单元复习作业。单个作业的分析是课时作业、单元作业分析的基础。因此,一般而言,作业属性分析主要针对单个作业题,作业设计质量评价主要针对课时作业和单元作业。

单个作业的确定甚为关键,这与学科的题组划分密切相关。各种确定思路可能带来某些方面的便利,但同时也可能带来另外一些方面的困难。例如,对于语文阅读而言,是将一篇阅读理解作为单个作业,还是将阅读理解中的一道题目作为单个作业?若将阅读理解作为单个作业,确定完成时间较为便利,但讨论解释性与难度问题就会存在困难。而若将一道题目作为单个作业,讨论解释性与难度较为便利,但会因阅读时间问题而导致确定题目完成时间的困难。此外,对于统计分析,若单个作业数量多,则每个作业属性分析结果的影响就小。若单个作业数量少,则每个作业属性分析结果的影响就大。

2. 单个作业的属性分析

作业属性分析主要针对单个作业。作业属性不能随意为之,需要紧扣作业文本分析的指标进行设计。

解释性主要反映作业实际要求与作业目标的一致性。其中涉及作业实际要求、作业目标两个基本概念。在确定作业实际要求之前,需要通过研讨确定作业目标。作业实际要求与作业目标的一致性可分为完全一致、部分一致、不一致等三种类型。其中部分一致是指作业实际要求与作业目标在内容与要求层面不完全相同,存在交叉现象。

科学性主要反映作业内容的适切性、表述的准确性以及要求的明确性等。分析时主要判断是否存在概念、文字、数据、答案等方面的错误。从改进作业的视角看,需要指明出现的错误,并统计出现错误的次数,以此反映作业存在科学性问题的情况。

难度主要反映作业的难易程度。严格地说,难度是个性化、实践性的问题,一是因为学生个体能力水平存在差异,二是因为要通过学生完成的成功率反映。从统计意义上说,常以能够正确完成的学生的比例来确定作业题的难度。在缺乏统计数据时,常由专家基于经验进行估计。难度可分为较低、中等、较高三种类型。

选择性主要反映是否选做的问题。在判断时,只存在选做、非选做两种类型。具体而言,在属性分析时,将由学生自主确定是否完成,或规定由某类学生完成的作业归为选做作业。

多样性主要反映作业类型是否多样的问题。在分析属性时,主要确定作业类型。作业类型存在多种分类方法。从完成方式看,可分为书面作业、口头作业、实践作业等;从完成主体看,可分为个体完成作业和合作完成作业;从作业功能看,可分为预习作业、复习作业和订正作业等。整合以上各种分类,形成以下 7 种作业类型。当然,这些作业类型并不是从同一维度进行划分,而是为了凸显某些类型的作业。

- 口头作业：以阅读、倾听等方式完成的作业。

- 书面作业：以传统纸笔方式完成的作业。

- 实践作业：需要通过观察、调查、参观、实验等方式完成的作业。

- 合作作业：需2人以上小组完成的作业。

- 预习作业：以提前学习课堂学习内容为目的的作业。

- 复习作业：以巩固课堂学习内容为目的的作业。

- 订正作业：订正出现错误的复习作业。

作业完成时间指标主要反映作业完成时间是否在规定限度内的问题。若由学生完成时记录作业时间，则结果会最为精确，但这种方法的操作难度最大，可变因素太多。为此，可采用专家估计的方法确定作业完成时间，以0.5分钟为基本单位。

结构性指标主要反映作业时间、内容、难度分布的合理性问题，主要通过比较不同课时作业得到，在分析单个作业时不需要考虑。

在进行属性分析时，需要考虑分析结果的信度问题。对于文本分析，多采用评定者信度。一般由2位评定者独立地进行判断，按以下公式进行计算：

$$R = 2M/(N_1 + N_2)$$

其中，R表示相互同意度，即信度。M表示两人编码结果相同的次数，N_1和N_2分别表示评定者各自编码的次数。R的值在0—1之间，一般认为，R需要达到0.8以上，数据方可用于进一步的分析。

由于学科差异很大，所以各项指标具体的分析标准由学科确定。具体评判标准详见本书第9章和第10章学科作业文本分析结果。

3. 数据统计与作业分析判断

完成单个作业题的分析后，即可进行数据统计。对文本分析而言，数据统计并不复杂，以频数和比例统计为主。频数即相关类型出现的次数，用频数除以单个作业的总量，即可得到比例。在获得相应比例后，即可围绕评价指标作出判断。

数据统计可在课时作业或单元作业层面上进行。在课时作业层面，可对解释性、科学性、难度、选择性、时间等指标作出判断。对于多样性，主要强调合作、实践等类型的作业，其目的在于基于课程标准，突出能力发展和习惯培养。这些作业具有一定的综合性，适合在单元层面整体设置，而不宜要求每个课时作业都充分体现。因此，多样性不太适合作为课时作业层面的评价指标。对于结构性，涉及时间、内容、难度分布等问题。因课时作业容量限制，其结构性体现并不明显。因此，结构性也不太适合作为课时层面的评价指标。总体来说,课时作业适合作为部分指标的统计单位。在单元作业层面,在统计单个作业题分析结果的同时,亦可分析各课时作业之间的关系,从而对所有 7 项指标作出评价。(详见表3-2)

表3-2　作业评价指标在不同作业层面的体现

作业层面	评价指标						
	解释性	科学性	难度	选择性	多样性	时间	结构性
课时作业	●	●	●	●	◎	●	◎
单元作业	●	●	●	●	●	●	●

说明:●表示适合评价的指标,◎表示不太适合评价的指标。

为了提高操作性水平,增强操作的便利程度,可将分析功能、统计功能、评价功能整合于同一张 Excel 表格中。在专家进行作业属性分析的基础上,系统自动统计各种类型的频次与比例。专家以定性说明和统计结果为基础,围绕指标进行评分,并总结优点、问题、特色与建议。(详见表3-3)

表 3 - 3　作业文本分析、统计与评价表

作业题编号		作业来源			作业题总量		作业类型							作业时间	定性说明
作业题序号	对应目标代码	教材 教材配套练习册	教辅材料 科学性错误次数	自行选编	难度（较低/中等/较高）	选做题	预习	复习	订正	口头	书面	合作	实践	（分钟）	（科学性错误、设计亮点、批改特色）
	与作业目标的一致性（不一致/部分一致/完全一致）														
合计															
比例															

评价指标	解释性	科学性	难度	选择性	多样性	作业时间	结构性
评价要素	作业的实际要求与作业目标是否一致	作业是否具有科学性	不同难度的作业题比例是否合适	是否为学生提供选择性的作业	是否适当设计口头、合作、实践等类型的作业	学生完成作业的时间是否合适	作业时间、类型、难度分布是否合理？作业间是否存在关联性
评分（1—5）							
总评（优点、问题、特色与建议）							

第 4 章
研究实施与数据处理

　　本项研究以反映上海市整体层面的作业设计与实施品质为目标，并不涉及反映不同区县层面的差异，更不要求反映学校层面的差异。因此，本次抽样着重关注能够推断上海市整体状况的样本，并不要求区县的全覆盖。问卷样本容量较大，文本样本容量较小。

　　本项研究最终将问卷结果、作业文本分析的结果形成一个整体进行分析，用于反映现状、影响因素及相互关系。本项研究以网络问卷形式进行，通过登录编码实现教师问卷、学生问卷、家长问卷的匹配，有助于进行数据之间的关系分析。此外，问卷中多数题目采用标准化的提问方式，这给数据分析带来了较大方便。在问卷中有一些嵌入式的量表，进行了信度分析，以保障数据的可用性。数据处理时，为增加分析深度，除较为简单的频率统计、均值分析外，还应用了相关分析、方差分析、t 检验、回归分析等分析方法。此外，还应用结构方程原理进行调节变量、中介变量的分析。

　　本章从抽样方法、数据采集、信度分析、数据分析等方面，较为细致地介绍了研究实施的过程和数据处理的方法。研究抽样方法可以提供抽样思路层面的参考，数据处理方法则可帮助理解分析的深度。

本章主要内容：

◆ 抽样过程
◆ 数据采集

◆ 信度分析

◆ 数据分析

本章阐述的主要问题与观点：

● 研究采取了怎样的抽样方式？

　　遵循典型性、效率性、可操作性、关联性等原则，采用多阶段 PPS 抽样（按规模大小成比例的概率抽样）选择样本学校；在学校内，通过随机抽样确定参与调查的班级。在班级内，通过随机抽样确定学生所回答的学科问卷。

● 作业文本是如何收集的？

　　按文本收集要求确定、学校作业文本准备、市级作业文本复核的过程，保质保量地收集语文、数学、英语、物理等学科的作业文本。

● 如何保障量表的信度？

　　对于嵌入在教师问卷、学生问卷、家长问卷中的各类量表，计算克隆巴赫 α 系数，并根据需要考虑量表中题目的删减问题，以使得信度符合要求，从而可用于进一步的计算。

● 采用了哪些数据处理方法？

　　应用频率统计、均值计算等方法描述作业现状；应用方差分析、t 检验等方法反映群体差异；应用相关分析、回归分析等方法建构因素联系；应用结构方程原理进行调节变量、中介变量的分析。

在本项研究中,总体为上海市义务教育阶段 3—8 年级的全体教师、学生和家长,样本则为被选择参与调查的教师、学生和家长。问卷编制和作业文本分析工具研制为提高作业设计与实施品质研究的信度与效度奠定了基础,而要促使研究工作的顺利展开,还需要充分考虑抽样、数据采集、数据分析等基本问题。

一、抽样过程

抽样调查是按某种规则从调查对象总体中选取一定数目的单位,作为代表总体的样本,运用样本单位的调查结果推断总体一般情况的一种调查方式。要能推断上海市义务教育阶段相关年级的作业现状,就必须应用科学、规范的抽样方法,选择具有典型性的样本。

(一) 抽样原则

一般而言,抽样需遵循典型性、效率性、可操作性等基本原则。考虑到本次研究对象的多样性,增加关联性原则。

(1)典型性。样本必须要有较好的典型性,能反映上海市义务教育阶段 3—8 年级作业的整体特征。此原则要求尽可能地采用概率抽样(随机抽样)的方法。

(2)效率性。方案要有较高的效率,即在相同样本量的条件下,方案设计应使调查精度尽可能高,也即目标量估计的抽样误差尽可能小。效率性要求采取分层抽样的方法,充分考虑区域、学校性质的差异。

(3)可操作性:方案要有较强的可操作性,不仅便于具体抽样的实施,也要求便于后期的数据处理。可操作性要求制定严格的抽样思路与规则,以保证抽样过程的顺利开展。

(4)关联性:在证据来源多样时,需要考虑不同证据来源之间的关联性,以保障推论的适切性。关联性要求以班级为抽样单位,尽量将抽取到的学生、家长和学科教师进行"三方匹配"。

为此,本项研究以班级为基本抽样单位,采取 PPS 抽样(按规模大小成比例的概率抽样)等抽样方法获取研究样本[1]。

(二) 抽样规则

由于要充分反映研究年级研究学科的作业实施情况，因此，每个参与调查的年级及该年级被调查的各学科都是单独作为一个群体进行抽样设计考虑。因为调查的结果主要是估计各种比例数据以及比例数据之间的比较，所以在调查样本量的确定上是以估计简单随机抽样的总体比例 p 时的样本量为基础。在 95% 的置信度下按抽样绝对误差不超过 5% 的要求进行计算需要抽取的样本量：

$$n_0 = \frac{u^2 * p * (1-p)}{d^2} = 384.16$$

$$n = n_0 * \text{deff}$$

这里 d 为抽样绝对误差，取 0.05，u 在置信度为 0.95 时为 1.96，$p(1-p)$ 最大取 0.25。由于采用多阶段的复杂抽样，设计效应 deff 一般会在 2 和 3 之间，我们把 deff 定为 2，这样各调查年级各调查学科需要的样本量就约为 768 个班级。

抽样过程中，需要依次考虑区域、学校、班级、学生等层次。根据每年级每学科所需样本量（768 个），确定各层次的数量，具体如表 4-1 所示。此外，需要说明以下几点：

表 4-1　抽样过程中各层次的数量

类别		抽取规则	合计
区县		6 个区县	6 个
小学	学校	每区(县)14 所	84 所
	年级	每校 3 个年级	总数:84×3＝252
	班级	每年级 1 个班级	每年级班级数:84 班级总数:252
	学生	每班级 9 人参加某学科问卷	每年级每学科的学生数:84×9＝756 学生总数:756(每年级每学科)×3(年级数)×3(学科数)＝6804

---

[1] 概率抽样又称随机抽样，是以概率理论和随机原则为依据来抽取样本，使总体中的每一个单位都有一个事先已知的非零概率被抽中的抽样。分层抽样又称分类抽样或类型抽样，是先将总体的单位按某种特征分为若干次级总体(层)，然后再从每一层内进行单纯随机抽样，组成一个样本的方法。PPS抽样是指按规模大小成比例的概率抽样，属于概率抽样中的一种，就是将总体按一种准确的标准划分出容量不等的具有相同标志的单位，按单位在总体中的不同比率分配的样本量进行的抽样。

类别		抽取规则	合计
初中	初中	每区(县)14 所	84 所
	初中年级	每校 3 个年级	年级总数:84×3＝252
	初中班级	每年级 1 个班级	每年级班级数:84 班级总数:252
	初中生	每班级 9 人参与某学科问卷	每年级每学科的学生数:84×9＝756 学生总数:756(每年级每学科)×3(年级数)×3(学科数)＋756(物理学科)＝7560

第一,保证被抽到班级中每位学生都参与问卷调查。因此,每班级 9 位学生参加某学科问卷调查只是估计值,学生人数可能因各班级学生总数的变化而变化。

第二,因文本分析操作复杂,样本量不宜过大。在充分论证的基础上,确定从 4 年级和 8 年级作为问卷调查对象的班级中再抽取 30 个班级,作为文本分析样本。

(三) 问卷抽样

采用 PPS 抽样方法,按区县、学校、班级、学生的层级,依次考虑。

第一阶段:区县的抽取。依据区县所在地域、绿色指标[①]中有关作业时间的研究结果、生均经费投入比例,将区县分为三种类型。采用方便抽样的方法,从每类区县中选择 2 个作为样本,共计 6 个区县。

第二阶段:学校的抽取。在样本区县内,根据城乡(学校类型)、公民办(学校性质)、是否九年一贯制、是否完全中学等相关特征,对学校进行分类,在每个类型内按概率比例抽取一定数量的学校。每个区县小学、初中各有 14 所。

第三阶段:班级抽样。在样本学校内,小学 3—5 年级、初中 6—8 年级分别随机抽取 1 个班级作为样本。

第四阶段:学生分配。在样本班级内,对所有学生进行随机分配。3—7 年级分为 3 组,分别完成语文、数学、英语学科问卷。8 年级分为 4 组,分别完成语文、数学、英语、物理学科问卷。

---

① 绿色指标是上海市定期进行的学业质量综合测评项目。除了测量学生语文、数学、英语、科学学科的学业成绩外,还测量学业负担、品德行为、师生关系等方面的指数。在测量学业负担指数时,将作业时间作为重要方面。

（四）文本抽样

待问卷调查学校样本抽取完毕后,在每个区县小学、初中各 14 所学校中,再依据学校类型,分别抽取 5 个学校,作为文本分析样本学校。小学、初中样本学校各总计 30 所。

在样本学校中,指定小学 4 年级、初中 8 年级参与问卷调查的班级作为样本班级。各学校分别有 1 个班级,小学和初中各总计 30 个班级。

在样本班级中,由各学校自行指定 1 位中等水平学生作为样本学生。小学、初中各有 30 位学生作为样本学生。

（五）抽样结果

在正式研究时,有部分调查对象因各种原因没有参与问卷调查,实际参与问卷调查的人数,小学为 16303,初中为 16861(详见表 4-2)。因为有些班级学生人数较多,使得学生实际样本量要明显多于预计样本容量。可见,这是一次大规模的上海市作业现状研究。

表 4-2　作业问卷调查样本

		小学			初中		
		教师	学生	家长	教师	学生	家长
区县	区 1	113	1722	1442	123	1681	1536
	区 2	122	1539	1224	131	1553	1402
	区 3	120	1546	1163	127	1535	1323
	区 4	130	1316	954	132	1317	1145
	区 5	118	1329	939	124	1381	932
	区 6	122	1422	982	110	1292	1017
合计		725	8874	6704	747	8759	7355
总计		16303			16861		

二、数据采集

教师问卷、学生问卷和家长问卷均采用网络答题的方式,作为调查对象的每位教师、学生、家长均获得一个操作代码。其中,完成某一学科问卷的教师和学生的操作代码匹配,学生和家长的操作代码匹配。在登录问卷网址并输入代码后,系统会自动提供相应的问卷。调查对象完成问卷并确认提交后,问卷调查即宣告结束。

相对而言,文本资料的收集要求更为精细,按文本收集要求确定、学校作业文本准备、市级作业文本复核的过程进行。

(一) 文本收集要求确定

为了保证研究的全面准确,作业文本的收集要尽可能全面收集学校相关作业文本,包括作业管理文本、学生家校联系册、学科作业文本等。其中,学科作业文本是关键性分析对象,用于反映教师作业设计的质量。学生家校联系册(或作业记录本)是检核性分析对象,用于反映作业文本准备是否充分。学校作业管理文本是辅助性分析对象,用于反映学校作业管理水平,总结其对于作业设计质量的可能影响。为增强学校文本准备工作的针对性,对文本收集要求作出详细说明(详见表4-3)。

表4-3　学校作业文本收集要求

文本类型		收集要求
作业管理文本	(1) 学校与作业有关的规定	最新的规定,全部收集
	(2) 与作业有关的活动安排及记录 — 整体层面	最新的安排,最近的1次活动记录
	(2) 与作业有关的活动安排及记录 — 学科层面	自选1门学科最新的活动安排,最近的1次活动记录
	(3) 学科作业检查记录	自选1门学科最近的作业检查记录
	(4) 其他 — 整体层面	最新的相关内容
	(4) 其他 — 学科层面	自选1门学科最新的相关内容
学科作业文本	学生家校联系册(或作业记录本)	同一位学生,收集1周(9月23日—9月30日,7天)的作业,包括作业本、练习册、教辅材料、练习卷等
	语文	
	数学	
	英语	
	物理(仅八年级)	

学校按作业文本收集要求，按以下步骤准备作业管理文本、学生家校联系册、学科作业文本等材料：

步骤1：查找作业文本。对照表，查找符合要求的作业文本，并复印。

步骤2：整理作业文本。按时间顺序整理相关文本复印稿，注明布置或颁布的日期。

步骤3：登记作业文本。依照整理后的文本，填写作业文本登记表。其中，教师作业文本登记表的样式如表4-4所示。对于此表，需说明以下几点：

第一，作业内容既包括复印的作业文本内容，也包括布置的其他形式的作业内容。这对于确定作业类型、估算作业时间均非常重要。第二，自主确定是否填写作业目标，只需简要地写出每天布置作业想达成的主要目标。由于此次教师在填写作业目标的时候比较随意，所以教师填写的目标不作为分析依据，仅供专家确定作业目标时参考。第三，估计中等水平学生完成各次作业所需时间。

表4-4　作业文本登记表

学校编号		学科			
日期	对应教学主题	作业内容	作业目标（选填）	完成总时间（分钟）	页数

（三）专家组作业文本复核

对于学校提交的作业文本，需要进行核查，必要时与原件相对照，及时处理出现的问题，以保证学生作业文本的全面客观。具体工作为：

第一，检查是否按要求准备，如各次作业的区分是否明显，作业布置日期是否注明等。若有问题，要求相关人员及时调整。

第二，核对文本一致性。一是作业记录册与作业文本是否一致，二是作业文本与作业登记表是否一致。若有缺漏现象，及时进行补充。

第三，检查作业登记表的清晰性。对于作业登记表中表述不清、不易理解的内容，与相关教师访谈，并作相应修改。

经过专家组的作业文本复核，各类作业文本齐全、归类清晰、标记明确、清晰易懂，为作业文本分析奠定了良好基础。

三、信度分析

前已提及,教师问卷、学生问卷、家长问卷中都设计了分量表,共计 7 份。计算各量表的克隆巴赫 α 系数,得到如表 4-5 所示结果。分析可知,作业设计质量量表的克隆巴赫 α 系数略低,稍超过 0.7,基本符合信度要求。其余各量表的克隆巴赫 α 系数均超过 0.75,符合信度要求。

表 4-5　信度分析与处理

量表类型	作业设计质量	家长参与方式	作业设计能力	作业专业发展	教师作业观念	家长作业观念	家长作业布置
量表来源	学生问卷	家长问卷	教师问卷	教师问卷	教师问卷	家长问卷	家长问卷
题目数量	7	9	10	5	7	3	5
克隆巴赫 α 系数	0.706	0.784	0.877	0.800	0.868	0.791	0.913

四、数据分析

获取原始数据后,整合教师问卷、学生问卷和家长问卷结果,分别用 Excel 和 SPSS 软件进行统计处理,主要涉及数据描述、关系解释、差异分析等三大方面,具体如图 4-1 所示。在分析时,常同时应用多种统计方法,生成各类统计数据。

本节主要介绍频率统计、均值计算、方差分析、t 检验、相关分析、回归分析等统计方法。对于结构方程,因使用范围有限,将在专题分析时再作解释。需要指出的是,本部分主要说明如何

图 4-1　本项研究中使用的统计方法

阅读分析结果,目的在于帮助您读懂后续章节的分析,并不以介绍分析原理或操作路径为重点。

对于各类方法,在此以教师对于作业功能的认识为例加以说明。在各学科教师问卷中,均有一道调查对于作业功能整体认识的题目,还有一道调查教师教龄信息的题目。

做××作业对学生很有用(　　)

A. 非常同意　　B. 基本同意　　C. 不确定　　　D. 不太同意　　E. 非常不同意

您的教龄为(　　)

A. 5年及以下　B. 6—10年　　C. 11—15年　　D. 16—25年　　E. 26年及以上

(一) 频率分析

频率,也称频数,表示一个变量在不同取值下的个案数。频率分析是描述性统计中最常用的方法之一,可对数据的分布趋势进行初步分析,为深入分析打下基础。进行频率分析,可以很方便地产生详细的频率分布表,还可给出不同取值所占比例。因为比例往往更容易说明问题,也可直接提供比例,而不提供频率分布。

例如,以教龄为分类变量,统计教师对于"做××作业对学生很有用"的回答,可得到如表4-6所示比例分布。有时,也将几项回答合并统计,如将基本同意和非常同意的比例相加,即可得到持同意观点的比例(见表中最右边一列)。分析可知,各教龄段教师均同意做作业对学生很有用的看法,同意的比例均超过98%。

表4-6　不同教龄教师对"做××作业对学生很有用"的回答统计

		做××作业对学生很有用					基本同意和非常同意比例
		非常不同意	不太同意	不确定	基本同意	非常同意	
教龄	5年及以下		.5%		29.0%	70.5%	99.5%
	6—10年		.5%	1.8%	38.5%	59.3%	97.8%
	11—15年			.4%	26.0%	73.6%	99.6%
	16—25年	.4%	.9%	1.5%	25.0%	72.2%	97.2%
	26年及以上			1.3%	24.8%	73.9%	98.7%
	整体	.1%	.5%	1.1%	27.8%	70.4%	98.2%

对于比例,也可以用柱状图(也称条形图,见图4-2或图4-3)更为直观地表示。本项研究处理数据时,类型变量(如教龄)一般沿横轴分布,不同取值(如同意程度)的比例沿纵

轴分布。此类图信息量比较丰富,可反映同一类型样本内部不同选项的差异,也可进行不同类型样本的比较。

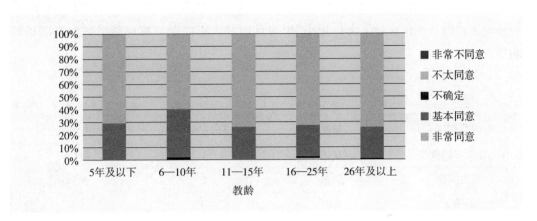

图4-2　不同教龄教师对于"做作业对学生很有用"回答分布

由图4-2可知,在各教师群体内部,几乎没有教师不同意"做作业对学生很有用"的看法,大多数教师(超过60%)持非常同意的态度。比较不同教师群体,6—10年教龄的教师持非常同意态度的比例最低。而若合并非常同意和基本同意观点的比例(见图4-3),各类教师群体差异不大,均在97%—100%之间。

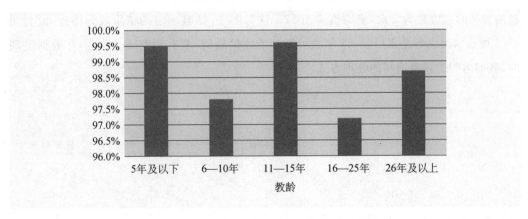

图4-3　对"做作业对学生很有用"持同意观点的比例

(二) 均值统计

除统计频率或比例以直观比较差异外,还可通过计算平均值来反映特征。在本项研究中,除对作业文本评价的指标采用1—5的数值表示质量高低,可直接求算均值外,其余均使用选项。计算均值前,需将选项转化为数值,具体转化规则如表4-7所示。需要指出的是,问卷题目有正向题和反向题之分。"做××作业对学生很有用"为正向题,若转换说法,"做××作业对学生作用小"则为反向题。正向题与反向题的赋分方法正好相反。

表4-7 数值转化规则

同意程度	频次	正向题赋分	反向题赋分
非常不同意	从不	1	5
不太同意	偶尔	2	4
不确定	有时	3	3
基本同意	经常	4	2
非常同意	总是	5	1

数值转化后,即可用于计算平均值。在提供平均值的同时,多数会同时提供标准差。标准差反映结果的离散程度,标准差越大,离散程度越大,说明看法差异越大。由表4-8可知,11—15年教龄以及26年教龄以上教师的态度最为正向,平均值均为4.73。6—10年教龄教师的态度最为负向,平均值为4.57。这与图4-2显示出的结果较为接近,而与图4-3所显示出来的结果(16—25年教龄教师的比例最低)就有所差异。为此,在数据呈现时,我们力图选择最适切的处理方式。

表4-8 对"做作业对学生很有用"回答的均值统计

		样本量	均值	标准差
教龄	5年及以下	200	4.70	.49
	6—10年	221	4.57	.56
	11—15年	227	4.73	.45
	16—25年	539	4.68	.59
	26年及以上	230	4.73	.48
整体		1417	4.68	.54

对于均值,可用柱形图表示,也可用折线图表示。折线图多用于反映某种现象的发展

趋势。例如,观察图4-4所示的反映教龄与对"做作业对学生很有用"回答结果的关系的折线图,可发现不存在明显的变化规律。

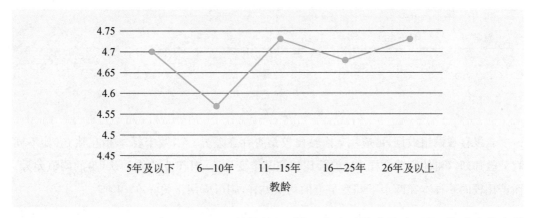

图4-4　不同教龄教师对"做作业对学生很有用"回答的均值比较

(三) 方差分析

当存在多种类型(自变量,三组或三组以上)时,可用方差分析比较多个均值是否存在差异。在数学上,方差分析就是计算F值,以及显著性水平(p,亦可用Sig.表示),p值与显著性的关系如表4-9所示。

表4-9　p值与显著性水平

p值	显著性
$p > 0.05$	不显著
$0.01 < p \leqslant 0.05$	显著
$p \leqslant 0.01$	非常显著

对于不同教龄教师,对"做作业对学生很有用"的回答进行方差分析,可以得到如表4-10所示结果。方差分析会提供平方和、自由度(df)、均方、F值、显著性水平(p)等一系列数据。对于是否存在显著差异,主要就是看方差分析表中的F值与p值。对于表4-10,分析可知,F值为3.526,$p < 0.01$,从统计意义上说,存在非常显著的差异。

表 4-10　不同教龄教师对于"做作业对学生很有用"回答的方差分析

	平方和	df	均方	F	p
组间	4.025	4	1.006	3.526	.007
组内	402.874	1412	.285		
总数	406.899	1416			

（四）t 检验

若仅存在两组数据，可应用 t 检验比较是否存在差异。当两个样本相互独立（如不同教龄教师）时，可使用独立样本 t 检验比较在某个变量上（对作业功能的认识）的均值差异。而若比较同一样本在两个不同变量上的均值差异，则可应用相关样本 t 检验。

分别选择教龄为 6—10 年和 11—15 年的教师，对"做作业对学生很有用"的回答进行独立样本差异分析，可得到如表 4-11 所示结果。方差分析一般会提供方差齐性检验结果和 t 检验结果。在阅读表格时，在判断方差是否齐性的基础上，使用对应的结果，主要看 F 值与显著性水平。当方差齐性（$p > 0.05$）时，使用假设方差齐性的 t 检验结果。当方差非齐性（$p \leqslant 0.05$）时，使用假设方差非齐性的 t 检验结果。

对于表 4-11，在方差非齐性状态下，t 值为 —3.44，显著性水平小于 0.01。从统计意义上说，11—15 年教龄教师的看法要非常显著地优于 6—10 年教龄的教师。

表 4-11　6—10 年教龄教师和 11—15 年教师教龄教师回答结果比较

	方差齐性检验		t 检验		
	F	Sig.	t	df	Sig.（双侧）
假设方差齐性	34.323	.000	—3.454	446	.001
假设方差非齐性			—3.444	423.962	.001

不过，样本容量同样会影响显著性水平。为此，需要通过计算效应值来反映实际的差异。效应值 d 可通过以下公式计算：

$$d = \frac{M_1 - M_2}{\sqrt{\dfrac{n_1 S_1^2 + n_2 S_2^2}{n_1 + n_2 - 2}}}$$

式中，M 表示均值，n 表示样本量，S 表示标准差。d 值与差异明显程度的关系如表 4-12 所示。

表 4－12　d值与差异明显程度

d	差异	d	差异
d＜0.20	不明显	0.50≤d＜0.80	中等效应,差异明显
0.20≤d＜0.50	小的效应,差异较为明显	0.80≤d	大的效应,差异非常明显

对于6—10年教龄教师和11—15年教师回答结果进行比较。经计算,效应值 d＝－0.33,在0.2—0.5之间,具有小的效应,差异较为明显,实际差异不如统计结果显著(见表4－13)。

表 4－13　效应值的计算

教龄	样本量	均值	标准差	d
6—10年	221	4.5656	.55718	－0.33
11—15年	227	4.7313	.45413	

（五）相关分析

差异分析用于说明变量之间有没有差异,相关分析则用于说明变量之间有没有关系,常应用 Pearson 相关分析方法。相关系数反映不同变量之间的关系,即一个变量上的变异是否和另一个变量上的变异相联系。

相关系数为正,表示是正向关系,即两个变量同时增大或同时减小。相关系数为负,表示是逆向关系,即当一个变量增加时,另一个变量会减小。相关系数越接近1.0,表示相关越强;越接近于0,表示相关越弱。观察相关分析结果时,需要观察相关系数与显著性水平。

对教师教龄与教师对于"做作业对学生很有用"的回答结果进行相关分析,可得到相关系数为0.04,显著性水平 p 为0.132,两者之间没有显著相关。

样本容量也会影响相关分析的显著性水平。为此,需重新规定相关系数的效应值。相关系数(r)与相关显著程度的关系如表4－14所示。教师教龄与回答结果的相关系数仅为0.04,小于0.1,说明相关不明显。

表 4－14　r值与相关显著程度

r	相关	r	相关
$r＜0.10$	不明显	$0.30≤r＜0.50$	中等效应,相关明显
$0.10≤r＜0.30$	小的效应,相关较为明显	$0.50≤r$	大的效应,相关非常明显

(六) 回归分析

线性回归是利用数理统计中的回归分析,来确定两种或两种以上变量间相互依赖的定量关系的一种统计分析方法,运用十分广泛。在函数图像上,线性回归表现为一条直线。

在进行回归分析时,已经预设了自变量与因变量。若自变量只有一个,为一元线性回归。若自变量有多个,为多元线性回归。回归系数为正,表示随着自变量的增加,因变量也会增加。回归系数为负,表示随着自变量的增加,因变量会减小。回归系数越接近1.0,表示影响越明显;越接近于0,表示影响越不明显。

若将教师教龄作为自变量,将对"做××作业对学生很有用"的回答作为因变量,可得到如表4-15所示的回归分析结果。回归分析一般会提供非标准化系数和标准系数,并提供 t 值与显著性水平。在观察回归分析结果时,主要观察标准系数与显著性水平。对于表4-15,回归系数为0.04,显著性水平为0.132,说明教师对"做××作业对学生很有用"的回答没有随着教龄的增加而发生显著变化。

表4-15　教师教龄对"做××作业对学生很有用"回答的回归分析

自变量	非标准化系数		标准系数	t	Sig.
	B	标准误差	试用版		
(常量)	4.625	.039		119.797	.000
教龄	.017	.011	.040	1.507	.132

样本容量也会影响回归分析的显著性水平。为此,需重新规定回归系数的效应值。回归系数(b)与回归显著程度的关系如表4-16所示。教师教龄与回答结果的回归系数仅为0.04,小于0.1,说明影响不明显。

表4-16　b值与回归显著程度

b	回归	b	回归
b<0.10	不明显	0.30≤b<0.50	中等效应,相关明显
0.10≤b<0.30	小的效应,相关较为明显	0.50≤b	大的效应,相关非常明显

第5章
学生作业效果与作业负担分析

　　作业效果、作业设计、作业实施、作业管理等问题一直是作业所面临的主要问题。现实的作业效果是否确实不理想？这是本项作业研究首先需要检验的第一个假设。本项研究主要采取逐步回溯的基本思路，通过数据分析，依次回答一系列问题：什么是作业效果？作业效果中的作业负担、作业兴趣、学业成绩究竟具有什么关系特征？作业负担重导致了怎样的后果？学生作业负担产生的可能因素有哪些？解决作业负担问题需要从哪些方面着手？等等。

　　由于作业负担问题是社会普遍关注的现象，作业研究也证明，作业效果中的作业负担问题最为严重，近三十年来，国内减负的呼声此起彼伏，减负的措施不断出台。然而，各项措施几乎都收效甚微，我们正面临着"越减越负"的窘境。究其原因，在于仅仅抓住了作业时间长这个表面现象，未能深入挖掘导致作业负担偏重的根本原因。

　　所以本章在明确作业兴趣、作业负担和学业成绩等作业效果整体特征的前提下，着重阐述学生作业负担的特征及其表现，阐明作业负担产生的原因，并提出解决作业负担问题的初步设想。

本章主要内容：

◆ 学生作业效果的基本状况

◆ 作业负担基本特征及其后果

◆ 学生作业时间的基本特征

◆ 影响学生作业时间的因素分析

本章阐述的主要问题与观点：

● 学生作业效果基本状况如何？

　　作业效果包括学业成绩、作业兴趣和作业负担的综合表现。整体而言，学生最为认可的是作业对学业成绩的影响，其次为作业兴趣，而作业负担问题在三大作业效果中最不理想。研究分析表明，作业兴趣对于学业成绩的正面影响最为关键，作业负担对学业成绩有着负面的抑制作用。研究同样表明，提高作业效果的关键在于如何提升学生的作业兴趣，而不是简单地减少时间。

● 作业负担重带来了怎样的不良后果？

　　学生作业负担重，调研显示主要表现为生理负担和心理压力都较大，但是生理负担明显大于心理负担。初中生的作业负担要比小学生表现得更为明显，学业成绩靠后学生的作业负担要比学业成绩靠前学生的作业负担明显更重。学生作业负担带来了怎样的不良后果？一是导致睡眠时间明显减少，二是影响了学生身心健康发展，三是对于提高学业成绩起负面作用，四是弱化了学生的作业兴趣，五是阻碍了作业育人功能的发挥。

● 学生作业时间长主要表现在哪些方面？

　　学生作业时间长是作业负担的重要指标之一。学生完成各学科作业的时间明显偏长，使得完成学校作业的总时间明显偏长。在学校，学生需利用休息时间完成作业。在家中，学生完成学校作业时间已经偏长，但还需要完成家长指定或自己选择的作业。

● 影响作业时间长的因素主要有哪些？

　　教师的作业观念、作业设计能力、作业实施水平，学生的作业环境、作业习惯，家长参与作业的方式等都有可能会影响学生的作业负担以及作业效果。本章着重探讨了教师估计作业时间能力、家长布置作业特征等方面对于作业负担的影响。其他因素对作业时间的影响，将在后续几章中分别阐述。

简而言之，作业效果就是指作业对学生学习产生的影响。上海市学业质量综合评价"绿色指标"提出学业质量不仅要关注学生的学习成果，也要重视学生所付出的代价。作业研究借鉴了这种综合评价观，将作业效果界定为三方面的表现：一是作业对提高学生学业成绩的作用（简称学业成绩）；二是作业对学生兴趣的激发作用（简称作业兴趣），三是作业给学生带来的负担感（简称作业负担）。本章着重探索了作业效果的基本状况，以及作业负担重的后果及其影响因素。

一、作业效果分析

作业效果分析以问卷调查结果为基础，分析作业效果的基本现状，并通过比较和回归分析，探查学业成绩、作业兴趣、作业负担之间的关系。

（一）学业成绩、作业兴趣、作业负担的基本状况

各学科学生问卷中均设计了3道题目，分别调查学业成绩（做作业提高了学业成绩）、作业兴趣（喜欢做作业）和作业负担状况。分析对于这些题目的回答结果，可得出以下几点结论：

首先，学生最认可做作业对于提高学业成绩的作用。对于作业负担、作业兴趣和学业成绩三大效果中，小学和初中持同意看法的学生比例如表5-1所示。通过比较可知，小学

表5-1 对于学业成绩、作业负担和作业兴趣持同意看法的学生比例

		做××①作业提高了我的学业成绩	我喜欢做××作业	对我来说，××学科作业负担不重
持同意看法的学生比例	小学	90.6%	85.5%	68.6%
	初中	83.9%	74.8%	61.8%

---

① 说明：在不同学生问卷中，××表示语文、数学、英语、物理等对应学科。

生和初中生的看法较为一致,均最为认同"做作业提高了学业成绩",较为认同"喜欢做作业",最不认同"作业负担不重"。可见,学生普遍认同作业能够提高学业成绩,其次较为认同作业对兴趣的价值,但较多学生认为存在一定的作业负担。当然,学生的负担不仅仅来自于学校作业,家长作业、自主作业也可能是不容忽视的负担来源。

其次,小学生要比初中生更为认同作业效果。 由图5-1可知,在作业效果的三个方面中,持同意看法的小学生比例均要高于初中生。对回答结果的均值进行比较并计算效应值,可发现:对于"做作业提高了学业成绩"、"作业负担不重",d值分别为0.38和0.21,在0.2—0.5之间,差异比较明显。也就是说,随着学段增加,学生的负担感较为明显地增加,对于做作业提高学业成绩的感受较为明显地降低。而对于"喜欢做作业",d=0.51,超过0.5,差异明显。可见,随着学段增加,学生的作业兴趣明显下降。

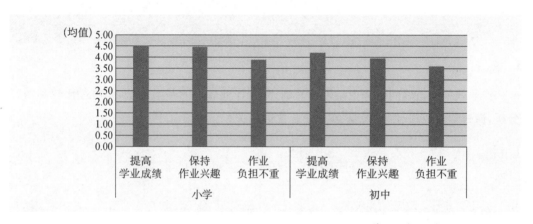

图5-1 小学、初中做作业的效果比较

第三,学业成绩靠后学生对于作业效果的认同度低。 随着学业成绩的提高,在作业效果的三个方面中,认同度均逐步提高。对于"做作业提高了成绩",比较同意的学生比例,成绩很靠前的小学生比例要比成绩很靠后的小学生超出近30%。而在初中,这个比例超出近35%。对于"喜欢做作业",小学比例相差30%,初中比例相差近40%。对于"作业负担不重",小学和初中的比例均相差约40%。可见,在学习效果方面,不同学业成绩的学生之间存在着巨大差异。因此,如何以每一个学生的实际情况为发展的出发点,如何提高学业成绩靠后学生的作业效果,值得进行深入研究(详见图5-2)。

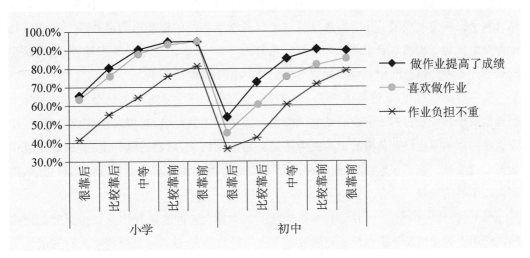

图 5-2 不同学业成绩学生对作业效果的认同度

（二）作业兴趣、作业负担对提高学业成绩的影响比较

作为反映作业效果的三个方面，学业成绩、作业兴趣、作业负担之间并非并列关系。一般经验认为，作业兴趣和作业负担存在相互影响，而作业兴趣和作业负担会共同影响学业成绩。作业兴趣越高，作业负担越轻，越有助于提高学业成绩。为推断此认识的合理性，本项研究中进行作业兴趣和作业负担对于提高学业成绩的回归分析，结果如表 5-2 所示。

表 5-2　作业兴趣和作业负担对于提高学业成绩的回归分析

学段	自变量	非标准化系数		标准系数	t	Sig.
		B	标准误差	试用版		
小学	（常量）	2.664	.043		61.840	.000
	作业兴趣	443	.008	.495	52.390	.000
	作业负担	.054	.005	−.096	−10.137	.000
初中	（常量）	2.415	.040		60.136	.000
	作业兴趣	480	.008	.585	63.184	.000
	作业负担	.042	.007	−.058	−6.289	.000

小学作业兴趣对于提高学业成绩的标准回归系数为 0.495，效果明显；初中作业兴趣

对于提高学业成绩的标准回归系数更是达到 0.585,效果极为明显。说明作业兴趣越高,越有利于提高学业成绩。小学作业负担对于提高学业成绩的标准回归系数为 -0.096;初中作业负担对于提高学业成绩的标准回归系数为 -0.058。说明作业负担越轻,越有助于提高学业成绩。但标准回归系数数值均小于 0.1,说明效果不明显。

进一步比较可知,无论是小学还是初中,作业兴趣对于学业成绩的标准回归系数极为明显地高于作业负担对于学业成绩的标准回归系数。也就是说,对提高学业成绩而言,作业兴趣的影响要比作业负担的影响更为明显。对于此结果,可能的解释是:兴趣是完成作业的动力源泉。有了兴趣,完成作业时就会更加投入,也就会减轻完成作业时的负担感,提高完成作业的效果。

可见,在优化作业设计与应用时,通过减少学生作业时间来减轻作业负担只能起到治标的作用。要把激发学生的作业兴趣放在更为重要的位置,这样才能使得学生有完成作业的持续性愿望,从而起到标本兼治的效果。

(三)学生的生理负担与心理压力

负担即承受的压力和担当的责任。担当的责任是负担的外在表现,承受的压力是负担的内在感受。作业负担,顾名思义,就是学生在作业层面的负担,包括生理负担和心理压力。生理负担与心理压力相互影响,生理负担可能会形成心理压力,心理压力又可能加重生理负担。先前分析已经表明,小学和初中的作业负担均较重,初中的作业负担要比小学更重,学业成绩靠后学生的作业负担很重。这种负担主要表现为生理负担,还是表现为心理压力,需要作进一步的分析。

学生问卷中有两道题目涉及生理负担与心理压力问题,分别为:"做作业感觉有些累"的频次,用于调查学生的生理负担;"做作业感觉有些烦躁"的频次,用于调查学生的心理压力。对于"做作业有些累",有时、经常或总是感觉到的学生会有较重的生理负担。对于"做作业感觉有些烦躁",有时、经常或总是感觉到的学生会有较重的心理压力。根据调研数据,分析小学、初中学生的生理负担和心理压力,得到如图 5-3 所示结果。

分析图 5-3 可知,无论是小学还是初中,做作业时感觉有些累的学生的比例均要高于感觉有些烦躁的学生比例,说明在作业层面,学生的生理负担要高于心理压力。这在一定程度上说明,学生具有较强的抗压能力。

比较小学和初中的结果可知,对于做作业时感觉有些累的学生比例以及感觉有些烦躁的学生比例,初中均要高于小学。进行独立样本差异分析,得到的效应值均在 0.2—0.5 之间,差异较为明显,说明初中生的生理负担和心理压力均要高于小学生。

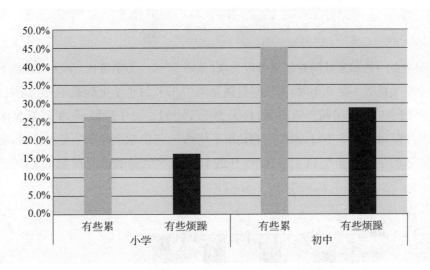

图 5 - 3　学生做作业时感觉有些累或有些烦躁的比例

二、作业负担重的后果

有关作业负担的结论似乎仅仅验证了一般性认识,要促进作业负担问题的有效解决,还需要了解作业负担造成了怎样的后果。一般认为,作业负担重会对学生的身心健康造成不良影响,是导致学生体质健康状况不佳,近视率增加的重要因素。我们不禁要问,这种透支未来的付出是否值得? 假如负担的增加带来了兴趣的增加、学业成绩的提高、优良品质的养成,也许还可聊以自慰,但事实是否如此呢?

(一) 作业负担对于学生睡眠时间的影响

充足的睡眠对于学生学习的价值是毋庸置疑的。2008 年,教育部发布《中小学学生近视眼防控工作方案》,要求保证小学生每天睡眠 10 小时,初中生 9 小时,高中生 8 小时。若按此标准,则小学、初中符合此睡眠要求的比例仅在 10% 以内。本部分适当降低标准,将小学睡眠时间标准定为 9 小时,初中睡眠时间定为 8 小时,来进行相关的分析。

在学生问卷和家长问卷中,均有一道调查学生睡眠时间的题目。提供睡眠的时间范畴,供学生和家长选择。分析学生和家长的回答结果,可得到以下几点结论。

1. 各年级学生睡眠时间均明显不足

根据学生问卷和家长问卷结果可以发现(见图5-4),小学阶段,学生问卷显示平均约57%的小学生睡眠不足9小时;家长问卷则显示约69%的小学生睡眠不足9小时。其中,有近30%的学生睡眠时间严重不足,每天少于8小时。初中阶段,学生问卷显示平均约50%的学生睡眠不足8小时,家长问卷显示平均约54%的学生睡眠不足8小时,睡眠时间达不到要求的学生占50%以上。其中,有近15%的学生睡眠时间严重不足,每天少于7小时。

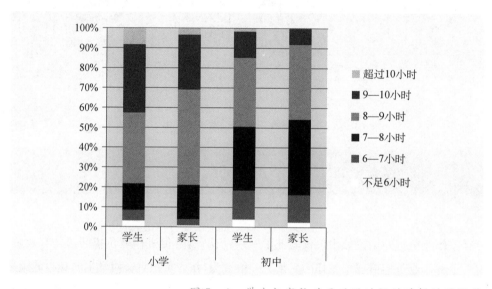

图5-4 学生与家长对于睡眠时间的选择结果统计

相比较而言,小学生和家长问卷调查的结果相差较大,初中生和家长的结果相差较小。可能是小学生的睡眠时间主要由家长安排,并不需要特别注意睡觉与起床时间,且本身的计算能力还有所不足,导致结果准确性不够。

2. 初中各年级学生的睡眠时间逐步下降

小学阶段学生睡眠时间明显多于初中阶段(详见图5-5)。学生睡眠时间随着年级的升高而逐步减少,小学阶段各年级的差异不明显,但是到了初中阶段,各个年级差异明显。学生问卷调查表明,六年级、七年级和八年级学生每天睡眠时间不足8小时的比例分别为37.2%、49.1%、64.9%。随着年级的升高,睡眠时间减少的趋势非常明显。

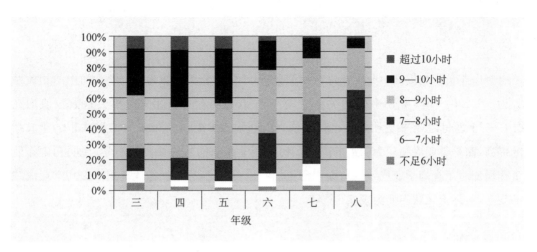

图 5-5　不同年级睡眠时间比较（学生问卷）

3. 学业成绩靠后的学生睡眠时间严重不足

对不同学业成绩的学生进行群体差异分析后发现（详见图 5-6），小学阶段，有 69.0%的学业成绩很靠后的学生的睡眠时间少于 9 小时，而对于学业成绩很靠前的学生来说，这一比例则为 47.8%。初中阶段，有 62.3%的学业成绩很靠后的学生的睡眠时间少于 8 小时，对于学业成绩很靠前的学生，这一比例为 43.2%。

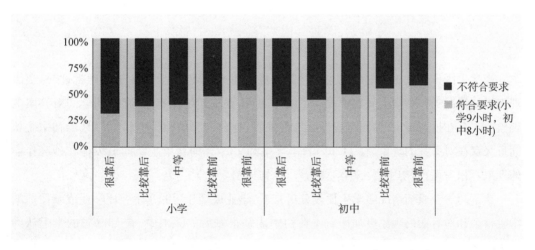

图 5-6　不同学业成绩学生睡眠时间比较

可见，学业成绩靠后的学生睡眠时间严重不足。学业成绩越是靠后的学生，由于作业时间长，睡眠时间少，导致第二天上课听课效率可能也会很差，从而导致无法理解教学内容，晚上回家完成作业的困难增加，睡眠时间越来越少，如此无疑会形成一种恶性循环。

（二）作业负担对提高学业成绩的影响

对作业负担与提高学业成绩进行相关分析，小学的相关系数为－0.242，初中的相关系数为－0.295。小学和初中的相关系数均小于0，说明存在负相关。相关系数数值均在0.1—0.3之间，关系较为明显。也就是说，作业负担的增加，所带来的结果并非学业成绩的提高，而是学业成绩较为明显的降低。初中相关系数的数值要高于小学，说明初中作业负担增加对于提高学业成绩的负面作用更加明显。可见，靠增加作业负担来提高学业成绩的观念，实际上无法转变为现实。

（三）作业负担对保持作业兴趣的影响

对作业负担与作业兴趣进行相关分析，小学的相关系数为－0.293，初中的相关系数为－0.405。小学和初中的相关系数均小于0，说明存在负相关。小学相关系数数值接近0.3，初中相关系数数值在0.3—0.5之间，关系明显。也就是说，作业负担的增加，学生的作业兴趣明显降低。初中相关系数的数值要高于小学，说明初中作业负担增加对于作业兴趣的负面影响更为明显。

（四）作业负担对育人功能的影响

当学生因作业负担过重而无法按时保质保量完成作业，又要避免被教师批评时，会出现怎样的情况呢？在学生问卷中设计了两道题目，要求学生回答对"存在同学间对答案的现象"和"存在抄袭现象"的同意程度。结果表明，有24.1%的小学生和30.7%的初中生认同班级存在对答案的现象，有14.5%的小学生和18.7%的初中生认同班级存在抄袭作业的现象。相对而言，初中要比小学更为严重（详见图5-7）。

从不同学业成绩情况的学生比较分析来看，学业成绩靠后的学生要比学业成绩靠前的学生抄袭和对答案的现象更加严重。在初中成绩很靠后的学生中，有45.9%的学生认为班级存在作业对答案的现象，有29.8%的学生认为存在作业抄袭的现象。可见，作业负担催生了抄袭作业等不良现象。而在微博、微信等现代通信手段应用广泛的情况下，这些现象越来越普遍，不仅严重影响了作业育人功能的发挥，而且导致教师无法有效把握班级作业真实的情况，也就容易让教师对学生的掌握情况形成误判，也就导致作业对于诊断和调整教学内容和策略的功能丧失。

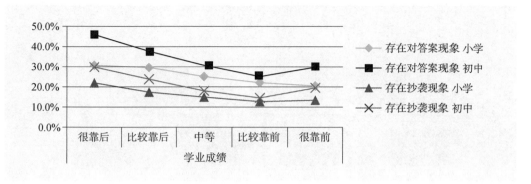

图 5-7　小学、初中对答案和抄袭作业现象情况（学生问卷）

三、学生作业时间分析

作业时间常常是判定作业负担的关键指标之一。从国际研究情况和普遍认可的经验角度来看，由于很难确切地用一个"度量单位"来表示作业量的多少，所以多数情况之下，研究者用"作业时间"的长短来间接反映"作业量"的多少。当然，作业时间和作业量两个概念并不完全一致。因为作业时间不仅和作业量相关，还和作业的难度、学生自身的学习能力、父母作业辅导的情况等一系列因素相关。限于作业量统计的困难，本项研究中也采用作业时间来间接判断学生的作业负担，并间接反映作业量的问题。

既然作业负担重，又造成了明显的不良作用，减轻学生作业负担迫在眉睫。前文已经分析，学生作业负担主要来自生理负担，影响学生作业生理负担的主要原因是作业时间的长短问题。根据学生的睡眠时间严重不足的现象，基本可以推断学生的作业时间明显偏长。那么，学生需要做哪些作业？作业超时的现象严重到什么程度？值得作进一步的分析。

学生完成作业的时间可以拆分为完成学校作业的时间、完成额外作业的时间。完成学校作业的时间可以拆分为两个时间段，即在校完成作业的时间，在家完成作业的时间。完成额外作业的时间又可分为完成家长作业的时间和完成自主作业的时间（详见图5-8）。

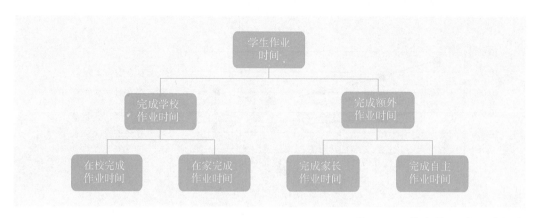

图 5-8　学生作业时间的组成

（一）学生在校完成作业时间

为深入推进减负工作，上海市教委在 2008 学年的课程计划中规定："各中小学要在各学科综合平衡后布置课外作业。小学一、二年级不留书面家庭作业；小学其他年级的课外作业，应保证绝大多数同学能在 1 小时以内完成；初中各年级的课外作业，应保证绝大多数同学能在 1.5 小时以内完成；高中各年级的课外作业，应保证绝大多数同学能在 2 小时内完成。各中小学不得占用学生休息时间组织集体补课。"因此，下述分析中小学作业时间以 1 小时为标准，初中阶段的作业时间以 1.5 小时为标准。

学生问卷中有一道题目提供时间范围，要求学生选择在校完成作业的时间，结果如图 5-9 所示。几乎所有学生在学校内就要开始做教师布置的课外作业。小学阶段，超过

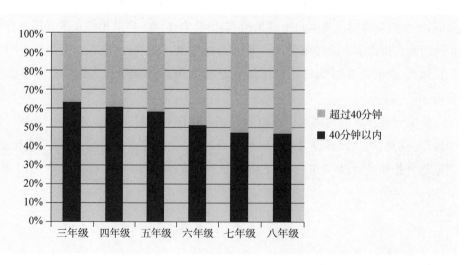

图 5-9　各年级学生在校作业时间分布图

35％的学生在校作业时间超过 40 分钟,约 15％的学生在校作业时间超过 1 小时。初中阶段,约 50％的学生在校作业时间超过 40 分钟,约 25.3％的学生在校作业时间超过 1 小时,约 10.6％的学生在学校完成作业时间超过 1.5 小时。

据此可以推断,绝大多数的学生在学校里,除自习课外,还利用课间活动和午间休息时间来完成作业。换言之,因为过多的作业,导致多数学生牺牲了自己课间休息和活动时间来抓紧完成。这或许也是导致学生缺乏课间运动,体质下降的原因之一。作业不仅剥夺了学生在家的休息时间,而且也侵占了本属于学生休息运动的课间活动时间,值得敲响警钟。

(二)学生在家完成作业时间

学生问卷中有一道题目提供时间范围,要求学生选择在家完成学校教师布置作业的时间。对于此题,进行整体分析与群体比较,发现本项作业研究结果与 2012 年 PISA 的调查结果高度一致。2012 年 PISA 研究结果显示,上海 15 岁学生(绝大部分为八年级学生)平均每周作业时间为 13.8 小时。而本项作业研究结果显示,八年级学生平均每周作业时间约为 13.9 小时[①](详见表 5 - 3)。这不仅再次证明了中国学生学业负担偏重的现象,而且也充分证明了本书有关作业研究结果的信度。

表 5 - 3　各年级作业平均时间(学生问卷)

学段	年级	每天(小时)	每周(小时)
小学	三年级	1.4	9.82
	四年级	1.36	9.52
	五年级	1.38	9.65
	平均	1.38	9.66
初中	六年级	1.79	12.51
	七年级	1.76	12.31
	八年级	1.99	13.92
	平均	1.85	12.91

1. 学生在家完成作业超时明显

小学和初中学生在家完成作业的时间分布如图 5 - 10 所示。小学若以 1 小时为标准,

---

① 学生平均每周作业时间计算方法说明:提问学生在家作业时间时,仅要求其选择相应的时间范围。在计算平均时间时,将选项的中点作为作业时间。例如,将 0—30 分钟转化为 15 分钟,将 31—60 分钟转化为 45 分钟。在此基础上,通过计算获得平均时间。

有 53.7％的小学生每天作业超时,其中约 20％的学生作业超过 2 小时,7.5％的学生每天作业严重超时,超过 3 小时。初中若以 1.5 小时为标准,经过折算,约有 59％的初中生每天作业超时;即使按 2 小时计,也有 39.0％的学生每天作业超时,其中 12.6％的学生每天作业超过 3 小时(详见图 5-10)。

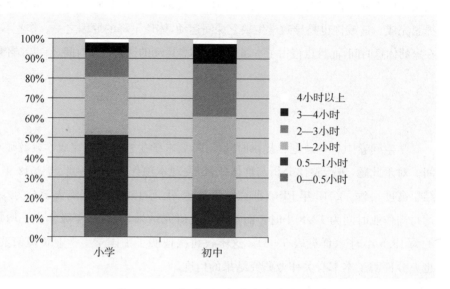

图 5-10 小学、初中学生在家完成学校作业时间分布图

小学各年级超时比例较为接近,而在初中,八年级的超时比例要明显高于六、七年级(详见图 5-11),这可能与新增了物理等学科并且临近中考年级有关。若加上学生在校完成作业的时间,则超时现象会更加严重。可见,学生完成学校作业时间偏长是不争的事实。

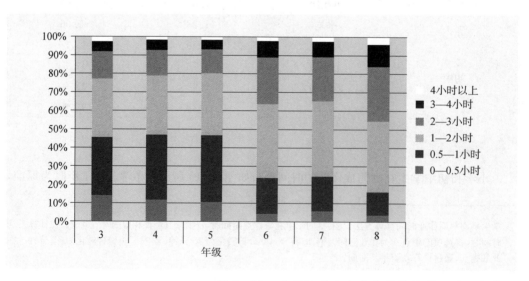

图 5-11 各年级学生在家完成学校作业时间分布图

2. 学业成绩靠后的学生群体作业超时现象更为严重

若将学生的学业成绩根据不同群体进行分析,将不同学业成绩群体的平均作业时间进行转换,求算作业平均时间后发现,不论什么样学业成绩的学生作业时间均超时。其中,小学成绩靠后的学生作业超时现象非常明显,超出近 1 小时;初中阶段成绩靠后的学生作业也超出近 40 分钟(详见图 5-12)。

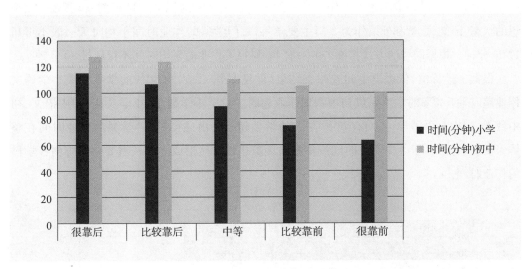

图 5-12　不同学业成绩的学生在家完成学校作业时间情况分析

若按超时比例计,则学业成绩靠后的学生中,小学和初中均有近 65% 的学生作业时间超时。即使是学业成绩靠前的学生,也有约 40% 的小学生、约 50% 的初中生作业时间超时(详见图 5-13)。这一现象可能的解释是,因学校作业缺乏选择性,相对于学业成绩好的学

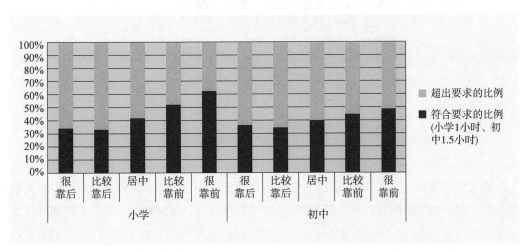

图 5-13　不同学业成绩的学生在家完成学校作业时间情况(小学以 1 小时、初中以 1.5 小时为标准)

生来说，在完成同样的作业量的情况下，学业成绩靠后的学生所花费的时间更多。

（三）学生完成各学科作业时间

学生问卷中有一道题目提供时间范围，要求学生选择每次完成老师布置的某学科作业所需的时间。如果根据小学每天作业总时间不超过1小时的标准来进行判断，那么按照理想的状态，语文、数学和外语作为3门主要学科，每门学科的作业时间平均每天一般不得超过20分钟。根据同样的方式推断，初中每门学科每天作业的平均时间不得超过30分钟。

根据上述标准，依据学生问卷调查结果（详见图5-14），约80%的学生完成小学语文作业超时，有45%的学生完成初中物理作业超时。对于小学数学、小学英语、初中语文、初中数学、初中英语等学科，均有60%左右的学生超时。由此可见，各学科的作业时间在整体失衡的情况下，学生作业总时间严重超时现象也就自然形成。学校需要整体协调各学科的作业时间。

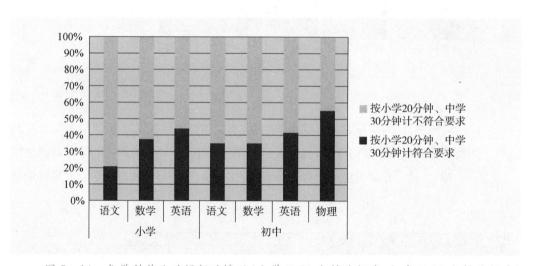

图5-14　各学科作业时间超时情况（小学以20分钟为标准，初中以30分钟为标准）

（四）学生完成额外作业的情况

研究结果显示，学生的作业负担不仅仅来自学校教师，还来自于家长和自身不断追求第一的思想。由学生问卷调查结果可知（详见图5-15），在小学和初中，从不布置额外作业的家长均约占20%，从不主动做额外作业的学生仅仅约占20%。在小学，近30%的家长经常为学生布置某学科的额外作业，近30%的学生经常自主地做一些额外作业。在初中阶段,家长和学生的比例均约为 20%。

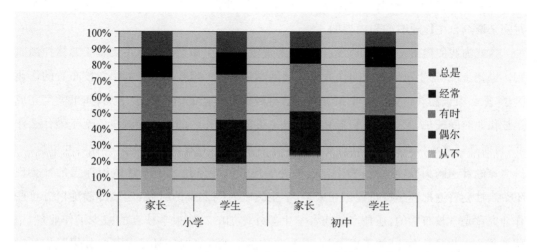

图 5-15　家长布置额外作业和学生给自己布置作业情况

在家长问卷中,也有几道题目提问家长给学生布置学科作业的情况。结果表明,从不给学生布置任何作业的家长比例仅为 9.8%。筛选出从不布置作业的家长群体,分析学生问卷中有关自己做额外作业的调查结果,发现家长不布置额外作业,学生自己也从不做额外作业的比例仅为 2.4%。也就是说,至少有 97.6% 家庭会购买教辅材料,并且学生会做额外作业。可见,家庭购买教辅材料、布置额外作业的现象极为普遍。

为进一步了解家长布置额外作业与学生自主做额外作业的特征,从学生学业成绩的整体状态、学科成绩、完成作业总时间、完成学科作业时间等方面进行相关分析(详见表 5-4),结果发现,家长布置额外作业的频次与各因素的相关系数均小于 0.1,不存在明显相关。而学生自主做额外作业的频次与各因素的相关系数多数在 0.1—0.3 之间,存在较明显相关。这说明,越是能够自主完成更多额外作业的学生,学业成绩越好。反之,也可以解释为,因为学业成绩较好的学生完成规定作业的时间较短,从而有更多自主的时间来完成额外的作业。

表 5-4　学生额外做作业与各因素的相关分析

		总成绩	学科成绩	完成学校作业总时间	完成学科作业时间
小学	家长布置额外作业	0.088	0.079	−0.097	−0.020
	学生自主做额外作业	0.208	0.231	−0.208	−0.131
初中	家长布置额外作业	0.056	0.029	−0.032	−0.040
	学生自主做额外作业	0.189	0.193	−0.107	−0.058

与完成学科作业时间相比,学生做额外作业的时间与完成学校作业的总时间呈现明显的负相关,说明学生是根据学校作业的总时间来调剂学科自主作业的,而非根据学科作业时间来调剂自主作业时间和内容的。

这就为我们提出了一个非常值得关注的现象,即学生做额外作业主要基于总量控制原则。也就是说,学生每天完成的作业总时间基本是保持一定数量的。如果学校布置的作业少了,那么家长额外布置的作业和学生自己再做额外作业的时间就会增加;如果学生完成学校作业时间较长,家长额外布置和学生自主布置额外作业的量就会减少。至于做什么作业,可能是喜欢哪科做哪科。往往是学生某学科成绩好,花在该学科上的作业时间也长。

家庭普遍购买教辅材料,学生自己额外做作业的现象是一个非常值得深思的社会现象。当社会普遍批判学校布置作业太多,学生睡眠时间太少的时候,应该冷静地区分这些作业究竟是学校布置的,还是家长或者学生额外增加的? 如果学校真的减少了作业量,中国的传统文化是否会让"望子成龙"心切的家长真正把课外时间还给孩子? 如果我们把时间都留给了家长布置作业,那么我们真的能够保证家长额外布置的作业质量很高吗? 是否会更加适得其反?

四、影响作业时间的因素分析

学生的作业时间是判断生理负担的重要指标。前面已经论述了学生作业总时间,在家作业时间和在学校作业时间,完成家长作业时间和完成老师作业时间的比较等现状。无论哪一种情况分析,我们都会发现作业时间长,作业负担重是普遍现象。究竟是什么原因导致学生的作业时间这么长? 是教师不知道有这么长的作业时间,还是教师和家长在作业时间安排上有什么"默契"? 本部分着重探索不同群体作业时间估计的差异,以及家长布置额外作业的特征。分析表明,教师过低地预估了学生作业时间,家长总是乐于弥补学校教师作业布置量等现状,都是造成学生作业时间严重偏长的重要原因。

(一) 不同群体对作业时间判断的差异分析

此项研究中,采用"教师、学生和家长三者相配对"的基本原则,因此不同群体的作业时间数据具有可比性。通过对不同群体作业时间汇报数据的比较,让我们发现了在作业布置中一些值得重视的现象。

整体来看,专家、教师、学生和家长对作业时间的报告有差异。分析各个群体汇报的作业时间的结果,可以发现一个值得反思的现象,即对于完成同样的作业所需要的时间,不同群体的判断存在明显差异。家长对在家作业时间的估计要高于学生,学生对于学科作业时间的估计则要高于教师,而教师估计的作业时间又低于学科专家对于同一份作业的时间。也就是说,教师对于作业时间的判断在群体中是最低的。

1. 家长报告的作业时间超过学生对作业时间的报告

学生和家长均报告了在家作业时间,小学阶段两者的相关系数为 0.454,存在明显相关;初中阶段两者的相关系数为 0.521,存在非常明显的相关。整体来看,家长报告的在家作业时间要多于学生(详见图 5-16)。小学阶段,74.6% 的家长认为孩子每天作业时间超过 1 小时,而学生报告为 46.3%。初中阶段,70.4% 的家长认为自己的孩子作业时间超过 1.5 小时,而学生报告为 58.7%。

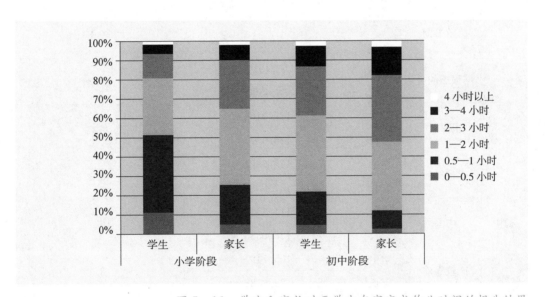

图 5-16　学生和家长对于学生在家完成作业时间的报告结果

对于家长报告的作业时间比学生报告时间长的现象,可能因为学生在家做作业时,往往有时思想会开小差、吃零食或者中途休息等,还有时可能会和同学交流作业情况,而家长不是非常清楚学生具体的作业过程,主要根据开始时间和结束时间进行估计。

对不同学业成绩学生和相应的家长报告的作业时间进行比较(详见表 5-5),发现家长报告的时间均要比学生略长,平均差异多数在 20 分钟左右,基本在正常范围之内。进一步分析发现一个非常有趣的现象:即学业成绩越靠后的学生,学生和家长汇报的时间差异不大;而学业成绩越靠前的学生,则学生和家长所报告的时间差异相对越大。或许学业成绩靠前的学生,由于完成了一部分家长额外布置的作业,或者完成一部分给自己额外增加的作业,学生在回答的时候,对于这部分的作业时间并没有计算在内。也可能学生为了避免做很多的家长作业与自主作业,故意拉长了完成学校作业的时间,但在自己汇报时,并未计算在内。

表5-5　不同学业成绩学生、家长报告作业时间比较

学段	学生整体成绩		整体作业时间(分钟)	时间差异(分钟)
小学	很靠后	学生	115.5000	3.4
		家长	118.9286	
	比较靠后	学生	107.3469	18.0
		家长	125.3316	
	中等	学生	89.8164	20.5
		家长	110.3000	
	比较靠前	学生	74.9457	20.9
		家长	95.8298	
	很靠前	学生	63.1911	25.2
		家长	88.4350	
初中	很靠后	学生	128.2161	8.2
		家长	136.4322	
	比较靠后	学生	124.5927	13.3
		家长	137.8557	
	中等	学生	111.3115	16.7
		家长	128.0535	
	比较靠前	学生	105.7421	18.1
		家长	123.8438	
	很靠前	学生	99.9431	18.2
		家长	118.1863	

2. 教师报告的作业时间明显低于学生报告的作业时间

教师估计了各学科平均每天完成作业的时间,学生也报告了完成每门学科作业平均每天所需的时间(详见图5-17)。在小学,只有约10%的教师估计的学科作业时间超过40分钟,而学生汇报的比例则超过30%。在初中,约20%的教师估计的学科作业时间超过40分钟,而学生汇报的比例则超过40%。可见,教师估计的作业时间要明显低于学生实际完成作业的时间。

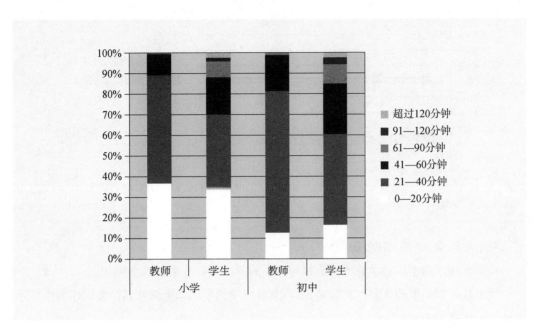

图 5-17   教师、学生汇报学科作业时间差异

究竟是什么原因导致教师作业时间的估计是最短的？通过比较不同学业成绩学生报告的结果与教师报告的结果，发现无论是小学（详见图 5-18），还是初中（详见图 5-19），教师在问卷中报告的作业时间与学业成绩很靠前的学生在问卷中报告的作业时间较为接近，差异不足 3 分钟。[①]

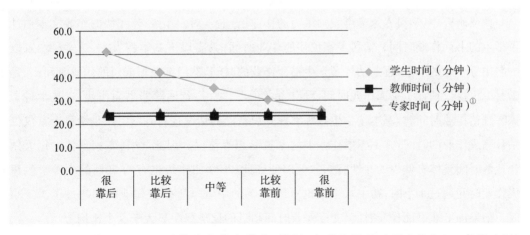

图 5-18   不同学业成绩小学生、教师、专家估计的时间比较（以四年级为例）

[①] 图 5-18 和图 5-19 中，专家时间为通过文本分析所确定的作业时间。

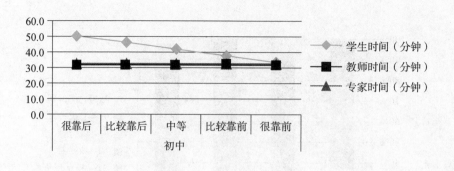

图 5-19 不同学业成绩初中生、教师、专家估计的时间比较(以八年级为例)

对于此现象,存在三种可能的解释:

一是教师倾向于以对学业成绩最好的学生的要求为标准来要求全体学生;

二是教师对学生的认识存在偏差,误将学业成绩最好的学生能达到的要求作为中等水平的学生能达到的要求。

三是教师将作业等同于小测验,忽视了学生在遇到困难时查阅资料、向他人求助所花费的时间。

实际上,三种倾向可能同时存在。无论属于何种原因,都会导致学生作业时间变长、作业负担增加。

3. 教师对书面作业的时间估计明显低于学科专家

此项研究中,学科专家参考教师填写的作业信息表,对四年级、八年级的作业文本估计了学生的书面作业时间。学科专家预估的作业时间,具有以下基本特点:一是学科专家以一名中等学生的水平,逐条估计了学生书面作业的时间,然后汇总形成总的作业时间;二是学科专家仅仅估计了书面作业时间,没有考虑预习、复习、背诵等非书面作业;三是学科专家在预估作业时间时,基本按学生熟练掌握知识基础的情况进行判断。四是学科专家仅仅估计完成作业的时间,并不考虑作业中的家长参与等情况。因此,学科专家预估的每天做作业的时间整体有偏少的共性特点。但即便如此,小学四年级也有约 50% 的中等学生每天作业时间超过 1 小时;初中八年级也有约 70% 的中等学生每天作业时间超过了 1.5 小时。如果加上非书面作业时间,实际作业时间超过的比例要明显大于这个比例。

在收集四年级、八年级学生作业文本时,研究小组同样要求相关的教师对自己布置的每天的书面作业的时间进行了预估。通过比较七个学科专家和教师预估的作业时间来看(详见表 5-6),绝大部分学科教师预估的作业时间都明显低于专家预估的作业时间,而且

表 5-6　7 个学科专家预估作业时间和教师预估作业时间统计表①

	语文	数学	英语	物理
小学阶段	差异明显	差异较明显	差异较明显	
初中阶段	未分析	差异较明显	差异明显	差异明显

有些样本甚至达到 2 倍以上的时间差距。

从学段的比较来看,初中阶段比小学阶段的差异更加明显,如初中物理、初中英语、初中数学等学科都明显地体现了这种巨大的差异(详见图 5-20,图 5-21)。有些差异甚至超过了 1 倍甚至 2 倍的时间。

教师能否精确地估计作业时间,决定了教师布置作业的质与量,也直接影响学生的负担问题。上述通过不同学生群体差异分析发现,教师预估作业时间基本按照学业成绩优秀的学生来进行判断,说明教师对于学业成绩中等和学业成绩较靠后的学生关注不够,缺乏对学生差异性的关注。另一方面,教师对作业时间预估普遍偏低,也可能与教师对作业的功能认识有关。在认为作业越多越好、多做作业有助于提高学科地位等潜在观念的影响下,教师会在无意识的状态下增加了作业量。无论是哪种情况,都会导致作业负担的明显增大。

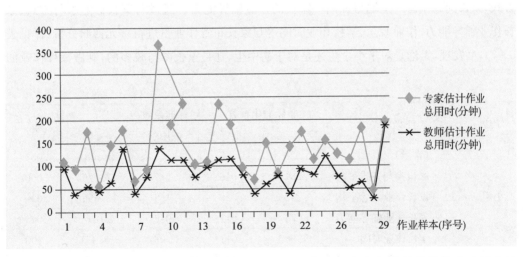

图 5-20　初中物理专家和教师估计作业时间比较

---

① 本表格根据各学科作业文本分析的结果进行汇总,初中语文学科因为教师预估的作业时间有缺失,所以没有进行相关的分析。学科具体的差异详见第 7 章和第 8 章的学科分析报告。

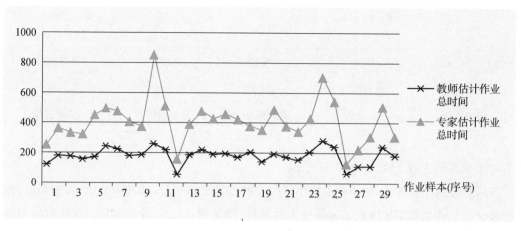

图 5 - 21　初中英语专家和教师估计作业时间比较

（二）影响家长布置作业量因素

前面已经提及,家长布置作业量会受到家长观念、学校作业时间等因素的影响。那么,家长布置的作业量究竟受到什么影响最大? 本项研究假设家长布置的作业量可能受到家长参与方式、家长作业辅导能力、家长观念以及学生完成学校作业时间的影响。

家长观念量表调查了家长的作业观念问题,家长参与方式量表调查了家长的作业参与方式,家长问卷中有一道题目提问了家长的作业辅导能力。通过对家长作业参与方式、家长作业辅导能力、作业观念、学校作业时间等与家长布置作业量进行多元回归分析(详见表5-7),可发现,无论是对于小学生还是对于初中生,凡是家长参与较多的,其做额外作业的

表5-7　家长布置作业量的影响因素分析

学段		自变量	非标准化系数		标准系数	t	Sig.
			B	标准误差	试用版		
小学	1	(常量)	.226	.106		2.138	.033
		家长参与方式平均	.281	.016	.217	17.776	.000
		家长作业观念平均	.243	.018	.164	13.656	.000
		家长作业辅导能力	.076	.011	.086	7.076	.000
		学校作业时间	−.062	.011	−.067	−5.477	.000
初中	1	(常量)	.674	.093		7.218	.000
		家长参与方式平均	.306	.014	.265	22.542	.000
		家长作业观念平均	.161	.016	.112	9.991	.000
		家长作业辅导能力	.077	.010	.093	7.910	.000
		学校作业时间	−.061	.010	−.066	−5.849	.000

机会越大,回归系数小学 0.217,初中 0.265,在 0.1—0.3 之间,相关较明显。对作业功能认识越正向的家长,其给孩子布置作业的可能性越大,回归系数小学为 0.164,初中为 0.112,在 0.1—0.3 之间,相关较明显。学生做学校教师布置作业的时间长,家长布置额外作业的机会略小一些,回归系数小学 -0.067,初中 -0.066,数值小于 0.1,相关不明显。家长作业辅导能力强,布置额外作业的机会略大一些,回归系数小学为 0.086,初中为 0.093,小于 0.1,相关不明显。说明家长是在固定作业时间的情况下,考虑给孩子布置多少作业的问题。

综合本章分析结果,在作业三大效果中,学生最为认同作业对于学业成绩的价值,其次是作业兴趣,学生相对认为作业负担最重。学生作业负担重已是无可辩驳的事实。这种负担既表现为生理负担,也表现为心理压力。相对而言,初中生的作业负担要比小学生表现得更为明显,学业成绩靠后学生的作业负担要比学业成绩靠前学生的作业负担明显更重。作为学生作业负担的主要表现,学生完成各学科作业的时间明显偏长,导致完成学校作业的总时间明显偏长。在学校,学生会利用休息时间完成作业,几乎没有时间进行运动、放松和休息。学生在家完成作业时间呈现出总量控制的特征,当学生在家完成学校作业时间较长时,完成家长作业和自主作业的时间就较短,反之则较长。家长往往会同时布置各学科作业,学生完成自主作业时倾向于自己喜欢的学科。

学生作业负担带来了不良后果。一是导致睡眠时间明显减少,二是影响了学生身心健康发展,三是对于提高学业成绩起负面作用,四是弱化了学生的作业兴趣,五是阻碍了作业育人功能的发挥。在任何一个方面,初中生受到的负面影响都要比小学生更大,学业成绩靠后学生受到的负面影响均要比学业成绩靠前学生更大。

究竟是什么原因导致学生作业效果不佳,作业时间严重偏长? 前已提及,导致作业时间长,作业负担重、作业效果不佳的原因很多,比如教师仅以优秀学生的作业时间来预估作业时间,用最优秀的学生来要求全体学生,没有关注到学生差异,这反映的是教师对作业时间预估的意识与能力;又比如当学校布置作业量少了,家长就会拼命布置其他的作业来填补,让学生每天的作业时间都变得很长。

除此之外,教师和家长的作业观念,作业设计自身的质量,教师的作业设计能力,作业实施水平,学生的作业环境、作业习惯、家长参与作业的方式、作业管理的水平等等,都有可能会影响到学生的作业负担以及作业效果。比如,如果教师倾向于认同作业对于巩固学习内容、增强对学科重视程度等功能,认为多做作业有助于学生更好地学习,且判断的作业时间要明显少于实际的作业时间,这些因素都导致学校作业量的明显增加。又如,如果家长认同作业功能,有能力辅导,并愿意参与学生作业过程时,也会使得布置的作业量增加。而随着年级升高,家长的参与逐步减少,客观上会减少作业时间。再如,如果作业的设计质量很差,机械重复的题目很多,或者作业设计的难度很高,这些也都会导致作业时间很长……

因此,导致作业负担重的原因很多,并不仅仅是某几个方面的原因。当然不可否认的是,中国整个教育的评价机制,考试文化,社会竞争等都是导致学生负担日益加重的主要原因。限于本书论述的范围,我们着重探讨与作业自身相关的因素分析。这些影响因素是否在现实的作业设计、实施和管理中真的存在,这就需要通过作业真实的调查研究来证实。这些都将通过后续几章中的研究,来进行分析判断。

总之,减轻学生作业负担是一个系统工程,并非简单地减少学校作业时间就可以解决。除了需要改变教师、家长传统地认为作业越多越促进学习的观点外,还需要证明作业效果主要取决于作业设计与实施的质量,而非作业时间越长作业效果越好。那么,目前的作业设计与实施质量如何? 需要从哪些方面加以改进? 值得作更进一步的分析。

第6章
作业设计质量研究

第 5 章已通过调研数据证明了整个研究假设的第 1 条,即学生作业效果不佳,尤其作业负担严重。那么究竟是什么原因引起作业效果不佳? 根据研究假设 2 的观点,作业设计与实施质量是影响作业效果的关键因素。事实是否如此? 这是后续几章重点论述的问题。

对于作业设计与实施质量,人们普遍知道存在问题。但对于问题到底出在哪里,有多么严重,可能是什么原因导致等往往缺乏一致认识。至于解决问题的方案,则多从理论切入,缺乏可操作性。相对于作业负担而言,作业设计与实施质量问题尚未得到高度重视。作业设计与实施质量的提升不仅有助于提高作业效果,更有助于减轻过重的作业负担。为此,需要高度关注作业设计与实施质量问题,将其作为作业改革的突破口之一。

从哪些角度去判断作业设计质量? 作业设计质量究竟如何? 存在什么问题? 这些都是本章着重回答的问题。本章主要结合问卷调查数据和作业文本分析数据,着重介绍作业设计层面的研究结果及其影响因素的特征,包括作业各环节时间分配、影响作业设计的观念分析、作业设计质量分析等。

本章主要内容:
◆ 作业各环节时间分配
◆ 影响作业设计的观念分析

◆ 作业设计质量分析

本章阐述的主要问题与观点：

● 作业各环节时间究竟如何？

作业是教师日常工作的重要内容。在只任教一个班级的情况下，各学科教师平均每天花费在作业各环节上的总时间约为 2.5 小时，若任教两个班级，作业活动将占据教师在校时间的一半。作业设计是占据时间最少的环节，作业批改是占据时间最多的环节。不同教龄的教师在作业活动上的时间没有差异，反映了作业设计与实施水平并没有随着教师教龄的增加而发展。

● 不同的人群究竟如何定位作业的价值？

整体而言，教师认为作业功能主要以巩固课堂教学内容，强化知识与技能为主，很少考虑作业其他方面的功能；教师普遍缺乏自主设计作业的意识与能力。家长、学生、教师在作业价值的认识上存在群体差异；不同学段和不同学科对于作业价值的认识上也存在差异。

● 如何判断作业设计质量？

作业设计质量受到作业价值观的影响。作业设计质量包括作业目标、作业难度、作业类型、作业分层、作业科学性、作业结构等各方面的品质。其中，作业结构特点体现了作业整体的设计质量。

● 作业设计质量究竟如何？

现行作业设计整体上以书面作业为主，科学性相对较好，这主要和作业绝大部分来自教辅材料有关。但仍存在作业目标意识不强、难度分布欠妥、作业结构性欠佳等问题。作业设计普遍缺乏分层意识、整体感、针对性和趣味性。初中阶段的学生作业普遍存在"应试"倾向，作业也演变为"考试阵地"。

作业设计质量直接影响到作业效果。作业设计在作业活动各个环节中的时间分配,反映了当前作业设计的地位。作业设计质量受到作业观念的影响,作业观念主要是对作业功能等方面的认识。作业的设计质量包括作业目标,作业难度,作业类型,作业分层,作业的科学性,作业的结构性等方面的情况。作业设计的特点需要兼顾作业文本分析结果与教师、学生问卷调查结果进行分析。

一、作业各环节时间分配

作业各个环节包括作业设计、作业批改、作业统计分析、作业辅导和作业讲评等。教师每天花费多少时间在作业上,以及在作业各个环节上时间是如何分配的? 相关的结果一方面可以反映教师在日常工作中对作业的重视程度;另一方面也可以反映教师在作业应用上所承受的压力。此外,对不同环节中教师所花费的时间比较,可以发现教师最关注的作业环节究竟是什么,或者耗费时间最长的环节是什么。

(一) 作业各环节时间分配比较

在各学科教师问卷中都各自有 5 道题目调查了教师在任教一个班级的情况下在作业设计、批改、分析、辅导、讲评等各个环节上所耗费的时间。分析教师回答结果,可得到以下几点结论:

1. 作业是教师日常工作的重要组成部分

统计分析教师问卷调查结果(详见表 6-1),在只报告 1 个教学班级的情况下,各学科教师平均每天花费在作业各环节上的总时间为 2.5 小时左右。若一个教师任教几个班级,教师作业设计环节的时间基本不变,而用于作业批改、问题分析、作业辅导的时间都会增加,至于作业讲评时间,则涉及与教学时间的调配问题。作业讲评时间长,其他内容的教学时间就短。研究显示,一个教师若执教两个班级,平均花费在作业上的总时间就会在 4 小时左右。可见,作业是教师日常工作的重要组成部分,值得引起重视。

表 6-1　教师作业设计、批改等时间分配(教师问卷)①

			消耗时间(分钟)					
			作业设计	作业批改	问题分析	作业辅导	作业讲评	合计
小学	学科	语文	28.2	48.8	28.0	33.0	24.0	161.9
		数学	26.9	37.1	22.3	28.4	17.3	132.3
		英语	23.4	35.0	24.0	32.0	20.8	134.9
	平均		26.2	40.3	24.7	31.1	20.7	142.9
初中	学科	语文	29.2	55.8	31.1	32.2	26.5	174.7
		数学	31.4	51.0	27.5	36.9	22.5	169.3
		英语	28.1	48.3	27.6	31.9	26.4	162.4
		物理	22.6	41.6	23.1	26.9	20.4	135.2
	平均		28.9	50.7	28.2	33.1	24.7	165.6

在各个环节中,耗费教师时间最长的环节是什么? 从作业各个环节的时间分配上来看,所有学科的教师在作业设计上花费时间都是相对较少,而教师用于作业批改的时间均要明显多于其他环节的时间,甚至高出一倍多的时间。相对而言,语文学科批改作业的时间要长于其他学科。

2. 从学段差异上看,初中教师花费在作业上的时间多于小学教师

小学阶段平均每天花费的时间为 142.9 分钟,比初中阶段 165.6 分钟略少一些。独立样本差异分析表明,效应值 d 为 0.36,在 0.2—0.5 之间,差异较为明显。这可能和各个学段整体作业量的多少有一定的关系。

进一步比较小学和初中教师在各作业环节上的时间差异(详见图 6-1),可发现初中教师在任何一个作业环节上都要比小学教师花费更多时间。其中,在作业批改环节上差异明显(d=0.52,在 0.5—0.8 之间)。在问题分析和作业讲评环节上,效应值 d 分别为 0.21 和 0.28,在 0.2—0.5 之间,差异比较明显。在作业设计和作业辅导环节上,效应值 d 分别为 0.19 和 0.10,小于 0.2,差异不明显。相比较而言,在作业各环节中,小学和初中教师在作业设计和作业辅导环节上所花费的时间相对较少。

---

① 说明:数据处理方式与第 5 章"学生作业效果与作业负担分析"中"学生作业时间分析"的数据处理方式相同。

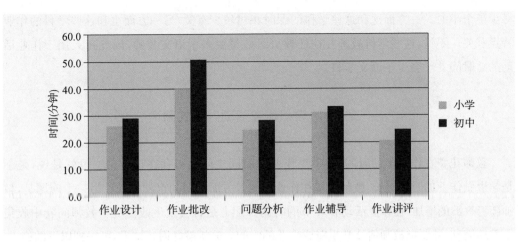

图 6-1　小学和初中教师作业环节时间分配的比较

3. 从学科差异上看,语文教师花费在作业上的时间相对较长

无论是在小学还是初中,语文学科除了在作业设计环节和其他学科没有明显差异外,其余环节所花费的时间都比其他学科要长(详见图 6-2)。这可能和语文学科自身的特点,以及语文学科有作文批改讲评等要求密切相关。

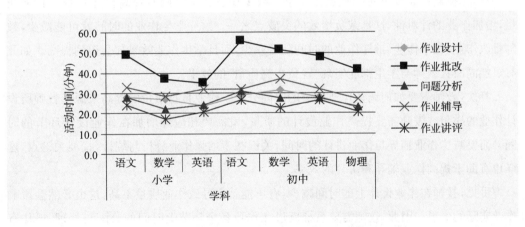

图 6-2　各学科教师作业各环节时间分配(教师问卷)

但是,值得关注的一个现象是,同样作为语言类学科的英语,作业批改时间比数学还要少。这可能与语文和英语学科的价值定位、学段特点有关。再结合各学科作业文本分析的结果来看,这种时间差异和各学科的作业类型也有关系,由于英语学科在听、说、背诵等方面的作业也相对较多,而这部分的作业不需要花费教师过多的批改时间。

小学数学、小学英语、初中物理花费在一个班级的作业活动时间相对较短,约比其他学科少半个小时。一方面这和这些学科的课时相对较少有关,另一方面也和这些学科的作业特点有关。不过,这些学科教师往往任教班级数量要多于语文教师,因此每天用于作业活动的总时间并不会少于语文学科。

(二)影响教师作业活动时间的因素

教师花费在作业上的时间,和学生作业的时间之间是否存在正相关?也就是说,是不是学生做作业的时间越长,教师花费在作业批改等方面的时间也就越长?另一个问题是,教师随着教龄的增加,在作业活动各环节的时间分配上是否会发生改变呢?教师问卷中收集了教龄信息,并要求教师估计学生完成作业的时间。分析教师回答结果,可得到以下结论:

1. 学生完成作业所需时间长,教师作业活动时间也会增加

将教师对学生作业完成时间的估计与教师作业活动总时间进行相关分析,得到小学的相关系数为 0.416,初中的相关系数为 0.370,相关系数在 0.3—0.5 之间,均存在明显相关。也就是说,教师布置的作业多,学生完成作业所需时间长,教师耗费在作业批改等作业活动上的时间也会增加。根据这一现象,值得思考以下几个方面的问题:

首先,提高作业效果的突破点在哪里?减少作业数量的同时提高作业自身设计的质量,增加作业的针对性,这是减负增效的突破点之一。这样学生作业的时间就可能减少,教师批改作业、辅导作业、讲评作业的时间随之减少,而且学生作业效果却会得到提高。如此有可能同时让教师与学生都能实现"轻负担高质量"的效果。

其次,教师需要如何调整作业环节的时间分配?作业自身质量的提高来源于教师所设计作业的质量。教师需要提高作业设计的质量,就需要相应地增加在作业设计环节的时间。而要减少作业辅导与作业讲评的时间,关键在于加强作业分析与统计,找准关键点,这样也有助于提高作业辅导和讲评的效率。

可见,教师在作业设计上的时间减少,有可能就会导致作业质量不高,这也必然会影响作业实际的效果。因此,教师需要系统反思在作业各个环节上时间的分配与处理,抓住有助于提高作业效果的核心环节,例如强化作业设计与作业问题分析环节,适当减少其他作业环节的时间。如此才能达到提高作业效果,促进学生发展的目的。

2. 不同教龄教师作业活动时间没有显著差异

教师随着教龄的增加,在作业活动各环节的时间分配上是否会发生改变呢?通过对不同教龄教师的作业活动时间进行单因素方差分析,结果发现小学阶段 $F=0.015$,$p=0.247>$

0.05,初中阶段 F＝0.468,p＝0.759＞0.05,不存在显著差异。进一步分析可以发现,在作业各个环节的时间分配上,不同教龄教师作业活动时间也没有显著差异。

从经验判断的角度来看,我们往往认为教师随着教龄的增加,作业方面的专业能力在不断发展,经验会更加丰富,质量会不断提升。表现在作业相关活动上,存在两种可能性:一是作业实践的重心发生变化,抓住了更重要的作业环节;二是虽然各环节的时间分配并未发生变化,但每个环节处理的质量得到提高。目前的研究已否定了第一种可能性,假如后续研究否定第二种可能性,则意味着作业是变革的荒漠,多数教师日复一日地遵循着亘古不变的作业布置与批改模式,仅因阅历的丰富和经验的增加而自发地发生细微的变化。

当然,造成这种现状可能的原因还在于:一方面,各方对作业研究的成果还不够丰富,且多数集中于理念引导层面,缺乏实际可行的操作方式,这也使得教师缺乏通过学习提升作业设计与实施能力的机会。另一方面,学校作业管理层面对于作业布置与批改质量缺乏关注,在一定程度上也可能减弱教师提高作业设计质量的意识。

二、影响作业设计的观念分析

作业观念主要指教师、学生和家长对作业地位与功能情况的认识与判断,包括作业是否能够发挥提升学生学业成绩,巩固知识,培养习惯,发展能力,激发学习兴趣,提升学科地位等具体的功能。对作业的理念和功能定位会直接影响教师作业设计中的目标、内容、类型、难度、时间等,从而影响作业效果。

(一) 对作业整体功能的认识

作业究竟是否有用? 不同的群体、不同的学科和不同的学段对于作业的价值认可度是否有差异? 这些对作业价值的整体认可情况会影响人们对于作业的态度和行为,以及作业的设计质量、作业实施的水平,最终影响作业效果。在教师、学生、家长问卷中,都有一道相同的题目,调查他们对于作业整体功能的看法。进行不同群体之间的比较,可得出以下几点结论。

1. 绝大多数教师、家长和学生都认可作业对于学生的作用

整体而言,教师、学生和家长都认可作业对学生学习的作用(详见图6-3)。在小学,有98.2％的教师、93.6％的学生、95.2％的家长认同"做作业对学生很有用"的说法。在初中,

有 98.0％的教师、89.8％的学生和 95.0％的家长认同"做作业对学生很有用"的说法。

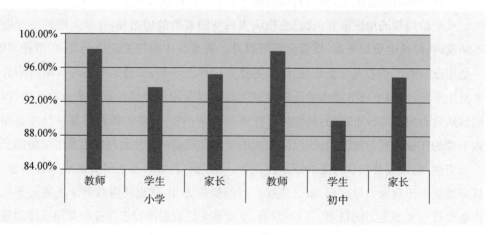

图 6-3　学生、家长和教师认同"做作业对学生很有用"的比例

2. 从群体差异来看，教师最为认可作业对学生学习的作用

虽然整体上大家都认同作业的价值，但是不同群体对于作业功能的认识存在差异。通过教师、学生、家长等群体之间的比较，可得到如表 6-2 所示结果。相对而言，教师要比家长和学生更为认可作业对于学生学习的作用。在小学和初中阶段，教师对"做作业对学生很有用"的同意程度均要高于家长和学生，小学教师结果与学生结果的 d 值为 0.10，差异不明显；小学教师结果要较为明显地高于家长结果（d 值 0.22，在 0.2—0.5 之间）。初中教师结果也较为明显地高于学生结果和家长结果（d 值分别为 0.39 和 0.21，在 0.2—0.5 之间）。当教师觉得作业很有用时，就有可能有意无意地增加作业量。

表 6-2　作业对于学生学习作用的问卷调查结果[①]

		N	均值	标准差	d1	d2	d3
小学	学生问卷	7396	4.6382	.69944	−0.10	0.10	0.22
	教师问卷	7385	4.7029	.52254			
	家长问卷	5665	4.5726	.65397			
初中	学生问卷	7789	4.3618	.81259	−0.39	0.19	−0.21
	教师问卷	7789	4.6314	.56462			
	家长问卷	6484	4.5170	.67469			

① 说明：表 6-2 中，d1 表示学生问卷与教师问卷结果差异的效应值，d2 表示学生问卷和家长问卷差异的效应值，d3 表示教师问卷与家长问卷结果差异的效应值。

3. 从学段差异来看,小学生比初中生更认可作业的作用

对于学生而言,小学生要比初中生更为正面地看待作业。对于认同"做作业对学生很有用"的比例,小学生为93.6%,初中生为89.8%(见图6-3)。差异分析表明,有比较明显的差异(d=0.36,在0.2—0.5之间),说明学生对于作业功能的看法随着学段的升高而下降。

相比较学生群体,教师和家长群体在不同的学段上并未体现出明显差异。例如,小学教师和初中教师结果之间没有明显差异(d=0.13,小于0.2)。同样,对于家长而言,不同学段的家长对于作业作用也没有体现出明显学段差异(d=0.08,小于0.2)。这也能够说明,教师和家长一直坚信着作业的价值,所以才会乐此不疲地不断给孩子布置越来越多的作业。

4. 学业成绩靠后的学生不太认可作业的作用

相比较而言,成绩越是靠后的学生越是不认可作业的作用。对于"做作业对学生很有用",中等成绩以上的学生同意的比例均超过90%,学业成绩靠前的学生对作业价值的认可度则高达95%左右。而学业成绩很靠后的学生,该比例仅在70%左右(详见图6-4)。相对而言,成绩靠后的学生不太认可作业对于学习的作用。

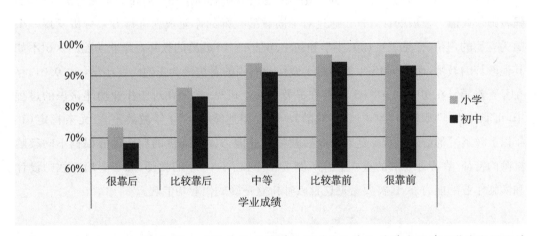

图6-4 不同学业成绩学生同意"做作业对学生很有用"的比例统计

5. 从初中各学科差异来看,数学、物理教师更认可作业的作用

对不同学科教师的作业观念进行方差分析可知(详见表6-3),小学各学科之间F=1.213,p=0.298,没有显著差异;初中各学科之间F=6.236,p=0.000,存在显著差异。比较均值可知,初中数学、物理教师的看法要比语文、英语老师更为正向。数学和物理教师结果之间没有明显差异(d=0.03,小于0.2);英语和语文教师结果之间也没有明显差异(d=0.11,小于0.2)。但是,物理和英语教师之间有较为明显的差异(d=0.22,在0.2—0.5之

间)。此结果与一般看法相近,如何优化学科作业功能,提升学科教师信心,是值得初中语文、英语学科探索与研究的方向。

表6-3 不同学科教师对"做作业对学生很有用"的看法比较

学段代码		N	均值	标准差	F	p
小学	语文	237	4.6835	.56473	1.213	.298
	数学	244	4.7541	.44094		
	英语	241	4.7012	.54195		
初中	语文	217	4.5300	.63119	6.236	.000
	数学	231	4.7403	.43944		
	英语	229	4.5983	.61786		
	物理	70	4.7286	.47917		

6. 从教龄差异来看,6—10年教龄教师最不认可作业的作用

不同教龄的教师是否存在差异? 这一问题的分析有助于在今后作业研究与实践中,加强教师作业能力发展的针对性。通过对不同教龄教师的作业观念进行方差分析发现一个颇为有趣的现象(详见表6-4):小学和初中均是6—10教龄的教师对作业功能的认识不如其他教龄的教师,而11—15年教师对于做作业有用的看法最为正向。在小学,$p<0.01$,存在显著差异。在初中,$p>0.05$,不存在显著差异。可见,教师在对于作业功能认识的过程中,可能经历了"积极肯定(0—5年教龄)——失望迷茫(6—10年教龄)——无奈肯定(10年以上教龄)"的心路过程。这对于今后教师作业能力发展提供的启示是要根据不同教龄教师的特征,在专业发展的重心上有所侧重。比如6—10年的教师,除了要培养教师设计和实施作业的能力外,还需要帮助这批教师树立正确的作业功能观。

表6-4 不同教龄教师对于作业功能的认识差异

		N	均值	标准差	F	p
小学	5年及以下	110	4.6818	.52343	3.410	.009
	6—10年	99	4.5556	.55737		
	11—15年	101	4.7525	.45620		
	16—25年	287	4.7526	.51358		
	26年及以上	112	4.7679	.46464		
初中	5年及以下	90	4.7111	.45579	2.042	.087
	6—10年	122	4.5738	.55919		

		N	均值	标准差	F	p
	11—15 年	126	4.7143	.45356		
初中	16—25 年	252	4.5913	.65869		
	26 年及以上	118	4.6864	.48391		

（二）对作业具体功能的认识

美国心理学家库珀（Cooper）认为作业有着积极的功能，但也有着消极的作用。从作业的积极功能来看，主要包括以下具体的功能：(1)提高学业成绩；(2)增强学生对学科的重视程度；(3)提高或保持学生的学习兴趣；(4)巩固课堂学习内容；(5)培养学生良好的学习习惯；(6)掌握学习方法；(7)培养学生合理安排时间的能力；(8)促进学生更好地学习；(9)调节师生关系；(10)加强同伴交流；(11)增进亲子关系；(12)培养学生自我调节的能力……

虽然绝大部分教师、学生和家长都认为作业有用，但他们对于作业各个不同的具体功能的认识上是否有什么差异？不同群体、不同学科和不同学段在作业具体功能的认同度上，又存在什么差异？

1. 大家普遍最认可作业"巩固课堂学习内容"的功能

在教师问卷和学生问卷中有几道相似的题目，都是用于了解教师、学生对作业具体功能的看法，如对于作业巩固课堂学习内容、提高学业成绩、掌握学习方法、培养学习习惯、激发学习兴趣等方面的认同度。

根据教师和学生问卷的结果，对每个具体功能差异的效应值进行比较（见表6-5），发现可将作业各个具体功能的认同度分成四种类型。

表6-5　教师对作业具体功能的认识统计

学段代码		均值	N	标准差	d
	巩固课堂学习内容	4.8382	723	0.37965	0.35
	培养学生良好的学习习惯	4.6708	723	0.56399	0.00
	提高学业成绩	4.6685	721	0.5161	0.09
小学	掌握学习方法	4.6202	724	0.59568	0.25
	增强对学科重视程度	4.4517	724	0.76698	0.06
	培养合理安排时间的能力	4.403	722	0.74829	0.26
	提高或保持学生学习兴趣	4.1923	723	0.87776	

学段代码		均值	N	标准差	d
初中	巩固课堂学习内容	4.8005	747	0.42268	0.38
	提高学业成绩	4.6145	747	0.54914	0.08
	培养学生良好的学习习惯	4.5676	747	0.62278	0.25
	掌握学习方法	4.3989	747	0.71663	0.06
	增强对学科重视程度	4.3548	747	0.77925	0.10
	培养合理安排时间的能力	4.2731	747	0.81564	0.35
	提高或保持学生学习兴趣	3.9612	747	0.94335	

【数据处理】功能认识的类型划分

除可通过数据统计反映不同处理方式的差异外,还可对不同处理方式进行分类。具体的步骤为:

步骤1:将频次转化为数值,非常不同意、不太同意、不确定、基本同意、非常同意分别转化为1、2、3、4、5。

步骤2:计算平均分、标准差,获取基本统计数据。

步骤3:按均值由高到低的顺序排列,计算相邻结果的d值。

步骤4:若d值差异在0.2以内,说明无明显差异,归并为一类。若d值差异超过0.2,则区分为两类。若d值差异超过0.5,说明两类差异明显,可在两类之间加一空格。

对于教师而言,小学教师和初中教师对于作业具体功能的认同度较为接近(详见表6-6)。教师所认同的作业具体功能中,第一类为"巩固课堂学习内容";第二类为"培养学

表6-6 小学和初中教师对不同作业功能认同度的类型划分

类型	学段	
	小学	初中
第一类	巩固课堂学习内容	巩固课堂学习内容
第二类	培养学生良好习惯 提高学业成绩 掌握学习方法	提高学业成绩 培养学生良好习惯
第三类	增强学生对学科重视程度 合理安排时间	掌握学习方法 增强学生对学科重视程度 合理安排时间
第四类	提高或保持学生学习兴趣	提高或保持学生学习兴趣

生良好习惯","提高学业成绩"等;第三类为"增强学生对学科重视程度","合理安排时间";第四类则为"提高或保持学生学习兴趣"等。可见,对于作业具体功能,教师最认同"巩固课堂学习内容",最不认同作业能够"提高或保持学生学习兴趣"。当教师将巩固功能放在首位时,必定会强调通过重复训练强化巩固功能的发挥。

对于学生而言,小学生和初中生对于作业具体功能的认同度存在一定差异(详见表6-7)。在小学,学生对于各功能的认同度非常接近,无明显差异。而在初中,学生对各功能的认同度则发生分化。第一类为"巩固课堂学习内容"。第二类为"掌握学习方法"、"培养良好习惯"、"提高学业成绩",较明显地低于"巩固课堂学习内容",但又较明显地高于"保持或提高学习兴趣"。第三类为"保持或提高学习兴趣"。可见,对于作业具体功能,学生最认同"巩固课堂学习内容",最不认同"保持或提高学习兴趣"。

表6-7　小学和初中学生对不同作业功能的认同度

类型	小学	初中
第一类	巩固课堂学习内容 掌握学习方法 提高学业成绩 培养良好习惯 保持或提高学习兴趣	巩固课堂学习内容
第二类		掌握学习方法 培养良好习惯 提高学业成绩
第三类		保持或提高学习兴趣

总体来说,对于不同学段的教师和学生,在作业具体功能中,都最为认同作业"巩固课堂学习内容"的功能,最不认同作业"保持或提高学习兴趣"的功能。这一分析结果表明,现行教师和学生对于作业功能定位的认识,可能会导致教师在作业设计时过于关注巩固与练习,而忽略作业的趣味性。

2. 教师比学生更为认同"作业能提高学业成绩"

整体来看,对于"做作业能提高学业成绩"的功能,教师、学生和家长都比较认同(详见图6-5)。在小学,同意的教师、学生、家长的比例分别为98.4%、90.6%、95.3%。在初中,同意的教师、学生、家长的比例分别为97.6%、83.9%、94.6%。

从不同群体差异来看,教师要比学生更为认同"做作业能提高学业成绩"。在小学阶

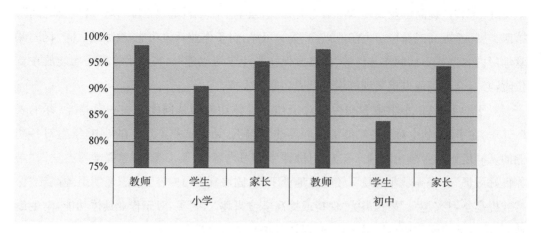

图 6-5 "做作业能提高学业成绩"认同情况统计

段,教师的认同度较明显地高于学生(d=0.21,在 0.2—0.5 之间)。在初中阶段,教师的认同度明显地高于学生(d=0.52,在 0.5—0.8 之间),学生的认同感明显下降,要低于教师和家长。这可能是由于随着年级的升高,学生并没有明显地感受到作业对自己学业成绩提高的作用。而对于家长来说,无论是在小学还是初中,对于"做作业能提高学业成绩"的认同度均在 95% 左右,差异并不明显。这充分说明无论在何时,家长群体总是坚定地相信作业对于提高自己孩子学业成绩的价值,这也可能会使得家长倾向于给孩子布置更多的作业。

3. 家长比教师更认同"多做作业有助于学生更好地学习"

对"多做作业有助于学生更好地学习"的功能(详见图 6-6),同意的小学教师、初中教师的比例分别为 59.8%、66.4%。独立样本差异分析表明,d=—0.14,小于 0.2,差异不明显。

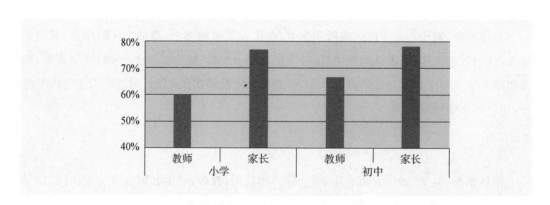

图 6-6 "多做作业有助于学生更好地学习"认同情况统计

小学阶段,对于"多做作业有助于学生更好地学习"的问题,同意的教师、家长的比例分别为 59.8%、76.7%。小学家长的认同度较为明显地高于小学教师(d=-0.45,在0.2—0.5之间)。初中阶段,同意的教师、家长比例分别为 66.4%、78.0%,相比较而言,初中家长较为明显地高于初中教师(d=-0.32,在0.2—0.5之间)。或许正是因为家长坚定地认为"多做作业有助于学生更好地学习",他们会坚持不懈地、热衷于给孩子购买各类课外教辅材料,并且给学生布置各类额外作业,从而加剧了学生的作业负担。

值得一提的是,父母的文化程度与对"多做作业有助于更好地学习"的认识呈现负相关(详见表6-8),相关系数在0.1—0.3之间,较为明显。说明父母文化程度越高,越不赞同"多做作业有助于孩子更好地学习"的观点。但是总样本结果显示,文化程度高的父母在群体中所占的比例很低,小学阶段父亲和母亲学历在硕士及以上的分别约为6%和3.5%;初中阶段父亲和母亲学历在硕士及以上的分别约为5.8%和3%。

表6-8 父母文化程度与对"多做作业有助于更好地学习"的相关分析

			N	相关系数	Sig.
小学	对1	父亲文化程度相关	6700	-.241	.000
	对2	母亲文化程度相关	6699	-.237	.000
初中	对1	父亲文化程度相关	7355	-.219	.000
	对2	母亲文化程度相关	7355	-.229	.000

4. 教师较为认同"做作业有助于增加学生对学科重视程度"

小学有90.8%的教师、初中有89.4%的教师认同"做作业有助于增加学生对学科的重视程度"。值得一提的是,教师在"做作业有助于增强对学科的重视程度"与"多做作业有助于学生更好地学习"的回答结果上呈显著相关。无论是小学还是初中,相关系数均超过0.3(小学0.390,初中0.398,在0.3—0.5之间),相关明显。

由此看来,有些教师倾向于多布置作业,增强学生对学科的重视程度是目的之一。教师可能认为,作业布置多了,学生就会重视该学科,也就会投入更多的精力,从而有助于提高学生该学科的学业成绩。当然,这条因果链是否成立,尚未能够得到作业实践的证实。若不成立,就可能会导致作业多而无用的结果。

另外,从学段差异角度来看,小学阶段各群体更为认同作业的各项具体功能(详见图6-7)。从教师角度来看,在对作业各项具体功能的回答中,小学教师的绝大部分结果均要高于初中教师,说明小学阶段教师比初中阶段教师的认识更为正向。例如,在掌握学习方法和提高学习兴趣上,d值分别为0.25、0.34,在0.2—0.5之间,差异较为明显。从学生群体来看,小学生在绝大部分具体功能的认识上也比初中生更为正向。例如,在"做作业有助

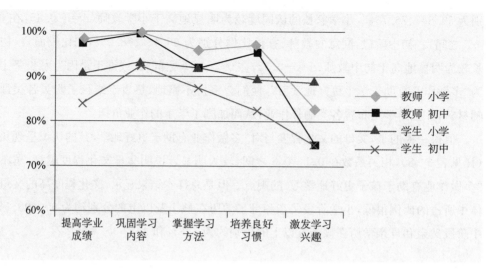

图 6-7　教师、学生对作业各个具体功能基本同意与非常同意的比例

于提高学业成绩"的认识上,认同的小学生、初中生的比例分别为 90.6%、83.9%。独立样本差异分析表明,效应值为 0.38,差异较为明显。可能因为长期高强度做作业的经历,让学生随着年级的升高感受到了持续不断的压力,使他们感到单调而烦躁。

三、作业设计质量

　　作业设计情况反映了作业自身的质量,也直接影响到学生的作业时间、作业兴趣、作业负担乃至学业成绩等。作业设计情况主要包括作业目标,作业难度,作业类型,作业的科学性,作业的结构性,作业来源等方面的具体表现。作业设计情况的研究,主要侧重于综合各学科专家对作业文本分析的结果,同时兼顾了教师、学生问卷调查结果进行分析。

(一) 作业来源分析

　　各学科作业来源主要包括教材、练习册、教辅材料、校本作业、备课组统一作业、网络来源的作业、自编作业等。其中,教辅材料是指未列入中小学教学用书目录的教材同步练习、各类试卷集等。根据《上海市教委关于加强中小学教材配套练习和教辅材料使用管理工作通知》(沪教委基〔2012〕43 号)文件规定:"严禁学校为学生订购中小学教学用书目录和订单以外的资料,严禁学校和教师向学生推荐、推销(或变相推销)任何教辅材料,不得为学生及家长购买教辅材料提供服务。"教辅材料在各个学科中具体表现为:未列入中小学教学用书目录的各类报纸、练习卷、课课练、周周练、模拟卷等。

在教师问卷中,设计了7道调查作业来源的题目,要求教师回答使用各种来源的作业的频次。学生作业的来源从另一个侧面反映了教师作业设计的意识与能力,也会直接影响到作业设计本身的质量。根据教师问卷调查结果,结合各学科作业文本分析结果发现:

1. 学校作业来源多样,教辅材料使用非常普遍

根据教师问卷结果发现,学生作业来源多样(详见图6-8),学段差异不明显。除了来自网络资源的作业相对较少外,经常使用其余来源的作业的教师比例不低于20%。

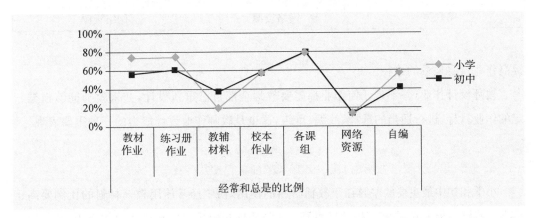

图6-8　小学和初中"经常和总是"使用各种类型作业的比较(教师问卷)

从学段差异来看,小学与初中阶段作业来源基本相似。小学和初中均以备课组统一作业作为最主要的作业来源;教材作业和练习册作业是仅次于备课组统一设计的作业来源。

值得一提的是,分析教师问卷有关作业来源的结果显示(详见表6-9),虽然问卷结果显示教师使用最多的作业来源为备课组统一设计的作业,其次为练习册和教科书,再次为自编作业,然后才是选择教辅材料上的作业。但通过学生实际的作业文本分析却发现,无论是备课组统一的作业,教师自编的作业,还是学校的校本作业,几乎都是原封不动地照搬教辅材料的内容。例如,初中英语学科进行了教辅材料使用统计,大约84%的学校完全使用购买的教辅书和报纸;初中语文学科则至少有70%的学校直接使用教辅材料。其他学科的作业文本分析也表明,绝大部分学校基本要求学生按课时做教辅材料,几乎不作任何筛选。可见,备课组讨论决定的实际上是做哪些教辅材料,并没有对教辅材料中的题目作出筛选。即使是有些学校自编的校本作业,多数也直接选自教辅材料,并未经过有效的选择、重组和完善。若教师能从教辅材料上筛选出兼具科学性与针对性的作业题,也不失为

表6-9 教师布置作业来源比例情况(教师问卷)

	小学	初中
第一类	备课组统一	备课组统一
第二类	练习册 教科书	练习册 校本作业 教科书
第三类	自编作业 校本作业	自编作业
第四类		教辅材料
第五类	教辅材料	
第六类	网络资源	网络资源

提高作业自身质量的途径。

教师设计作业,并不是任何作业都需要教师全部自己重新设计,如果教师能够根据一定的作业目标,进行适当的选择、改编、重组,这也是教师作业设计能力的一种重要表现。

2. 小学更重视教科书使用,初中更重视教辅材料使用

小学和初中最主要的差异在于教辅材料的使用,初中经常使用教辅材料的比例要高于小学。差异分析表明,$d=0.51$,差异明显。小学要比初中更重视教材作业的应用,差异较为明显($d=0.34$)。此外,在自编作业方面,小学的研究要更多一些,差异较为明显($d=0.22$)。

从学科差异来看,无论是小学还是初中,数学学科使用配套练习册的比例明显较高。这也从一个角度说明,如果各学科给教师提供了高质量的配套练习,而且具有一定的分层性,有助于减少教师去市场上购买各类教辅材料拼凑作业的情况,也为减轻学生过重的作业负担提供了可能。

3. 教辅材料质量堪忧

教辅材料已呈泛滥之势,学校在布置,家长在布置,而学生自己也在做。但通过学科专家对各个学科作业文本的分析发现,教辅材料的质量实在无法让人放心,主要存在以下几方面的问题:

第一,存在一些科学性错误。例如,初中物理学科通过对30份样本的作业题目分析后,发现共有41处出现科学性错误,其中32%的错误来自教辅练习,另有68%的错误出现在校本练习和小练习中。

第二,强调静态的书面知识的训练。作业题类型极其单一,书面作业占据了过大比重。作业目标指向单一,主要关注知道、理解类的作业,极少关注学生应用、综合等高阶思维的培养。

第三,有些作业题与教学内容几乎没有关联。因为作业内容的陌生,导致学生在作业过程中困难加大,作业时间变长。

第四,存在重复训练的问题,初中阶段更加严重。初中阶段不少学科教辅材料的内容几乎 100％的题组采用中考题型,明显超出课程标准要求,导致作业量大,作业难度高,学生不堪重负。

第五,重结论,轻过程。以选择、填空等客观性题目居多,往往只有结果,偶尔有解题过程,几乎没有思路与方法的指导。

(二)作业设计质量

作业设计质量,可从作业的解释性、科学性、难度、多样性等多个维度进行分析,这个分析维度与教师作业设计能力各个分析维度基本统一。

作业设计质量的分析结果主要来源于两方面。一类是学科专家基于经验、借助学生实际的作业文本分析的结果进行评判;二是通过学生问卷,嵌入作业质量量表,让学生根据自身对作业的感受作出判断。为了便于学生的理解,在学生问卷中所表达的方式会略有改变,比如同样了解作业的"解释性"问题,学生问卷中提问内容变为:"作业紧密联系学习内容","理解多数作业题的要求"等。此外,根据"谁最了解就问谁"的基本原则,学科专家对作业设计质量的判断因素,和学生所回答的问题也略有不同,比如学科专家要判断作业的结构性问题,而学生由于对这方面缺乏判断能力,所以不需要回答这些问题(详见表6-10)。

表6-10 作业文本分析与学生问卷处理

质量维度	处理方式	
	学科专家作业文本分析内容	学生问卷中题目
解释性	分析作业目标	与当天教学内容联系紧密
科学性	分析是否存在科学性错误	能理解作业中多数作业题的要求
难度	分析难度是否合理	作业难度是否大
选择性	分析是否提供选做题	作业与其他同学没什么差异 有些题目没有必要
多样性	分析作业类型是否多样	作业类型有些单调
时间	分析作业时间是否合理	完成作业所需时间长 作业量大

质量维度	处理方式	
	学科专家作业文本分析内容	学生问卷中题目
结构性	作业目标与内容的一致性分析难度、时间分布是否合理	

计算作业设计质量量表的均值,以反映学生对作业设计质量的评价。学科专家对作业文本分析结果也使用1—5分进行评价,5分表示最好,1分表示最弱。获取相应维度评价结果后,可计算均值,以反映专家对作业设计质量的评价。综合考虑学生问卷、学科专家作业文本分析结果发现,各学科作业质量参差不齐,而且各个维度的水平差异显著。

1. 各学科作业设计质量存在共性问题

无论从学科专家对学生作业文本的分析结果来看,还是从学生问卷的结果来看,都可发现作业设计中存在以下几个基本特点:

一是除了解释性和作业时间存在一定的学科差异外,其他各维度评定结果差异不大。二是不同维度分值的相对位置基本固定。例如,在所有学科作业设计中,最薄弱的环节都是作业的选择性问题、类型的多样性问题。三是专家评定结果的顺序和学生问卷判断结果的顺序基本相同,也从另一个侧面说明两种评判结果的效度都较好。整体来看,说明各学科作业设计存在一些普遍性的问题(详见图6-9)。

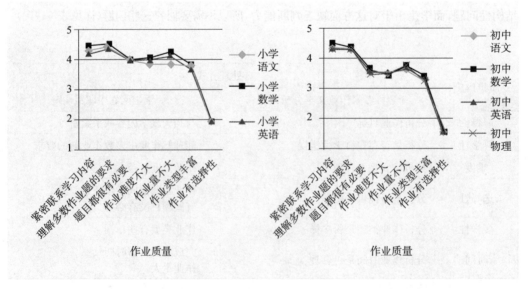

小学各学科作业质量学生问卷调查结果图　　初中各学科作业质量学生问卷调查结果图

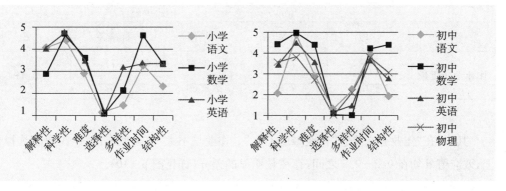

小学作业文本质量分析结果图（四年级为例）　　初中作业文本质量分析结果图（八年级为例）

图 6 - 9　作业设计质量分析结果（学生问卷与作业文本分析）

2. 作业的多样性、选择性、结构性和解释性普遍不理想

作业的多样性主要是指作业类型的丰富性，是否包括了除书面作业之外的其他类型的作业；作业的解释性主要是指目标针对性，即作业目标是否清晰、科学、有效等。选择性主要是指教师布置的作业，是否给不同学习层次的学生选择的余地；结构性主要是指作业整体的难度分布，目标合理性等。

在专家评定结果与学生问卷结果中，选择性和多样性的分值明显低于其他评价维度；作业时间、解释性和难度其次；作业的科学性满意度最高。结合"作业来源"部分的研究结果，可以推断作业科学性较高主要是因为教师普遍使用教辅材料，因为部分学科通过进一步对比发现，作业中出现的极少的科学性问题，主要来自于教师自主设计的作业部分。相对而言，教辅材料一般经过了一定的把关程序。

相关研究早已表明，纸笔测验很难测出学生的实践能力与问题解决能力。同样，仅仅做纸笔作业，也无助于学生掌握科学方法，发展实践能力。作业缺乏多样性，会使得学生的发展局限于知识与技能层面，无益于提升学生各方面的能力。

至于选择性，可能对于学业成绩靠前的学生而言，迫切性并不那么明显，因为教师本来就是依照他们的水平设计作业的。但对于学业成绩靠后的学生而言，这些题目已经超出了他们的能力之外，会增加他们的作业负担，降低作业效果。可以预见，学业成绩靠后的学生对于作业质量会不够满意。

3. 小学作业设计质量要高于初中作业设计质量

在作业设计质量的判断上（详见表 6 - 11），小学生的评价多数高于初中生，差异较为明显（d＝0.41）。这可从另一个侧面反映小学教师作业设计质量高于初中教师作业设计质量。

表 6-11　小学和初中教师作业设计质量比较

	学段	N	均值	标准差	d
作业设计质量	小学	7397	3.77	.71	0.41
	初中	7789	3.50	.62	

其中,在"作业有必要"、"作业难度不大"、"作业量不大"、"类型丰富"、"作业有选择性"上,效应值 d 均在 0.2—0.5 之间,存在较明显的差异(详见图 6-10)。

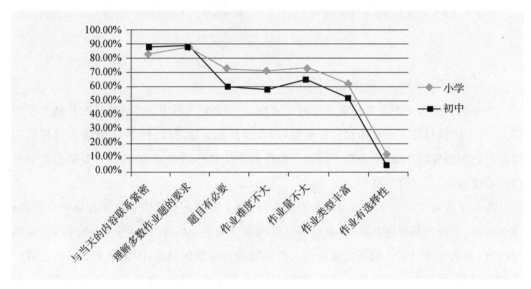

图 6-10　小学生和初中生对于作业质量评价的比较

值得一提的是,此结果和小学教师在设计作业时,考虑作业各个要素的频率和比例明显较高是有关的。可见,教师只要多加思考,能够真正关注到作业设计的各个考虑要素,就会在一定程度上提高作业设计的质量,从而有助于提高学生对作业设计质量的认可度。

4. 学业成绩靠后的学生对作业设计质量满意度明显偏低

对不同学业成绩的学生与作业设计质量评价进行相关分析(详见表 6-12),可发现:对于理解多数作业题要求、作业难度不大、作业量不大、作业类型丰富等维度的评价与学业成绩的相关系数均超过 0.1,存在较明显的相关。也就是说,学业成绩靠后的学生不易理解作业题要求,感觉到作业难度和作业量都较大,认为作业类型不够丰富。可见,现行作业设计对于学业成绩靠后学生的适应性明显不够,教师较缺乏这方面的关注。这种作业现状,对于学业成绩靠后的学生来说,也导致了一种非良性的循环。

表 6－12　学业成绩与作业质量评价的相关分析

		与当天的内容联系紧密	理解多数作业题的要求	有些题目有必要	作业难度不大	作业量不大	作业类型丰富	作业有选择性
相关系数	小学	0.098	0.240	0.089	0.262	0.171	0.145	−0.053
	初中	0.106	0.300	0.047	0.333	0.175	0.111	−0.093

5. 11—15 年教龄的教师作业设计质量相对最好

通过对教师教龄和作业设计质量进行相关分析，整体来看，小学相关系数为 0.068，初中相关系数为−0.039，相关均不显著，说明不同教龄教师所设计的作业质量并没有随着经验的丰富而明显提高。

对不同教龄教师的作业设计质量进行方差分析，小学阶段 $F=34.55$，$p<0.01$，存在显著差异。初中阶段 $F=7.986$，$p<0.01$，存在显著差异。进一步比较可知，11—15 年教龄教师的作业设计质量均是相对最好的。

表 6－13　不同教龄教师的作业设计质量比较

		N	均值	标准差	F	p
小学	5 年及以下	1082	3.6126	.71831		
	6—10 年	1062	3.7295	.67828		
	11—15 年	1036	3.8429	.68620	34.554	.000
	16—25 年	2931	3.8644	.70997		
	26 年及以上	1162	3.6867	.69835		
初中	5 年及以下	977	3.4980	.61203		
	6—10 年	1340	3.5166	.59991		
	11—15 年	1220	3.5652	.60103	7.986	.000
	16—25 年	2567	3.4802	.62487		
	26 年及以上	1259	3.4322	.63922		

通过比较不同教龄教师对作业功能的认识以及作业设计质量的差异，我们发现 11—15 年教龄教师是一个非常特殊的群体，他们不仅对于作业功能的认识正向，而且设计的作业质量也相对较高。这种现象可能与教师正向的作业观念、作业设计的能力和动力密切相关。一开始，刚入职的教师虽然对作业的观念很积极，而且也具有设计好作业的动力，但是作业设计能力却有所欠缺；随着教龄的增长，能力因经验的丰富而有所增长，动力仍可保持

在一定水平,有可能会让作业设计的质量提高;而当能力到达瓶颈,动力又开始下降之后,可能将作业设计作为负担,设计质量反而会下降。

根据相关的研究结果,我们也可对不同教龄的教师群体在作业专业发展的方向上提供一定的建议,即1—10年教龄的教师可能是今后加强作业设计能力培训的关键群体;对于6—10年的教师可能还要转变教师对作业功能的认识;11—15年的教师则是在继续保持对作业功能的正确认识和作业设计能力的同时,保持他们的作业设计动机,并且促进作业设计能力更高层次的专业发展,以便保证他们的可持续发展。

(三) 作业目标与内容的匹配

作业内容是否与作业目标相匹配,反映了教师作业设计的科学性和严密性,也反映了作业设计的目标针对性。作业内容与作业目标是否匹配,会影响作业的数量和质量,也会影响到作业实施的效果。作业内容和作业目标的匹配度,是判断作业质量的重要指标之一。

从教师问卷结果来看,经常或总是有意识地思考作业目标问题的教师仅在60%—70%之间,说明作业的目标意识还没有完全深入人心。而在实际设计作业时,对作业目标的整体思考有所欠缺,这在中学阶段问题更为突出。

综合分析各学科专家对学科作业文本分析的结果(详见图6-11),各学科在作业目标的匹配情况上,存在着一定的学科差异。整体来看,各学科都存在着作业内容与作业目标不匹配的现象。其中,小学数学、初中语文和初中英语约有一半左右的作业无法与作业目标完全匹配。

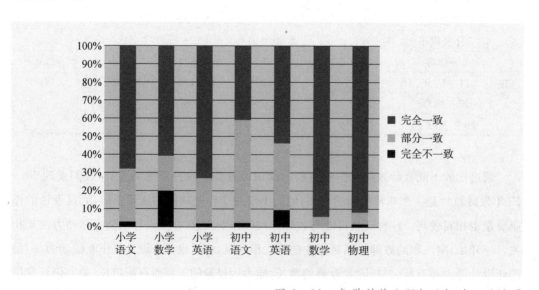

图6-11 各学科作业题与目标的一致性图

对于作业内容与作业目标之间的不一致，还存在以下几方面的显著特征：

1. 从落实目标的数量分配来看，不同作业目标落实情况很不均衡

通过对部分学科所有作业目标得到反映程度的分析发现，一些作业目标仅有 1 道对应的作业题，而有些作业目标则有超过 50 道对应的作业题。即使除去进度差异，或者目标的重要性、目标的实现难度等因素，各作业目标之间仍然存在巨大落差①。

作业目标落差情况差异较大，可能存在以下几方面的原因：第一，某些学科（如语文、英语）本来在作业目标制定上就比其他学科（如数学、物理）难度要大，导致在具体落实的时候含混不清，甚至理解错误。第二，教师对作业的功能定位不当，将作业仅侧重于落实知识与技能层面的目标。第三，过程与方法以及情感态度与价值观目标，落实难度要大于知识与技能目标，而且教师较缺乏实现相关目标的作业设计的能力，因而很少得到体现。第四，有些目标因为是学习的重点或者难点，需要更多的作业题目来加以巩固强化，得到体现的次数相对较多。

2. 从落实目标的层次来看，学习水平较高的目标未得到充分落实

对每一个作业目标和落实情况进行分析，可发现，作业题涉及较多的作业目标，多数为记忆类的目标，如背诵，记忆。这类作业目标以抄默为主，即使在强调探究、实验、运用和创新的理科作业中，这样的问题也常集中出现在"知道"级别的认知类型。而对于"运用"、"综合"等体现高阶思维水平的目标，相对应的作业题目就比较少，这对于发展学生的创新思维、问题解决能力、高阶思维等都极其不利。

例如，中学物理作业文本分析发现，一个 A 级知识（音色）在一份练习中，可以连续用 7 题进行训练，几乎是各种背景的穷举，答案全部是"音色"，这样的重复在一周的练习中还在不断出现。再如，初中语文学科对不同作业目标落实程度的统计结果显示，目标落实最多的都指向背诵、抄写、默写等属于"知道"水平的作业目标。小学语文、小学数学、小学英语、初中语文、初中物理等学科都不同程度地反映了类似的问题。

作业设计究竟应该更注重知道、记忆和理解类的目标实现，还是应该考虑应用、综合、评价、创造等认知类型目标的实现？这并非简单的是非判断问题，而是很值得深入研究的问题。因为这一问题不仅牵涉到作业自身功能定位的重新审视，而且牵涉到对教学和作业两者关系的辨析，以及教学功能和作业功能究竟如何统整发挥的问题研究。如果作业仅仅

---

① 本部分分析中，会涉及部分学科的案例和结论，本章仅涉及部分观点，具体分析详见第 9 章和第 10 章学科分析报告部分。

强调知识技能的巩固与强化功能，那么在"知道"这一类作业目标的实现上，多布置一些作业就显得很好解释。但是如果我们对作业仅仅"强调知识与技能巩固"这样的功能定位本身存在质疑，那么现行作业究竟应该发挥怎样的功能，或者各种功能应该如何统筹协调？作业究竟应该发挥怎样的应有的、有限的价值？

但是有一点毋庸置疑，如果学生的作业仅仅关注知识与技能的巩固训练，强调机械的抄写、默写和背诵等知识类的记忆，那么这样的作业设计容易让学生陷入一种疲于应付且毫无成就感的作业状态，或许会导致学生作业兴趣的逐步丧失，收效甚微。

从学生问卷和"你对作业还有哪些建议"这一开放性题目可发现，有相当比例的学生期望减少抄写等机械训练，增加其他类型的更有挑战性的作业。所以，初步可推断的是：相比较低难度的机械枯燥的作业，学生可能对具有适当挑战性的作业更加喜欢，也会更加容易在作业过程中体会到成就感。

3. 从学段差异来看，初中各学科作业存在较明显的应试导向

专家针对作业文本的分析表明，学校为迎接月考、期中考试打乱教学进程，专门布置迎考准备性质的作业的现象非常普遍，中学阶段尤为严重。初中学科作业中，存在很多中考题下放的现象，不仅包括上海市中考题，还包括不少外地中考题。例如初中语文学科有些教师在讲授文言文时，却要求学生做大量的现代文阅读。一些学校为迎接月考，又忽然布置了7年级的教学内容，导致作业与教学内容毫无关联。初中英语、初中物理和初中数学都体现了类似的明显现象。

（四）作业难度分布情况

作业难度的合理分布，是体现作业设计质量的标志之一。作业难度的分布，也是判断作业负担的指标之一。整体来看，义务教育阶段各学科作业难度的分布基本合理，学科差异较大，而且一些学科作业难度出现极端现象。

1. 学科作业难度的结构整体上基本合理

专家学科作业文本的分析结果显示，多数学科作业是以难度较低的作业题和中等难度的作业题为主，难度较高的作业题相对较少。学生问卷的分析结果表明（详见图6-12），小学有约70%的学生认为难度不大，而初中仅有约55%的学生持此观点。两者结果基本一致，说明上海经过二十多年持续的课程改革，学科教师对作业题难度的把控体现了一定的成熟性。

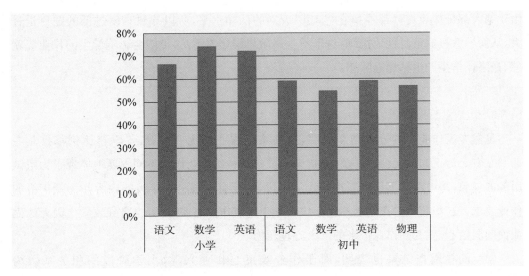

图 6-12　学生认为作业难度不大的判断结果

2. 各学科作业难度的比例差异较大

通过对各学科作业文本的综合比较与深入分析(详见图 6-13),可发现各学科作业难度的比例差异较大,有些学科难度较低的作业题数量超过 50%。如小学数学为 51.46%,初中物理为 55%,而初中语文高达 63.2%[①]。与前述的作业目标与内容匹配度分析相关,

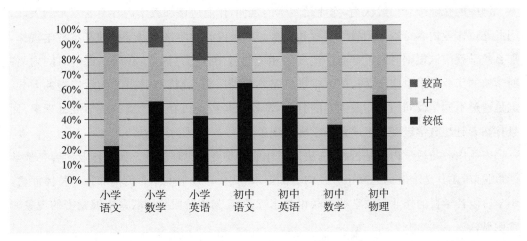

图 6-13　各学科作业难度比例分配一览(各学科作业文本分析结果统整)

---

① 有些学科在分析时,依据中考要求确定不同难度作业题所占比例,如要求难度较低的作业题占到作业题总量的60%以上,甚至达到70%。而低水平重复的作业题过多,可能会使得学生陷入重复训练之中,反而弱化作业兴趣。中考要求中难度比例的分配,与日常作业中难度比例分配有何差异?究竟如何确定日常作业中不同难度的作业题的比例分配,值得进一步研究和探索。

由于绝大部分作业目标都停留在"知道"级别的认知水平,所以导致难度过低的题目量过大,从而导致机械重复性地操练,对于学生高阶思维培养不足,可能会影响学生的作业成就感,最终让学生产生枯燥乏味感。

3. 初中新授课教学阶段的作业难度存在向中考看齐的现象

虽然专家作业文本分析结果表明,从高难度作业的比例来看,各学科比例都控制在20%左右。但正如前文已经提及的,初中阶段各学科的作业设计不同程度地体现了为考试服务的现象,将中考题下移到新授课教学阶段,甚至有学科将高年级的内容作为低年级的作业要求。这些超难的作业题不仅会拉长学生完成作业所需时间,也会导致学生因无法完成而削弱信心,感受到作业带来的巨大心理压力。

学生问卷调查结果也表明,对于作业难度与作业兴趣,小学阶段的相关系数为−0.327,初中阶段的相关系数为−0.318,均存在明显的负相关,说明作业难度越高,作业兴趣越低。整体来看,作业难度过低或者过于机械,与作业难度过高所产生的影响是一样的,长此以往,也容易降低学生对作业的兴趣与热情。

(五) 作业内容与教学进程

国内的作业理念一般认为,作业是教学的延伸,作业应该和教学内容有着紧密的关联,因此通过作业内容可以推测教学进程和安排。如果说教学应该遵循学科的基本教学规律,那么教学就应该根据时间进程有序地开展相应的教学内容。因此,在同一周的时间内,各所学校的作业样本也应与学校的教学进度基本保持一致,允许有适当的前后快慢的差异。但是通过不同学校同一周作业内容的分析,却发现学校不仅存在严重的教学混乱现象,而且存在着赶超教学进度甚至违背教学规律现象,初中阶段尤为严重。

作业内容与教学内容是否相关,决定了作业的难度和可理解性。如果作业内容与教学严重脱节,尤其是难度远远高于教学内容的要求,就会导致学生作业负担加重。整体而言,小学阶段各学科的作业与教学的关联相对比较紧密,初中阶段阶段联系不够紧密的现象非常明显。

1. 小学阶段各学科绝大部分符合教学进度

小学语文分析显示,绝大部分老师能按照课程标准和教材要求来安排教学进程,极少数教师一周全部安排了"订正试卷"和"写作文";小学数学约有13%的作业内容反映了教学内容中有部分或全部超越了当前的教学进度;小学英语学科专家分析认为,绝大部分学校的教学进度基本正常,除了部分学校加入了 SBS 和佳音等非上海市统一规定的英语教材,导致教学内容差异很大,学生作业负担也加重。

2. 初中阶段至少50%学校教学进度混乱且赶超现象严重

由于初中阶段存在中考,学校应试现象明显增加。作为距离中考还有近两年的八年级学生来说,从学校布置的作业来看,已明显有赶超进度和应试现象。

一是各学校的教学主题存在明显差异。通过对八年级语文、数学、外语和物理的作业文本分析结果发现,对于八年级刚开学一个多月的作业,不少学校选择的作业内容与教学主题已毫无关系。例如,初中语文不符合正常教学进度的比例约为51.5%,其中快于或慢于正常教学进度的比例为35.5%。完全脱离教材,仅仅做各类阅读训练以及讲评的比例为14.2%。同一周内,有教第一单元的,也有教第六单元的。

二是教学主题和作业内容选择极其随意。例如,初中英语通过作业内容判断,学校在英语教学上教学主题选择极其随意,在同一周内,除"无法判断"的以外,初中英语竟然统计出 123 个不同的教学主题。包括阅读、听说、语法、复习、练习、测验等各种类型,说明教师在教学中随意确定教学主题的现象严重。进一步分析发现,初中英语学科以新授课为目标的作业非常少,而以复习巩固(练习为主)为目标的作业占据了重要地位。有些作业题虽然与授课主题相关,但综合了很多其他内容。甚至还有些作业既与教学主题不相关,也非复习先前学习内容,而是在提前练习九年级的中考试题。

三是随意增加课时的现象较为明显。由于考试的影响,通过作业次数分析,可以折射出初中一些考试学科加课时现象明显。例如,对于每周 2 课时的物理学科来说,不少学校的作业样本显示,学生的作业却是每周 5 次,这说明不少学校都增加了物理教学时间,达到每周 5 节课甚至更多。此外,物理等学科的作业内容分析,也反映出新授课和复习课安排随意,为了考试随意打乱教学进度。又如,初中数学出现八年级教九年级内容,布置九年级相关内容作业的现象。

3. 初中阶段各学科教学和作业均演变为"考试阵地"

初中语文、数学、英语和物理学科,从作业内容可以看出,学校非常重视在教学和作业过程中进行试卷测试,作业做试卷、订正试卷、为了考试做作业现象非常严重。例如,初中英语学科分析发现,在为期一周的作业中,关注语言知识、语法课,写作和听说的比例非常低,学校日常教学和作业中复习和测验的比例过高,大约达到 39%。又如,八年级刚开学就拔高教学要求。这些也从另外一个侧面得到反映,初中阶段很多考试学科的课堂教学新授课比例很低,而"以练代教、以考代教、以考试卷代作业内容"的现象非常普遍。

　　造成教师教学进度混乱、作业应试现象严重的主要原因，一方面是因为教师急功近利的应试心态导致，误以为搞题海战是教学的主攻方向。另一方面，学校安排的"月考"、区域安排的"统考"等严重扰乱了正常的教学进程，迫使部分教师用新授课时间去复习，作业做大量试卷，导致题海训练弥漫在学生课内外所有的学习时间。

　　看来，即使专家判断不难的作业题，在使用时未必真的不难。中考中不难的作业题，或复习阶段不难的作业题，在初学阶段可能就是难题。当作业题与教学主题不匹配时，看起来不难的作业题，也会因为未学习相关内容而变得难度加大。因此，作业的实际难度可能并不如预想的那样合理，会因为教学进程的混乱和作业安排的随意而加大。

四、教师作业设计能力

　　教师究竟是否需要自己设计作业？教师作业设计能力情况究竟如何？这些都决定了作业设计质量的高低。那么如何判断教师的作业设计能力？一般来说有两种方式。第一种是通过教师设计的作业题目本身来进行判断。第二种是通过教师在设计作业时需要系统地思考一系列的相关的问题的情况来进行判断。第一种方式在前面已经有了阐释，证明现行的作业设计质量的确不高。本部分继续通过第二种方式进行间接判断教师的作业设计能力。当然，这种能力主要体现为考虑了什么，而没有体现考虑得怎样。

　　教师问卷中嵌入了作业设计能力量表，包含 10 道题目，要求教师回答设计作业时考虑各类问题的频次。对各学科、各学段作业设计时教师所思考问题进行比较，可以发现：

1. 教师普遍缺乏对作业目标的思考

　　根据思考作业设计时各个因素频次的多少，可以分为 4 种类型（详见表 6 - 14）。首先，绝大部分教师在设计作业时，更多思考的是从整体上估计作业总时间、预先做题目、估计作业的整体难度；其次是判断每道题的作业难度，估计完成每道题目的时间，调整作业类型与数量；再次思考的才是明确每道题适合的学生，分析科学性错误问题，分析每道题对应的目标问题；教师思考并写出作业总目标的频次最低。

表 6-14　教师设计作业时思考各类问题的频次情况

类型	小学	初中
1	估计完成作业总时间 预先做题 估计作业整体难度	预先做题 估计完成作业总时间 估计作业整体难度
2	调整作业题类型与数量 判断每道作业题的难度 估计完成每道题的时间	判断每道作业题的难度 调整作业题类型与数量 估计完成每道题的时间
3	明确每道题适合的学生 分析是否存在科学性错误 分析每道题对应的目标	明确每道题适合的学生 分析每道题对应的目标 分析是否存在科学性错误
4	思考并写出作业总目标	思考并写出作业总目标

　　作业强调目标性和计划性,因此作业目标的确定至关重要,这决定了作业内容、作业类型和作业量等一系列问题。教师对于作业目标思考的频次很低,这会在一定程度上影响作业整体的设计质量。

2. 在作业各要素思考的充分性上存在学科与学段差异

　　小学教师和初中教师的作业设计能力差异较为明显(详见表 6-15),小学教师的作业设计能力要高于初中教师。换句话说,就是小学教师在作业设计时要比初中教师考虑更为充分。

表 6-15　小学和初中教师作业设计能力的比较

	学段代码	均值	N	标准差	d
作业设计能力平均	小学	4.34	722	0.55	0.31
	初中	4.18	747	0.49	

　　分析具体题目的回答结果(详见图 6-14),小学教师和初中教师在做题目、估计作业整体难度、判断题目难度等方面差异不大。但是在确定作业目标,分析每道作业题的目标,分析是否存在科学性错误,判断每道作业题的时间,调整作业内容等方面,小学各学科教师经常思考的比例都要比初中各学科教师更高一些。

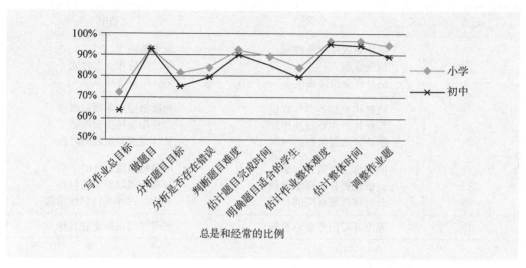

图 6-14 小学和初中作业设计时思考问题差异（经常和总是的比例）

在作业设计的思考问题上，不仅学段之间存在差异，在不同学科之间也存在一定差异（详见图 6-15 和图 6-16）。从学科差异上来看，在小学阶段，语文、数学学科要比英语学科的思考更为充分。在初中阶段，语文学科在分析题目错误、考虑题目适合于哪一类学生上要少于其他学科，而物理学科在估计题目时间上要明显少于其他学科。

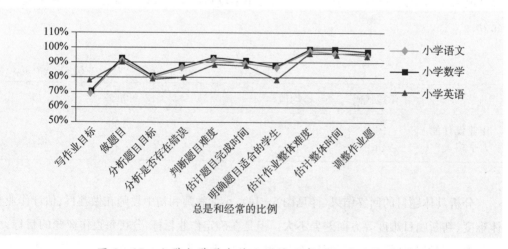

图 6-15 小学各学科在作业设计思考问题的差异（经常和总是的比例）

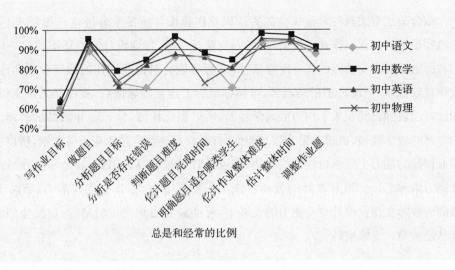

图 6-16　初中各学科在作业设计思考问题的差异(经常和总是的比例)

3. 11—15 年教龄教师的作业设计能力相对较好

通过对教师教龄和作业设计能力进行相关分析,整体而言,小学相关系数为 0.043,初中相关系数为－0.008,相关均不显著,说明教师的作业设计能力并没有随着教师教龄的增长、教学经验的丰富而明显提高。

比较不同教龄教师的作业设计能力(详见表 6-16),小学 F＝4.852,p＝0.001,11—15 年教龄的教师的作业设计能力要较为明显地高于 6—10 年教龄的教师;初中 F＝1.204, p＝0.308,不同教龄的教师不存在显著差异。进一步比较可知,无论是小学,还是初中,均没有明显规律,但均是 11—15 年教龄的教师的作业设计能力相对最好。

表 6-16　不同教龄教师的作业设计能力比较

学段	教龄	N	均值	标准差	F	p
小学	5 年以下	109	4.2982	.57300	4.852	0.001
	6—10 年	99	4.2051	.52477		
	11—15 年	101	4.4604	.52917		
	16—25 年	288	4.4059	.51716		
	26 年以上	112	4.2545	.54225		
初中	5 年以下	90	4.1700	.51198	1.204	0.308
	6—10 年	122	4.1598	.49488		
	11—15 年	126	4.2706	.52001		
	16—25 年	252	4.1679	.47179		
	26 年以上	118	4.1627	.46991		

结合前述有关教师对作业功能的认识及作业设计质量来分析这一现象,0—5 年教龄的教师虽然高度认可作业的价值,但是因为缺乏经验,作业设计能力还不足;5—10 年教龄的教师由于对作业功能的认可度降低,所以有可能会对作业设计的热情和主动性降低,作业质量较低;11—15 年教龄的教师,可能在经历了迷茫困惑期后,教师又无奈地积极应对,而此时的教师已经积累了相当的教学经验,所以据此推测,11—15 年教龄的教师既有着较为丰富的教学经验,也属于精力较充沛的时期,而且还没有进入职业倦怠期,所以有可能在作业设计的能力上处于最佳发展时期,作业设计质量较高。因此,各个学科在教师作业设计能力培养上,5—10 年教龄的教师可能不仅要转变观念,还要培养能力;而对于 11—15 教龄的教师在作业设计专业能力的发展上,可能需要更加高位的培养,促使他们的作业设计从经验型向专家型转变。

综合本章分析可知,教师高度重视作业活动,将其作为在校活动的重要组成部分。当教师教一个班级时,就需要花费 2.5 小时左右于作业相关活动。当教师教两个班级时,作业活动时间就会占据教师在校时间一半左右。

不过,教师作业设计与实施的质量不高,亮点不多,在各个环节中均存在着这样或那样的不足。这些问题都会导致作业时间延长,作业负担加重,作业效果不佳。例如,作业设计整体较为随意,初中表现得尤为明显。除教学进程本身较为随意外,作业内容有时与教学几乎没有联系,纯粹为了应付中考、统考、月考等各类考试服务。这可能会导致作业的实际难度要高于专家判断的难度,使得学生作业负担增加,作业效果减弱。又如,教师在作业设计时,目标意识不够。在教师设计作业时考虑的 10 个要素中,思考并写出作业总目标,以及分析每道题对应目标的频次均很靠后,这导致了作业的解释性不够。解释性不够意味着有些作业题与教学内容没什么关系,也会导致作业实际难度的增加,从而增加作业负担。再如,教师在设计作业时,对学业成绩靠后学生关注不够。教师几乎为所有学生布置相同作业,这些作业无法适应学业成绩靠后学生的需要,使得他们普遍感觉到作业难度大,作业负担重。久而久之,他们就会失去通过作业提高学业成绩的动力。

此外,还有一个值得重视的问题就是,学科专家从作业文本难度分布上来看,低水平重复的作业比例相对较多,这可能也会让学生产生厌烦感,而且可能会因为机械重复操练而无法体验作业带来的成就感,就可能会对学生的心理负担产生影响。当然分析也发现,教师的作业设计能力欠缺,这可能也是导致作业设计质量不高的重要原因,这个假设将会通过第 11 章的综合分析来验证。

第 7 章
作业实施质量分析

　　作业实施的过程,决定了作业设计目的的实现程度。作业设计的质量再高,如果在实施过程中走样,那么也会导致作业效果不佳。比如,如果教师从不批改学生的作业,或者对于学生作业中出现的错误置之不理,那么就无法发挥作业的价值。因此,作业实施的过程至关重要。

　　如果说作业设计主要是针对教师的,那么作业实施的过程则牵涉到多个主体,包括教师、学生和家长在作业实施过程中的各种表现。对于教师来说,作业实施过程包括作业布置情况、作业批改情况、作业统计分析情况等;对于学生来说,作业实施过程包括作业完成环境、作业习惯、遇到困难时的处理办法;对于家长来说,作业实施主要是指家长参与作业情况等。

　　作业设计质量不高,已在第 6 章经过分析得到了确认。那么作业实施的质量究竟如何,这是本章解决的重点问题。本章以前一章的调研结果为基础,着重介绍作业实施层面的基本特点、主要问题等。

本章主要内容:

◆ 教师作业布置要求

◆ 作业批改情况

◆ 作业统计分析与讲评

◆ 作业环境与作业习惯

◆ 家长参与作业方式

本章阐述的主要问题与观点:

● 教师在作业批改、分析讲评中存在什么问题?

　　从观念上来说,教师普遍重视作业批改,作业讲评和作业订正等工作,但是从实际实施的角度来说,教师对于作业布置的科学性、批改的有效性、作业分析等普遍关注不够。值得关注的是,学生并不喜欢教师面批的方式,也不喜欢教师采用评语的方式。这需要教师反思现实作业批改中的"面批"和"写评语"的问题。

● 学生作业环境与作业习惯如何?

　　上海学生的作业环境较好,对作业效果的负面影响较少。学生的作业习惯也整体较好,有助于减少因精力不集中而带来的作业时间损耗;小学生和初中生在作业中遇到困难时,寻求帮助的群体不同,随着年级的升高,学生越来越不倾向于向父母寻求帮助。不同学业成绩的学生处理作业困难的方式也存在差异,越是学业成绩靠前的学生,越倾向于自己想办法解决作业问题。

● 家长如何参与学生的作业?

　　家长参与作业是一个非常普遍的中国现象。很多家长在学生作业中帮助指导,辅助检查,甚至替代教师布置更多的作业等。此外,学校要求家长帮助学生一起完成作业也成为当今流行的现象之一。调研结果显示,随着年级的升高,家长参与学生作业的频次与方式都发生了改变,而且学校对家长提出的要求也让家长觉得过高。家长的参与是否让学生的作业效果变得更好? 如何实现更好的家校互动? 这些都是作业今后值得研究的方向之一。

作业实施主要是指在完成作业的过程中,教师、学生和家长各自的行为表现以及相互作用的情况。从教师角度来看,作业实施主要包括作业布置,作业批改,作业讲评,作业统计分析等;从学生角度来看,作业实施包括了作业环境、作业习惯等;从家庭角度来看,作业实施包括了家长参与学生作业的情况等。

一、作业布置要求

作业布置要求主要是指教师布置作业时,在作业内容、作业量等方面的要求,作业布置中是否有明确的指导等。整体来看,绝大部分教师的作业布置基本规范,但部分教师布置的作业量具有随意性。

1. 作业布置有清晰的记录,但部分学校作业记录符号复杂

查阅学生家校联系册或作业记录册,可以看出学校作业布置的规范性和科学性整体很好,主要表现为:

一是学校能指导学生认真记录每天的回家作业任务。学校都能够根据统一下发的家校联系册,或者学校自主设计的作业记录册,让学生记录每天作业。有学校为了有效地调控作业时间,设计《学习点点点》,记录学生作业内容、小贴士、作业量(用学生作业时间体现)、晴雨表(晴天、阴天和下雨,表示学生对作业的喜欢程度)等,加强了家长、教师和学生的互动与沟通。

二是一些学校要求教师在布置作业前自己先做一遍。相比较而言,初中要求相对较多。

但是在作业文本分析中,发现极少数学校自己创设了作业标记,而且不同年级设计的作业符号各不相同。例如:

1(3/2)=读魔盒书中第 1 个故事,跟读录音 3 遍,自己读 2 遍。

U2(2/2)=读牛津英语书中第 2 课,跟读录音 2 遍,自己读 2 遍。

S3(1)=完成魔盒书中第 3 个故事的录音作业 1 遍

Ct=订正卷子,家长签名

Copy U1 P2=抄写牛津第 1 课第 2 页内容

Dictate 8＋1＝默写 8 个单词＋1 句句子

……

这样的作业记录符号虽然有助于学生快速记录，但是实际上不利于他人的理解，甚至增加学生对符号的记忆负担。在访谈中，即使是在该所学校任教英语的教师，当访谈者问及教师学生所写的作业记录符号是什么意思的时候，教师也显得理解困难，需要想很久才能表达出大概意思，而且表达出的意思和学校作业管理文本中的规定也不一致。例如，对于"U2(2/2)"这样的符号设计，学校老师认为意思是：第二单元第二课时的作业内容，而作业管理文本中对这个符号的解释却是读第 2 课，跟录音读两遍，自己读 2 遍。作业记录是否需要如此复杂的符号设计？是否有助于培养学生规范清晰地描写的习惯？值得我们反思。

2. 部分教师布置作业中出现极多和极少的现象

通过学科作业具体内容的分析可以看到，一些学校的教师作业布置极其随意。这种随意性主要表现为三种主要现象：

一是对于同一学科同一时间内，有些教师作业极多有些教师作业极少。例如，在没有任何特殊原因的情况下，同一周内，某些样本学校小学数学学科作业内容均是练习卷，而另外一些样本学校数学教师在同一周内，竟然没有布置任何课外作业。作业过多与没有任何作业，都属于作业布置中的极端现象。

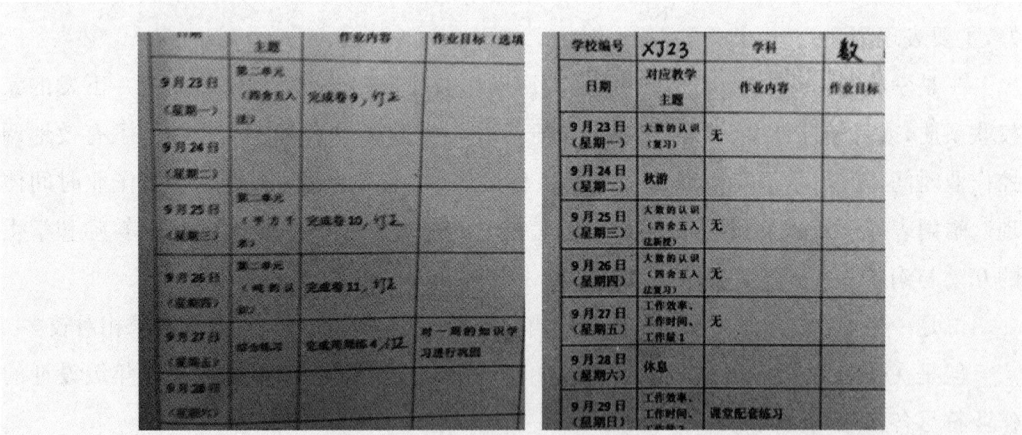

图 7-1 同一周内两所学校小学数学作业布置的情况

二是教师不顾实际的可行性，一周每天都布置大量的学科作业。例如，初中英语和初中数学发现，有些学校一周全部是中考练习卷。又如，小学语文发现，存在教师一周布置 3 篇作文的极端现象等。

三是同一教师同一周内有时作业量极大,有时不布置任何作业。例如,小学语文发现同一教师在一周内,某几天作业时间超过 45 分钟,而某几天作业时间又少于 10 分钟。又如,在初中英语的一些学校样本中也发现,每天都要上英语课的情况下,有几天作业量很多,有几天却没有任何作业。

二、作业批改情况

无论对作业文本的分析,还是对各个群体的问卷,都可以发现,作业批改被广为重视,而且是占据教师很多时间的工作。总的说来,教师非常重视作业批改,但批改质量亟待提高。

在学生问卷中,设计了相关问题,一是调查作业批改的主体,如教师、家长、同伴、自己等;二是调查教师批改中常用的批改方式,如评分、写评语、指出错误、注明答案、指出存在问题等。分析问卷结果,可得出以下结论:

1. 教师是作业批改的主体

谁在批改学生的作业? 显然,教师批改作业的方式占据绝对优势,教师经常或总是批改作业的比例超过 90%,小学和初中无明显差异,此比例要远远高于学生自己、同伴以及家长批改作业的比例(详见图 7 - 2)。此外,小学家长批改作业的情况较为明显地高于初中($d=0.40$)。

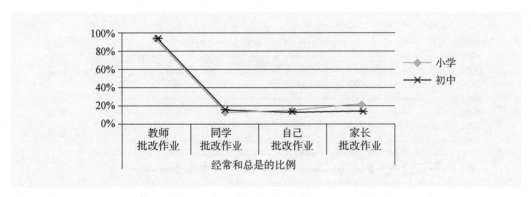

图 7 - 2　小学、初中作业批改主体情况(经常和总是的比例)

2. 教师作业批改方式以指出错误、评分或打等级为主

对于各类作业批改方式,小学和初中的排序基本相同,且没有明显差异(详见图 7 - 3)。

作业批改中,小学和初中教师比例最高的均为指出错误、评分或打等级;其次为批注、指出存在的问题及问题解决思路;教师使用比例最少的为写评语及注明正确答案。从学科差异来看,语文学科写评语的批改方式要多于其他学科,这与语文学科的特点,以及有作文关系密切。

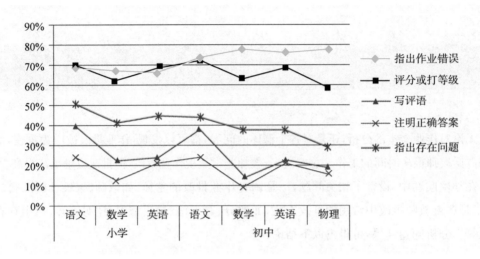

图7-3 教师批改作业方式(经常和总是的比例)

3. 学业成绩靠后的学生在作业批改中没有得到特别关注

比较不同学业成绩学生的作业批改主体可以发现,无论是小学还是初中,学业成绩很靠后的学生经常或总是由教师批改作业的比例均为最低,较为明显地低于学业成绩靠前的学生(详见图7-4)。

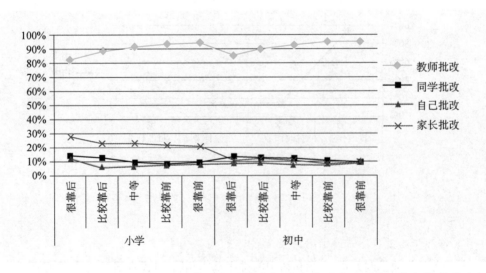

图7-4 不同学业成绩学生批改主体差异比较(经常和总是的比例)

进一步分析教师的批改方式可发现（详见图 7-5），对于学业成绩靠后的学生而言，教师评分或打等级的频次要明显少于学业成绩靠前的学生，教师以批注形式指出存在的问题或解决问题方法的频次也要少于成绩靠前的学生。可见，批改作业时学业成绩靠后的学生没有得到特别关注，不仅教师批改的频次略低，在批改方式上也没有特别之处。教师对于学业成绩靠后的学生缺少关注的行为，会导致这些学生无法通过作业获得积极的效果。

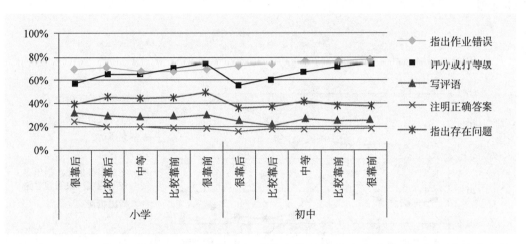

图 7-5　小学、初中教师对不同学业成绩学生作业批改方式比较（经常和总是的比例）

4. 教师的批改方式与学生的期望不够一致

教师批改的方式，是否是学生最喜欢或者期望的批改方式？从目前的问卷调查来看，教师目前的主要作业批改方式为指出错误、评分或打等级。而从学生问卷的调查结果来看（详见图 7-6），学生最喜欢的作业批改方式反而为"批注，指出存在的问题或解决问题的思路"。

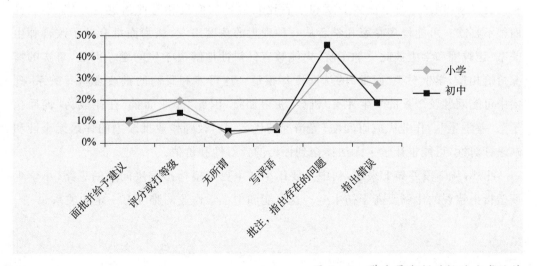

图 7-6　学生最期望的批改方式统计

对不同学业成绩的学生比较后发现(详见图7-7),除了学业成绩非常靠后的学生外,其他学生都非常喜欢这样一种批改方式,说明多数学生期望在教师的引导下通过自己的独立思考解决问题。至于学业成绩非常靠后的学生,可能因为需要得到更多的帮助,或者仅仅指出存在的问题或解决思路,还无法让学业成绩靠后学生解决作业问题,因而相比较而言,对"在错误旁批注,指出存在的问题或解决问题的思路"的愿望不如其他学生强烈。

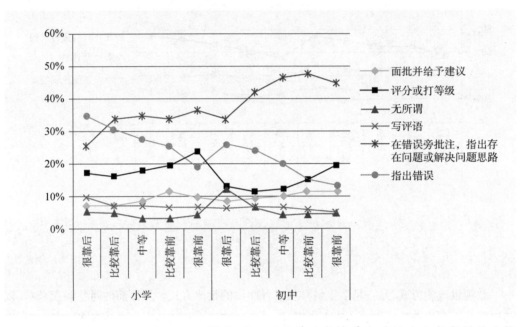

图7-7 不同学业成绩学生对批改方式期望的比较

值得指出的是,对于很多专家和学者比较倡导的面批和写评语这些方式,学生反而很不喜欢。可能很多专家和学者从一种理想的角度出发,认为面批有助于改善师生关系,让教师和学生彼此更加了解,更能够有针对性地解决学生问题。但是,事实的情况恰恰相反,学生对于"面批"的认同度却很低。这可能和我们的批改现状有关系,现实中可能问题较严重的学生才有"机会"获得面批,因此"作业面批"往往成为"训斥孩子"、"差学生"、"作业完成有问题"等情况的代名词。教师作业批改中的评语无个性和缺乏针对性,可能也让学生无法体会到评语的针对性和价值。

此外,从学段差异上来看,初中生要比小学生更期望指出解决问题的思路,小学生期望指出错误的比例要高于初中生。这可能和中小学作业的难度有一定的关系。

三、作业统计分析与讲评

作业统计与分析是教师通过作业诊断学生学习情况和教学效果的重要途径之一。作业讲评是教师根据学生作业情况进行跟进的补救措施之一。在实践中，教师普遍对作业统计分析关注较少，且存在学段差异。

1. 教师非常重视作业订正与讲评

学生问卷有几道问题涉及作业订正与讲评问题，包括检查作业订正情况、单独讲解、专题讲解等。分析学生回答结果，可得出以下几点结论：

（1）教师将检查作业订正情况与讲评作业作为重要工作。根据学生问卷分析结果（详见图7-8），有80%的教师经常或总是检查作业订正情况，除物理学科比例低一些外，其他学科无明显差异。教师也经常在课上留出时间讲评作业，小学有超过60%的教师、初中有超过70%的教师在课上留一些时间讲评作业，其中物理教师课上留出时间讲评作业的比例高达84.2%。此外，小学和初中均有利用一节课专门讲评作业的情况，初中利用一节课专门讲评作业的比例更是接近40%。可见，教师非常重视作业订正与讲评工作，将其作为提升作业效果的重要途径。

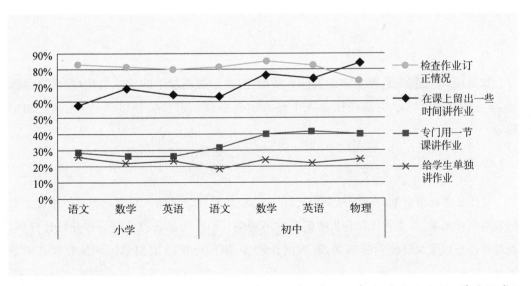

图7-8 教师作业反馈情况统计分析（经常和总是的比例，学生问卷）

（2）初中教师花在作业讲评方面的时间要高于小学。根据教师问卷的调查结果，每天花在作业讲评方面的时间，小学教师平均约为 21 分钟，初中教师平均约为 24 分钟。学生问卷结果则表明，对于在课上留出一些时间讲评作业或用一节课专门讲评作业，初中教师经常使用的比例均要比小学教师高出约10%。此外，从学科差异上来看，初中语文学科在课上用于讲评作业的时间要明显少于其他学科。

（3）在作业讲评方面，小学的学业成绩靠后的学生得到更多关注。对于检查学生订正情况，小学和初中学业成绩靠后的学生得到的关注程度明显不如其他学生。但是在为学生单独讲评作业方面，小学学业成绩靠后的学生得到的关注程度要高于其他学生，且差异较为明显。而在初中，不同学生比例相当，学业成绩靠后的学生并没有得到特别关注（详见图 7-9）。

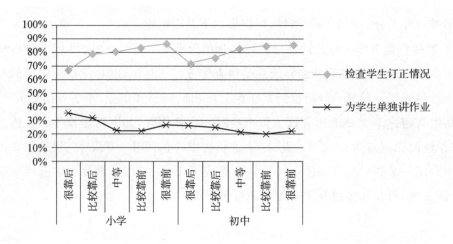

图 7-9 小学和初中不同学业成绩学生作业反馈与讲评情况（经常和总是的比例，学生问卷）

如果说，学生得到教师更多的关注和帮助，有助于提高学生的学业成绩，那么整体而言，学业成绩靠后的学生是在作业各个环节中都必须被教师关注的群体，尤其在初中阶段。

2. 作业统计与分析情况不太理想

从作业各环节分配时间的结果分析，已知作业统计和分析环节教师花费时间很短。根据教师问卷结果，作业统计和分析的情况并不理想。即使少部分教师进行作业统计分析，也基本还是以主观经验判断居多，客观统计较少，原因分析的证据意识和反思改进明显不足。

（1）整体来看，教师作业分析依赖于个体经验。对于作业结果的统计分析和改进方法，小学和初中教师都是思考学生错误产生的原因、梳理学生出现的错误、根据作业完成情况调整做的相对较多；其次是编写或选择相似的作业题；做得最少的是统计各作业题的错误率（详见图7-10）。

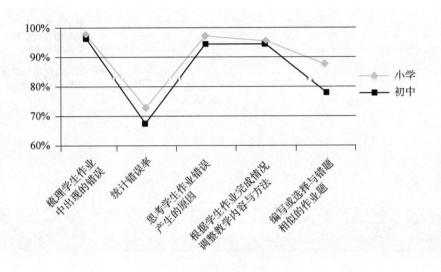

图7-10　教师作业分析情况（经常和总是的比例）

可见，教师作业分析更倾向于解决当下的问题，缺乏对相关作业错误率等方面的客观统计、分析记录。此外，教师在改进措施上更多的是通过布置相似的题目来让学生掌握，缺乏对学生认知发展规律，以及对作业质量本身的反思。由于教师在统计分析和处理方法上的科学性还有所欠缺，也就不难理解为什么教师在数十年如一日的作业工作中，并没有随着教龄的增加而实现作业设计和实施能力上的明显进步了。

（2）从学段差异来看，小学教师的作业分析工作要更为细致。除梳理学生作业中的错误方面小学与初中教师相仿外，其余方面的统计与分析工作，小学教师做得都要比初中教师多，效应值d均超过0.2，存在较为明显的差异。

（3）从学科差异来看，初中语文学科的作业分析不够理想。对于统计错误率、思考学生作业错误产生的原因、根据学生作业完成情况调整内容与方法、编写或选择与错题相似的作业题等工作，初中语文教师经常进行的比例都要明显低于其他学科教师，这说明初中语文还具有较大的提升空间（详见图7-11）。

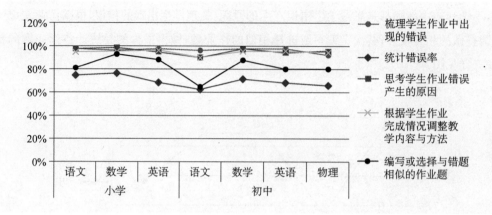

图 7-11　学生作业结果统计分析情况(经常和总是的比例,教师问卷)

四、作业环境与作业习惯

在学生做作业的过程中,作业环境、作业过程中的习惯,作业遇到问题时如何解决等问题是值得关注的。比如,我们可能会认为恶劣的作业环境,是否有独立的书房等会影响学生作业过程中的注意力,从而影响作业效果。那么这些方面究竟呈现怎样的现状? 是否存在问题? 这些是否会影响作业效果? 都是需要进行一一回答的。

(一) 学生作业环境

家庭作业环境包括是否有独立的书房,是否有专门做作业的桌子,光线是否舒适,房间是否较安静,等等。作业环境会影响作业的专注度,进而影响作业时间,也会影响作业效果。从学生问卷结果来看,上海学生的作业环境整体很好(详见图 7-12)。约 85% 的学生经常感觉做作业的房间较安静;近 90% 的学生认为光线较舒适;近 95% 的学生在书桌上做作业。初中约有 80% 的学生经常或总是在单独房间内做作业,小学这一比例约为 70%。比较小学和初中的结果,可发现初中的条件要好于小学。尤其是"在单独房间内"做作业,初中要较为明显地好于小学,这和小学生与初中生的独立性有关系。看来,家庭作业环境不是造成学生作业时间长的主要因素。

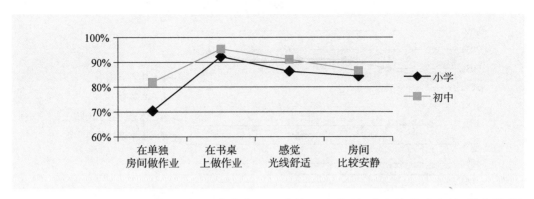

图 7-12　学生作业环境情况统计(经常和总是的比例,学生问卷)

对不同经济收入家庭作业环境进行比较,可发现 10 万元和 30 万元分别是一个拐点。当经济收入达到 10 万元后,作业环境虽然还在变好,但趋势减缓。而当经济收入达到 30 万元后,作业环境不一定体现变得更好的趋势(详见图 7-13)。

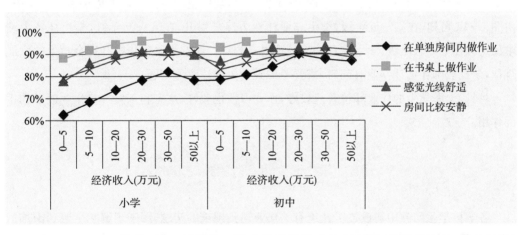

图 7-13　不同收入家庭作业环境比较(经常和总是的比例,学生问卷)

(二) 作业习惯

作业习惯包括学生作业过程中是否注意力集中,是否吃零食,是否分心看电视、上网,是否中途休息等情况。作业习惯会影响作业专注度,进而影响作业时间,也会影响作业效果。研究结果显示(详见图 7-14),学生经常能做到集中注意力的比例较高,超过 50%;吃零食、中途进行其他活动的频次较低,仅占 10%左右的比例;有些学生经常会中途休息一

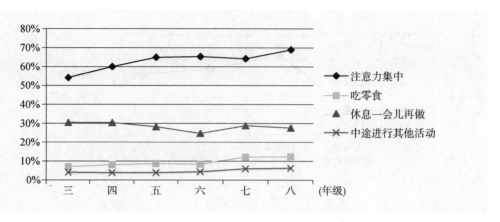

图 7 - 14　学生在家作业习惯结果统计(总是和经常的比例，家长问卷)

会儿，占 30％左右的比例。

从不同学段上来看，初中生吃零食、进行其他活动的频次要高于小学生。这和初中生作业时间整体较长有一定关系。不过，在做作业时，初中生的注意力也要比小学生更集中。由图 7 - 14 可知，在三—五年级，学生作业注意力逐步提升，在五—七年级，学生注意力基本稳定。在七—八年级，学生注意力又呈现提升趋势。注意力的逐步提升符合学生的发展规律，学校教师在估计作业时间时，需要考虑到学生的注意力问题。

可见，上海学生的作业环境普遍较好，作业习惯也较好，这有利于发挥对作业效果的正面作用。

(三) 学生遇到困难时的处理方式

各学科学生问卷中均设置了几道有关作业遇到困难的问题，用于了解学生遇到困难的情况，以及寻求问题解决的途径，包括向父母求助、向同学求助、自己查阅资料解决、向老师求助、暂时写个答案等。分析学生问卷结果，可得到以下结论：

1. 学生遇到作业困难的学科差异不明显

小学语文、数学、英语学科，学生经常或总是遇到作业困难的比例在 10％—15％之间，差异不明显。初中语文、数学、英语、物理学科，学生经常或总是遇到作业困难的比例在 13％—19％之间，差异也不明显(详见图 7 - 15)。初中要比小学遇到的困难更多，效应值 d 为 0.22，在 0.2—0.5 之间，差异较为明显。因此，整体来看影响作业难度的关键因素主要是学段差异，学科差异对于作业难度的影响似乎并不是特别明显。

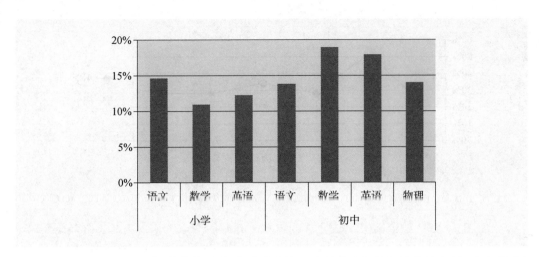

图 7-15 各学科作业中遇到困难情况统计表（总是和经常的比例，学生问卷）

2. 不同学业成绩的学生遇到作业困难时群体差异非常明显

在小学和初中，学业成绩比较靠前或很靠前的学生，经常或总是遇到困难的比例均在
10%以内，而对于学业成绩很靠后的学生，这一比例小学高达40%，初中更是超过50%（详
见图 7-16）。

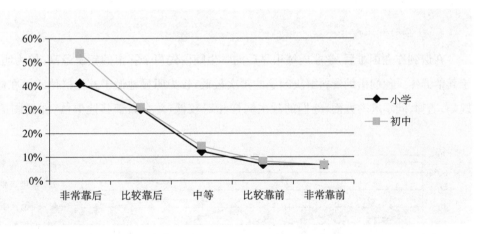

图 7-16 不同学业成绩学生作业中遇到困难的情况（经常和总是的比例，学生问卷）

3. 小学和初中面临困难时的解决方式差异明显

面对作业困难时，小学和初中显示出不同解决问题的特征（详见图 7-17）。小学阶段，
采用最多的方式为借助资料解决；其次为向爸爸、妈妈、同学或老师求助；再次为先写个答案。

而初中阶段采用最多的方式为借助资料解决困难；其次为向同学寻求帮助；再次为向

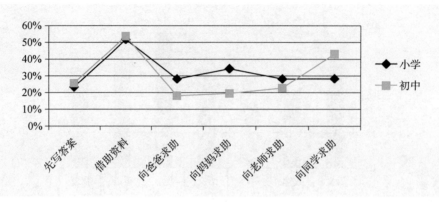

图 7 - 17 小学、初中作业中遇到困难的解决方式(经常和总是的比例,学生问卷)

老师寻求帮助,或先写个答案;最后才是向爸爸、妈妈求助。可见,小学阶段更倾向于向父母求助,而初中阶段完全相反,父母是求助最少的。一方面可能是由于初中学科难度加深,父母无力辅导的缘故;另一方面,说明初中阶段学生更倾向于同伴交往,而在与父母和教师等长辈的交往互动上明显下降。

无论是小学,还是初中,先写个答案的比例都较低,只有这一种方式不会产生额外的作业时间。对于其他方式,都会产生额外的作业时间,从而导致作业整体时间变长。

4. 学业成绩靠后学生作业困难的解决情况不理想

在遇到作业困难后,学业成绩很靠后的学生随便先写个答案的频次最高,较为明显地高于其他群体。他们借助资料解决问题的频次最低,较为明显地低于其他群体。而在向爸爸、妈妈、老师、同学求助方面,他们的频次同样相对较低,并未高于其他群体(详见图 7 - 18)。

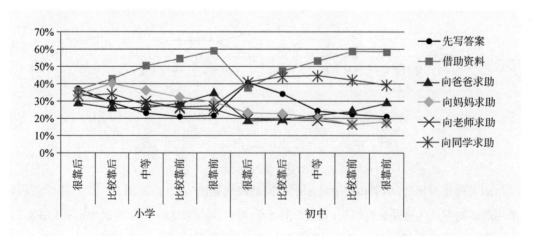

图 7 - 18 不同学业成绩学生面对作业困难时解决方法差异(经常和总是比例,学生问卷)

由此可以推断,学业成绩靠后的学生明显缺乏解决作业中问题的能力,而且缺乏寻求帮助的自主性和积极性。教师需要在这方面加强对学业成绩靠后学生的指导与帮助。

五、家长作业参与方式

家长是否应该参与到学生的作业中?不同的国家情况并不完全相同。中国教育中,家长广泛参与到教育过程中,包括作业。这不仅和中国传统的教育文化有关,而且也和现行学校对家校合作的要求有关。而在国外,比如德国是不赞同家长参与到学生的作业中的,因为一些教育专家认为,家长过度参与到孩子的作业中,有可能会导致学生养成依赖心理。但不管如何,中国家长参与作业已经是很普遍的现象。家长参与学生的作业究竟发挥着正面的价值,还是起着负面的作用,这些都是值得探讨的。

1. 检查作业是否完成是家长最主要的参与方式

在家长问卷中设计了 5 道题目,用于了解学生作业过程中家长各种参与方式的频次,包括帮助孩子安排作业时间,督促孩子完成作业,和孩子共同完成作业题,检查作业是否完成,检查作业是否做对等。这些题目反映家长的参与广度,调查结果如图 7 - 19 所示。

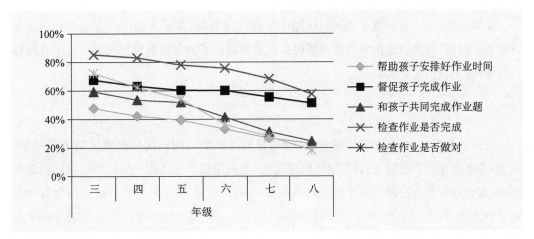

图 7 - 19 不同年级家长参与学生作业方式差异比较(经常和总是的比例,家长问卷)

分析可知,家长在学生作业中做得最多的是检查作业是否完成,频次要高于其他活动,存在显著差异。做得较多的是督促孩子完成作业以及检查作业是否做对。一般学校都要求家长每天检查孩子作业完成情况,并在家校联系册或作业记录册上签名,这可能是使得家长着重检查作业是否完成的最主要原因。

2. 在学生遇到困难时,家长力图提供方法指导

在家长问卷中设计了 4 道题目,提问在学生遇到解题困难时家长采取不同指导方式的频次,包括留待孩子到学校解决,直接提供答案,讲解解题过程,提供解题方法指导等。这些题目反映家长的参与深度,调查结果如图 7-20 所示。

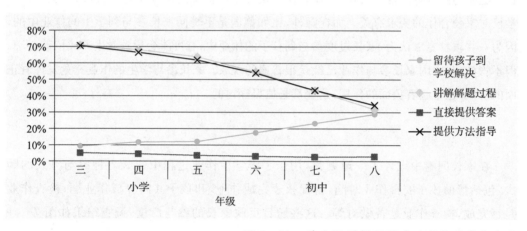

图 7-20 学生遇到解题困难时家长的参与方式

整体来看,家长对于孩子遇到的问题还是高度重视的,并且力图提供方法指导。经常讲解解题过程、提供方法指导的比例要明显高于留待孩子到学校解决的比例。至于直接提供答案,各年级的比例均很低。

3. 随着年级升高,家长参与度呈现下降趋势

先前分析已经表明,随着年级升高,家长参与各项活动的频次呈现明显的下降趋势。其中,检查作业是否做对、给孩子讲解解题过程、给孩子提供方法指导的比例下降趋势最为明显,这和家长是否有能力辅导孩子作业明显相关。超过 60% 的小学生家长认为有能力辅导孩子学习,而到了初中,比例下降到 45% 左右。随着年级的升高,有能力辅导孩子的家长呈现明显下降趋势。无疑,家长参与会导致学生作业时间变长。随着年级的升高,家长参与对作业时间的影响也会逐步变小。

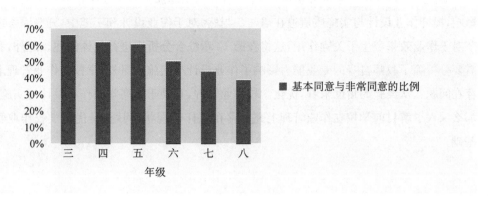

图 7-21　不同年级家长是否有能力辅导孩子作业的情况

4. 家长不赞同应该帮助孩子完成作业的观点

对于是否应该要求家长帮助学生完成作业的问题上(详见图 7-22),仅有 30% 左右的家长同意应该帮助孩子完成作业。对于工作繁忙的家长来说,多数认为学校对家长提出的要求有点高。可见,针对目前很多学校把学生作业问题留给家长解决的现象,如何做好家校互动,更为有效地发挥家长在学生作业完成中的作用,同时又不对家长提出过度要求,值得开展研究。而若对家长提出要求,需要考虑对学生作业时间产生的影响。

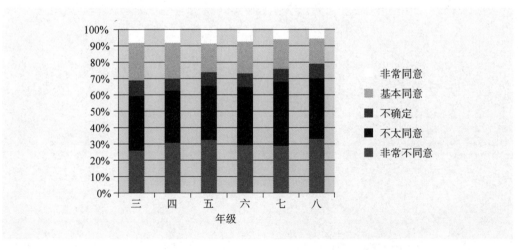

图 7-22　家长对于"家长应该帮助孩子完成作业"的认同度(家长问卷)

综合本章分析可知,作业实施中教师规范有余,质量欠缺。教师作业布置规范,学生作业记录规范,教师作业批改也规范。不过,教师的作业批改方式与学生的期望不相适应。作业讲评虽然耗费时间较多,但没有以细致的统计分析为基础,未能针对特定学生的需要。

通过第 6 章和第 7 章的分析可见,作业设计与实施质量对于学生作业负担造成了负面影响,提升作业设计与实施质量迫在眉睫。当然,对于作业设计和实施中,哪些因素或者环节对于作业效果产生了关键作用,这将在第 11 章综合分析中进行具体阐述。此外,我们还需要分析除了教师自身的专业能力影响了作业设计与实施质量外,学校在作业管理上是否存在问题? 从经验的角度来看,优化学校作业管理,有助于提高学校作业设计与实施质量。那么深入了解目前学校在作业管理上究竟存在怎样的现状、问题,是优化学校作业管理的基础。

第 8 章
学校作业管理水平研究[①]

　　作业管理工作是确保作业有效设计与实施必不可少的条件,也是各项作业活动有序开展的基本保障。离开了学校高效的作业管理,仅靠教师的自发行为,提升作业设计与实施品质就会沦为空谈。先前的分析已经表明了作业负担重、作业质量低且不同教龄教师作业能力未体现明显发展性的现状,这是否受制于当前的学校作业管理,将是本章着重探索的问题。

　　学校的作业管理包括有关作业规章制度的制定、促进教师专业发展、加强作业情况检查等方面。其中,规章制度起方向指引作用,促使教师把握作业要点;专业发展起能力支持作用,发展教师的作业能力;作业检查起过程监控作用,切实保障作业质量。三方面协同作用,共同促进作业管理质量的提高。

　　为此,我们以作业管理文本阅读与分析为基础,结合教师问卷调查结果,从管理文本编制、作业设计、作业实施、专业发展等方面分析学校作业管理特征,探讨作业管理对于作业负担、作业质量的影响,提炼优秀的经验,发现存在的问题,并探讨优化作业管理的可能性。

---

① 本章主要以学校作业管理文本的分析为基础撰写。学校管理文本分析专家为王月芬、张新宇、汪茂华、孙宗良;学校作业管理文本的分析报告由王月芬、张新宇完成。

本章主要内容：

◆ 学校作业管理的主要特色
◆ 学校作业管理的问题与反思

本章阐述的主要问题与观点：

● 学校作业管理中有哪些特色措施？

有些学校在作业管理中,关注学科特点和年级特点;多数学校对作业检查规定较为严格;极少数学校在作业管理中提出作业设计要求时,体现出整体设计、限量设计、单元设计等理念;极少部分学校采取明确规定时间、班主任协调、网络备案等措施控制作业量。

● 学校作业管理文本编制层面存在哪些主要问题？

整体来看,学校作业管理文本的质量堪忧,背后折射出学校作业管理的问题。绝大部分学校作业管理文本体系含糊不清,作业管理文本种类繁多,而且存在着不同的作业管理文本之间各自为政,关系不明,甚至相互矛盾的现象;作业管理文本中一些要求过多地依靠制定者的感觉与经验,要求表述随意,经不起推敲。作业管理要求涉及面较广,但犹如蜻蜓点水,表述笼统,有想法,缺做法。

● 学校对于作业设计与实施的管理存在哪些主要问题？

从学校作业管理文本分析结果来看,学校作业管理的问题多于经验。从学校对于作业时间和作业量的规定上来看,作业时间规定混乱,有些明显超出上海市教委要求,且作业时间、作业总时间、书面作业时间混淆视听;在作业设计要求上,对于教辅材料规定存在变通现象,对作业难度、选择性、分层性等的要求含糊;多数学校将作业批改作为作业管理重心,不仅要求明确,而且注意检查,但主要关注形式层面,如有没有批改、有没有打日期、有没有评分等,对于批改质量这个更为关键的问题,几乎没有给予重视。

● 学校作业管理对教师作业能力的专业发展关注度如何？

教师的作业专业能力对于作业设计与实施的质量有着重要的影响。从学校作业管理文本分析和教师问卷汇总的结果来看,极少有学校组织教师进行相关的专业培训,教师作业能力发展还处于放任、较随意的状态,主要依赖于教师的自我反思和与同事交流等个体活动,完全取决于教师的个人自觉。这可解释为何随着教龄的增加,作业观念、作业设计能力以及作业设计质量均没有得到明显的提升。

学校作业管理的水平,决定了学校作业设计的品质,影响着教师设计作业的专业能力发展,关系到学校作业实施的效果。学校作业管理类文本反映了学校层面对作业设计和实施的基本思想与操作方法建议。学校作业管理文本质量的高低,从一个侧面反映了学校作业设计和实施的水平。

学校作业管理类文本丰富多彩,主要包括以下几种基本类型:一是学校整体对作业设计与实施方面的规定;二是学校作业检查记录方面的规定与记录;三是学校与作业相关的一些研讨活动记录;四是各个学科作业设计与实施要求等方面的管理文本。本项研究中,一共选择了 6 个区县 30 所小学、30 所初中学校的作业管理类文本作为样本代表[①]。

一、学校作业管理中的主要特色

几乎每所学校都会从切实减轻学生课业负担的角度出发,编制作业的管理文本。管理文本详略不一,质量参差不齐。从作业管理文本的类型来看,学校积累数量最多的是关于作业检查方面的管理文本,包括教研组检查、教导处检查作业的结果等。

1. 有些学校作业管理要求考虑了学科特点

学科特点反映了作业管理文件中是否体现了学科上的差异性要求,或者是否分学科研制。在 60 所中小学中,能够明确分学科说明作业要求的约占 38%[②]。例如,某学校在不同学科的要求上规定如下:

语文学科:(1)思考在先:精心设计每一个单元、每一课的课前预习作业、课后巩固练习以及课内外阅读拓展练习;(2)重心前移:给学生备三种作业本,一本是课前预习本,一本是课堂练习,一本是回家作业,每周三布置"长作业";(3)检测多样,包括记忆、积累语感类作业,理解运用和探究能力方面的作业和提高阅读能力为主的作业各不相同。

---

① 作业文本分析样本都来自于问卷抽样学校的班级,严格根据 PPS 抽样进行,因此具有统计学意义,能够整体代表上海市的基本概况。后续涉及作业文本分析数据的,小学都根据 30 份样本计算,初中也根据 30 所学校样本计算。下同,不再赘述。
② 本统计中仅包括分学科明确说明作业要求的学校,对于仅仅提及到但没有具体分学科说明的不统计。

数学学科:研究教材与练习,强调核心知识课堂训练,回家精炼一刻钟。

英语学科:梳理整套教材,编制作业等级;一周四份学习单加一张作业单,作业单每周五发放,主要是一周核心知识和技能的检测。此外,(1)明确英语作业中配套练习完成、作业单、周末卷的不同完成要求。(2)小学英语强调情景性;(3)英语新授课都要有抄和听写生字、词语的作业。

但是,学校对于各学科的作业要求在格式上也不够统一,缺乏整体性,有各自为政之感。此外,绝大部分学校对于学科方面的作业要求还主要停留在表面的一些格式体例、按时上交、作业态度等方面的要求上。

2. 有些学校制定作业管理要求时关注了年级特点

年级特点是作业管理文件中是否根据年级特点确定作业要求,或者根据年级分别制定。分学科和分年级制定作业要求,体现了学校在作业研究与实践层面的成熟程度。约27%的学校规定了不同年级的作业时间要求。一些学校能够分年级规定作业的要求、数量和时间;一些学校只是对学科作业的某一方面如写字、作文等方面明确了年级要求;一些学校则对不同年级的作业形式有明确的要求,例如小学 18 号样本学校,要求分不同的年段制定了家庭作业的布置要求。如中、低年级作业方式有预习、听录音、背诵;高年级为预习、背诵、朗读、阅读、一页纸作业等。一些学校在年级差异和学科差异上,仅仅停留在一些表面上的书写和格式要求上的差异。

3. 多数作业管理文本对作业检查规定较为严格

作业检查规定包括学校是否开展作业过程性的检查、检查内容与方法等。在 60 个学校作业管理样本中,几乎每一所学校都有作业检查制度,每学期一般安排 2 次作业检查,一次是期中考试前,一次是期末考试前,并且有专门的作业检查记录表。有些学校一个月检查一次,包括教导处检查,教研组检查,自查和互查等多种形式。主要特点为:

(1)绝大部分学校制定了极其明确和细致的规定,包括检查次数,检查人员,检查表格的设计等。

(2)学校每学期都会组织 2—4 次的作业检查,并能做好相关记录和分析。

(3)一些学校在检查中能根据学科特点制定检查要求,例如小学 7 号样本学校要求:

语文默写本检查从五个方面进行,包括:默写频度,默写量,教师批改,默写质量,学生书写。数学和英语学科作业从五个方面进行:薄本齐全,薄本整洁,封面名章,作业量,学生书写。

(4)能够对每位教师作业情况进行评价建议,有记录,有分析,有教师反思。例如小学 1 号样本学校在小学数学一年级的检查后评价建议为:

1. 学生画圈有圈图重叠现象，要注意个别学生的画圈规范，强调画圈的要点；2.有连线的题目没有用尺连线，应在日常有连线的时候强调用尺连线；3.有极个别作业漏写了批改日期，可在日常批改后自查；4.作业的等第制评判标准不清晰，有些作业书面显示全对，但判定的等第有优、优下、良三种，应统一作业等第评价标准。5.建议可以有鼓励性的评价，激发学生学习和完成作业的兴趣。

（5）学校教师在作业的批改时限，批改态度，作业评价方面得分相对较低。

4. 极少数学校作业设计要求有特色

少部分学校在提出作业设计要求时，体现出一些对作业设计的思考，如整体设计、限量设计、单元设计等理念。

（1）个别学校强调作业的整体设计。比如极个别学校倡导要整体设计一周的作业，并且要求阐述一周作业与教学之间的关系，同时监测作业是否超量。一些学校有对单元作业设计方案的思考与探索。

（2）个别学校提倡"一页纸作业"设计思想。这是控制作业时间和作业质量的方式之一。"一页纸作业"要求精心设计反馈性作业，语文为一课一次，英语、数学为一个单元一次。作业内容少而精，一般不超过一页A4纸。

（3）一些学校研究或自主设计了校本作业和练习体系。同时，这些学校在校本作业的内容系列化方面做了较多探索。一些学校还尝试建立校本作业平台。

5. 部分学校控制作业量的方法较丰富

部分学校采取明确规定时间、班主任协调、文印社固定章、网络备案等措施控制作业量。

（1）一些学校根据各学科和年级的作业时间，强调作业时间的均衡性。如某小学对各个年级各学科书面作业时间做了非常明确的规定。

表 8-1　某小学对各年级各学科书面作业时间规定

	语文	数学	英语
一年级	20 分钟	10 分钟	/
二年级	20 分钟	10 分钟	5 分钟
三年级	25 分钟	10 分钟	10 分钟
四年级	30 分钟	15 分钟	15 分钟
五年级	30 分钟	15 分钟	15 分钟

当然，这种规定本身在实践中是否能够实施，是否科学，以及是否有相应的实施策略来进行保障，都是值得探讨的。

（2）一些学校通过班主任协调各学科教师作业总量。

（3）一些学校采用文印社固定章等方式来控制教师作业量。例如，某学校规定语文周周练 16 张（规格半张），单元卷：一二年级 8 张，三至五年级 4 张（规格一张），复习卷 5 张（规格一张）等，如果文印社固定章使用完了，就不允许在学校免费复印，这就保证了教师要精选作业。

（4）通过网络备案制、阳光作业等方式来保证作业的质与量。一些学校通过"阳光作业"的机制，在学校网站上进行阳光作业的布置，增加各学科教师作业布置的透明度，实现作业的监控，并且有助于各学科教师协调作业时间。此外有些学校还要求背诵和小练笔的作业不能在同一天布置，每天阅读 30 分钟，每月最后一天为无作业日，不得布置作业等，这些规定都具有很明显的实践价值。

6. 部分学校关注作业的反思与激励手段的创新

一些学校要求教师要对作业情况进行统计分析，记录其中错误率高的作业，分析错误原因，适当地进行分析归类，同时注重各种激励措施。具体包括：

（1）要求教师和学生都建立"错题集"，同时要求根据学生的年龄特点，教会学生将自己经常出现的错误加以整理，形成"错题集"，便于巩固复习。

（2）设计了一些作业激励方法。包括积分法，延时法，评语法，免做法，加分法（给予拓展练习），展览推优法等。例如，一些学校设计了期末考试积点进阶方案，把日常作业完成情况纳入进阶条件，有助于促进学生日常作业的认真完成。学生期末考试积点免考方案中，要求学生填写申报理由，对作业方面的表现也要如实填写；又如一些学校采用延时法，即一次作业多次评价的方式，错题不马上打×，而是给予学生纠错机会，正确后同样可以得到优；一些学校制定了作业免做制度，"每次免做券可以免去一次作业，作业时学生在自己优势项目中选取"；或者"对于默写词语好的学生，采取少抄并不抄词语的方法，给学业成绩靠前的同学释放时间，多阅读、多记诵"。

整体而言，各学校作业管理文本显示了区域间的不平衡，也体现了同一区域内不同学校的发展不平衡。一些前期有过作业研究或者管理措施的区域，在学校的作业管理中也体现了一定的区域推进效果，这些区域的作业管理中体现出不仅关注外在形式，而且关注作业设计质量等内涵问题，并且注重通过问卷调研、网上备案等机制来保证作业实施的效果。一些学校虽然管理文本很多，也有作业方面的实践探索，但是属于学校作业特色方面的东西很少，基本上都没有改进学校现实作业实践层面的成果表现。

二、学校作业管理的问题与反思

相对而言,学校在作业管理方面同样显示出"特色比问题少"的现实无奈。学校在作业管理方面的混乱和表达上的自相矛盾,背后折射出了学校对于作业思想与研究的不成熟。绝大部分学校对于作业的理解与研究还处于浅层次、表面化和形式化水平上。

(一)学校作业管理文本编制

绝大部分学校的作业管理文本数量众多,有些学校多达十几种类型。不过,有些文本之间相似度很高,有些文本之间又有明显矛盾之处。具体而言:

1. 学校作业文本体系含糊不清

从学校作业管理文本的地位和成熟度来看,作业在整个教育教学体系中的位置还显得含糊不清,作业受重视程度因校而异,作业管理的成熟度也存在巨大差异。一些学校单独设计了作业管理类文本;一些学校则将作业设计与实施的要求在教学基本要求中体现,或在减负文件里体现,或在命题要求里用几行文字体现作业要求;还有一些学校则仅规定作业某一方面的内容,例如作业检查制度,作业批改制度等,质量也显得参差不齐。

绝大部分学校缺乏对作业的系统思考,缺乏学科之间的统整思考,甚至出现自相矛盾的现象。例如,某初中在《减负若干规定》中要求"六—八年级每天40分钟,九年级不超过40分钟"。而在同一年制定的《作业布置批改要求》中又要求六年级、七年级每天不超过1.5小时,八年级和九年级每天不超过2小时。又如,某初中不同文件中规定的作业时间差异也很大,在作业管理文件中要求中考学科每天完成作业用时不超出1小时,一般不超出30—40分钟。在作业有效性文件中又规定作业量控制在30分钟;而在作业布置与批改规定中要求八年级、九年级语文不超过20分钟,七年级不超过30分钟。

一些学校管理文本错误百出,错别字和文字不通顺现象明显,措辞缺乏严谨性,显示出了对作业管理文件的随意性。例如,某小学作业管理文本的开篇就出现这样令人费解的文字表述:

"作业的布置于批改拾教学过程中不可忽视的工作,使巩固学习内容,检查教学校过,诊断学习问题,指导学习方法的重要手段。"

此外，各学校对作业的管理也有"各自为政"之感，不仅缺乏区域的整体设计，也缺乏学校的整体设计，学科关注点千姿百态。

各学校作业管理的相关文件需要整体设计和适当归并，提高管理文本自身的质量，加强科学性和可操作性。至于作业的相关管理制度是否需要单独设计，还是和其他的管理机制合并，这并不是关键。

2. 文本编制过多依靠教师感觉经验

在学校的作业管理文件中，我们还发现学校一些观念做法、管理措施上非常随意，缺乏科学依据，甚至出现矫枉过正的倾向，具体表现如下：

（1）一些学校强调所有学生作业的统一。部分学校要求作业实现四个"统一"：统一内容、统一要求、统一格式、统一数量。这样的要求忽视了学习的差异性，以表面的有序规定替代了实际成效的追求。

（2）认为作业分层就能解决负担问题。例如不少学校提出教师应根据学生的不同程度安排不同层次的作业，减轻学生的过重负担。这样的建议因果归因有问题。作业的分层更多解决的是针对性和有效性问题，还不完全能解决作业负担问题。

（3）作业类型划分随意，缺乏科学性。不少学校都对作业的类型进行了划分，但是划分标准千姿百态。例如某学校规定：常规作业有效性，弹性作业针对性，拓展作业趣味性，这样的划分会让人觉得难以理解，拓展性作业强调趣味性，基础性作业是否就可以不要趣味性？

（4）学校特色作业"无边无际"，缺乏"标准意识"。一些区设计的特色作业，要求布置整合各学科的要求、综合运用多种能力的作业，但是这些综合性作业和长作业需要反思整个作业的目标问题，以及作业目标的适切性问题。例如不少长作业中出现这样一些现象：由于长作业要综合学科和跨学科的要求，一方面作业中有关学科的要求远远超过学科课程标准要求，另一方面跨学科的作业要求无章可循，导致要求远远超越学生的实际能力等。例如在不少长作业中，要求孩子画、说、唱、创、写和设计，这些要求在学科课程标准中都是没有涉及的，因此如何解决类似特色作业与学科课程标准的问题就显得至关重要。

（5）部分学校规定的科学性依据缺失。例如某初中提出要设计"15％拓展题"，为何一定是15％，是面对15％的学生，还是15％的作业题比例，都缺乏具体的说明。而且15％拓展作业的定位、设计要求和实践效果可以进一步验证。

（6）过多关注教师，缺乏对学生身心的思考。从学校作业管理文件中非常关注作业批改、作业检查等问题，我们不难发现学校在作业的探索与实践中更多的在关注教师如何做的问题，而对于学生如何完成作业，如何了解学生学习情况、身心特点等方面普遍缺少关注。

3. 作业管理要求广度有余深度不足

结合4位作业管理文本分析专家背对背打分结果(详见图8-1),不难发现学校从作业设计到作业实施各方面的质量差异很大。学校普遍缺乏对作业设计和教师作业能力发展方面的关注。在作业管理文本中,学校体现的较具体明确的方面主要是作业批改和作业检查。对于反映作业自身质量的功能定位、学科特点、作业难度等则关注很少,或语焉不详,或蜻蜓点水。而对于能够促进教师作业能力发展的相关培训、作业反思,如何使作业与教学相辅相成,只有极少数学校谈及,且科学性值得商榷。

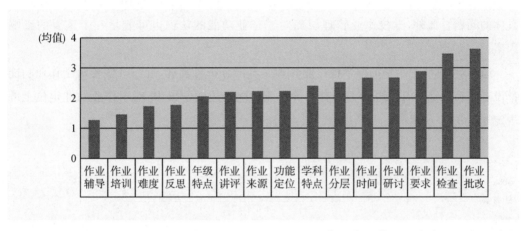

图8-1 学校作业管理文本各项指标平均分

4. 管理要求与作业实践"两张皮",有想法缺做法现象明显

学校作业管理文本中的理念与实际作业的设计与布置的脱节是明显的,即使同样在管理文本中,作业理念与实践建议之间也严重脱节。例如某学校的教师有不少关于作业研究的论文和课题,且有一定的思考与见解,但这些思考成果在学校的管理文件中完全没有得到体现。这充分体现了"作业研究成果"、"学校管理文本"和"真实的作业实践"完全是"两张皮"。这不得不让我们反思学校教师参与教科研工作的目的和价值究竟何在?

又如,在一所学校有关作业研讨的反思记录中记载着:

暑假作业检查中,发现我们进入一种误区,要么粗放经营,大而不当,漫无边际,使学生无处下手,收效甚微;要么细而又细,重在书面作业,让学生做大量的语文练习题和写几篇脱离生活实际的作文,这样显得多而滥,使学生疲于应付,枯燥无味,是一种单一而传统的做法。

该校的教师虽然能够反思到这样的问题,但是从实际查阅的学校布置的暑假作业,不难发现依然是活动的堆砌,没有严格的设计,而且活动的要求和目的过难过散。教师能够反思到作业的问题,在实际行为中却无法落实好,"有想法没做法"的现象比比皆是。

(二)作业管理中对作业功能的认识

教师对于作业功能的认识受到文化背景、实践经验、学校管理等因素的多重影响。例如,受我国教育文化和观念的影响,绝大部分的教师都认为"作业是教学的延伸",作业就应该是巩固课堂教学中的知识和技能。又如,很多教师和家长受经验的影响,认为那些学业成绩好的学生就是因为多做了作业,但忽略了做的是怎样的作业,用什么方法做作业等具体的问题。此外,学校作业管理层面对于作业功能的认识也可能是一个重要的影响因素。

通过对 60 所中小学抽样学校作业管理文本的分析可发现,近一半学校对于作业功能都没有明确规定。而在约 50% 的有明确作业功能描述的学校中,对于作业功能定位上的规定如图 8-2 所示[1]。

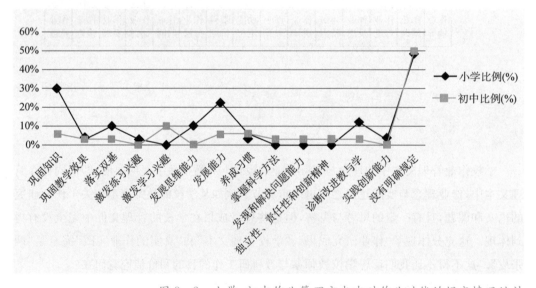

图 8-2　小学、初中作业管理文本中对作业功能的规定情况统计

---

[1] 由于一所学校在描述作业功能时,可能会同时涉及巩固知识,激发学习兴趣等多个功能,所以会导致比例之和超过 100%。

绝大部分学校在作业管理文本中,或者无视作业功能,或者对作业功能定位随意,或者仅仅局限于巩固课堂知识的功能[①],只有极少数学校考虑到作业对于学生学习习惯、学习兴趣和创新能力的培养。这些现象一方面反映了学校对于作业功能的不重视,或者仅限于某一方面的功能;另一方面也反映了对作业功能缺乏深入研究,认识混乱。

　　将作业功能仅限于"巩固课堂教学内容"中知识与技能巩固的手段,即将作业作为课堂教学的延伸,而不是将作业作为课外的一种独特的学习方式,这或许也是导致目前作业类型单一、过于注重书本知识掌握的原因之一。

(三) 对作业时间的管理规定

　　学校作业时间的普遍超时现象,可能与学校管理制度中对于作业时间规定不到位、对于作业时间的检查不严格有一定的关系。此次调研中,通过对 60 所学校作业管理文本的样本分析,可发现各所学校对于作业时间的规定混乱,未执行作业时间规定现象严重,同一学段不同学校之间也存在巨大差异。具体而言,学校对作业时间的规定存在以下一些基本特征:

1. 学校对于作业时间和作业量的规定混乱

　　在 60 个作业管理文本分析样本中,约 15% 的学校根本没有涉及对作业时间方面的规定,约 16.7% 的学校只笼统地提出要"控制作业量"等原则性的要求,而对作业具体时间没有明确。其余 68.3% 的学校虽然对作业时间有规定,但作业时间规定混乱,同一学段的作业时间规定千姿百态,各不相同,而且时间跨度大。例如,小学阶段中高年级每天作业总量的规定从 30 分钟、1 小时到 1.5 小时不等,差异多达 1 小时左右;初中阶段每天作业时间规定从 1 小时、1.5 小时、2 小时、3 小时乃至 4 小时及以上的都有。

　　例如,仅小学阶段就有多达十几种时间上的规定方式,而且要求都不完全相同,摘录如下:

　　(1)一、二年级每天听读英语 10 分钟;三、四、五年级书面作业 10 分钟;(2)学科每天作业 15 分钟;(3)作业总量不超过 30 分钟;(4)每门学科每天 20—30 分钟;(5)不超过 45 分钟;(6)每门学科不超过半小时;(7)考试科目不超过 40 分钟;(8)各学科不超过 1 小时;(9)一般不超过 40 分钟;(10)总量不超过 1 小时;(11)总量不超过 1.5 小时……

[①] 学校作业管理文本中实际表述为:巩固知识、巩固教学效果、诊断改进教与学等。在本书中都归纳为"巩固课堂知识"这一类。

初中阶段的作业时间规定更是五花八门，有很多初中规定的作业时间要求和小学作业时间一模一样。作业时间的模糊性与混乱性，是绝大部分学校的共同的问题。这会导致教师因无所适从而无视学校有关作业时间的规定，依据自己"多做总比少做好"这样朴素的想法布置大量的作业，从而导致学生作业时间的大量增加。

2. 部分学校作业时间含混且与教委规定相违背

整体看来，符合上海市教委规定作业时间的学校比例较少。在 41 所有具体作业时间规定的学校中，小学阶段只有约 50% 的学校明确规定总的作业时间控制在 1 小时左右[①]，初中只有约 16.7% 的学校明确规定作业总时间在 1.5 小时以内。

其中，一些学校作业管理规定与教委文件明显相违背。例如，上海市教委明确要求小学一、二年级不布置书面作业，但有些学校作业管理文本却背道而驰，明确规定了小学一、二年级语文、数学和外语书面作业的具体时间。

3. 各学科作业时间、作业总时间和非书面作业时间混淆视听

作业时间包括书面作业时间和非书面作业时间，一些学校对此并没有做区分，而有些学校则无法判断究竟是书面作业时间还是作业总时间，这会导致具体实施过程中的混乱。例如某学校规定"2. 低年级不布置书面回家作业，中年级各科回家作业时间不超过 1 小时；高年级不超过 1.5 小时"。从这样的表述中会让人产生歧义：究竟是各科作业时间，还是各科作业总时间？究竟是书面作业时间，还是全部作业时间？

值得关注的是，非书面作业时间或许成为学生作业中巨大的"隐形负担"。上海市教委明文规定"小学一、二年级不留书面家庭作业；三、四、五年级作业时间不超过 1 小时"。在现实的操作中，学校存在以下几种情况：

第一种情况是认为小学一、二年级就不应该做任何作业。

第二种情况就是学校给学生布置大量的非书面作业，比如读课文，背诵课文，制作识字卡片，背诵英文单词和文章，预习课文等。其实这一类非书面作业所花费的时间很多，甚至远远超过了书面作业的时间。

第三种情况是，一些学校将作业时间规定误解为仅仅是书面作业时间，例如某小学规定，"低年级基本上不留书面作业，三年级书面作业不超过 30 分钟，四年级书面作业不超过 45 分钟，五年级书面作业不超过 60 分钟"。而教委规定的三、四、五年级不得超过 1 小时，

---

① 由于一些学校根据每学科平均完成的作业量进行规定，所以本项研究报告中"作业总时间=学科数×每学科作业时间"，例如小学 29 号样本学校规定中高年级每学科不超过 30 分钟，那么作业总时间基本判断为 30×3＝90 分钟，所以作业总时间超过 1 小时，则属于不符合上海市教委相关文件规定。

是包括书面作业和非书面作业的总时间。

从各所学校对于作业时间的规定来看,表面上似乎反映了学校对于作业时间规定的校本化与灵活性,但背后也反映了各学校对科学的作业时间的模糊性、不确定性和随意性。不同学校之间巨大的作业时间跨度规定,表明了学校对于科学的作业时间缺乏一个明确的概念,也反映了学校在作业时间认识上的混乱、随意,甚至违背科学的现状。

(四) 对作业设计的管理要求

整体而言,学校对于教辅材料的要求含混,存在变通现象,"有想法、缺做法"的现象较普遍,具体表现为:

1. 学校对于教辅材料规定存在变通现象

从学校作业管理文本的规定来看,虽然有部分学校在作业管理文本中明文规定严禁教辅材料,例如"1.任何个人和集体不得以任何方式向学生推销或变相推销教学参考资料"。又如,有学校严令禁止"杜绝翻印配套练习或以套题、教辅练习代替作业的现象"。但也有不少学校采取变通的方式,例如,要求教师申请后统一购买相关教辅材料,不得向学生收费;对外来资料要严格筛选,这种做法实际上允许了教辅材料的存在。

当然也有一些学校则避而不谈教辅材料问题,或者含糊其辞。如一些学校要求教师精选题目,严格筛选,不要布置机械性、重复性和惩罚性作业,逐步实现作业的自编与设计。那么这种选择的作业、筛选的作业来源究竟来自哪里? 或许教辅材料就是重要的来源之一。

2. 对分层性和多样性要求含糊

分层性(选择性)和多样性是重要的作业质量要求。不过,在这两个方面,各学校的要求多数不够清晰。通过对 60 所学校的作业管理文本分析显示,明确有分层要求的学校约占 71.6%。但是绝大部分学校对于作业分层方面的要求仅仅停留在诸如:"要考虑作业分层,要有选择性的内容",或者采用"必做作业＋选做作业"模式等原则性要求的描述上,缺乏具体的可操作措施。学校分层管理制度的不明确,不仅导致学校作业检查中没有充分落实分层要求,而且导致学科真正落实分层作业要求的屈指可数。

当然,分层也是一个有争议的话题。一些研究学者如加利福尼亚大学奥克斯(Jeannic Oakes,1985 年),在《守护竞争——学校是如何维护不平等的》中认为:分层对"上位"组的众多学生、"中位"组学生而言是无益的,对"下位"组学生是有害的。这种"分层"对于整个学校的学力提升而言也是无益的。在极少数有分层要求的学校中,主要从"减量布置"的角度进行思考分层作业,这让我们需要反思作业的分层是否只是作业量的多与少的问题?

对于作业类型更加体现了缺乏实际可操作措施的现状,只有极少部分学校在管理文本中提出了丰富作业类型的要求,如阅读、探究、实践、合作、体验类作业等,创新作业内容、形式、数量、评价,将传统文本作业和探索性、实践性作业整合,实现作业激励性挑战性功能等。例如,小学6号样本学校提出巩固性作业,比较性作业,归纳性作业,思考性作业,创造性作业,实践性作业的分类。关键问题在于,虽然这些学校对作业形式有了明确的划分,但是划分的视角显得较混乱,也没有明显的学科特点。这种规定也导致了教师在实际操作中无所适从,因此导致作业的多样性问题无法落实。

其实,不仅学校对于作业分层性与多样性的认识尚处于起步阶段,就是各类研究中,对于分层性与多样性也是说法不一,要求各异。这种情况下,要求教师能够设计出具有分层性与多样性的作业犹如天方夜谭。

3. 对于作业难度缺乏明确规定

通过对学校作业管理文本的分析发现,约有50%的学校提到作业难度问题,但都没有非常具体明确的规定,只有极少数学校对作业难度进行了一些规定。例如一些学校,明确要求作业要以课本为主,再精选难易适度的选做题,以满足中上水平学生的需要。一些学校则要求作业应该以中等生的水平为准,同时兼顾两头。作业难度如何估计和确定,应该保持一种什么样的结构与比例,是值得深入研究的。

(五) 对作业批改与讲评的管理要求

作业批改与讲评是相互关联的环节,有效的批改会带来优质的讲评。而从学校作业管理要求来看,重批改、轻讲评的现象较为明显。即使是较为重视的批改问题,也存在重表面、轻内涵的现象。

1. 学校将作业批改作为作业管理重心,要求复杂且未把握重点

作业批改是指教师批改作业的方式,如对错、等级、评语等的要求。作业批改的要求是作业管理文件中最全面、最具体的要求。60个样本学校中93.3%的学校都有明确的批改要求,各学校都对此做了详细规定,包括批改时间,批改用笔的要求,批改的符号,批改的等级,批改的要求,批改的方式等。部分学校的作业管理文本几乎只涉及作业批改要求,作业批改俨然成为学校作业管理的核心。

一些学校在作业批改规定中的一些观念与要求值得一提:不要让学生代替批改;强调

教师在批改中的书写，要对学生具有示范作用；作业批改的时间严格规定。如初中 9 号样本学校管理文本要求书面作业 2 个工作日，作文 5 个工作日。对批改覆盖率、精批率、评语和面批等方面都有校本化的要求。如某初中学校要求精批量要达到 80％。某初中学校要求批改覆盖率不得低于 25％。一些初中学校则要求 100％批改，适当进行面批。学校对批改方面的要求极其细节化具体化。例如有些学校要求各项作业必须在右下角写上学生所得成绩及批改日期。一些学校要求在作文批改中"发现病句先将句子划出，再写出病句的主要毛病，并加上'?'表示"。

但是，几乎所有抽样学校对作业批改的要求都存在繁、难的基本问题：

一是繁。不少学校的作业批改方式过于复杂。例如，不少学校把批改需要用什么笔，细致到大红钢笔、红墨水笔、还是蓝黑水笔、铅笔都有细致的要求；又如，一些学校要求作文批改采用总批和眉批，总批可以采用综合式、提要式、比较式、指令式等，眉批采用评述式、说明式、比较式、启发式、警告式等。这些专业的批改要求，不仅很难理解和记忆，而且也会给教师实际的工作带来繁琐感和困惑。

二是难。一些学校要求"如学生作业有错误，教师要在作业后下一行顶格写上'订正'，学生订正后教师要及时批改"。同时，还明确了各种专业的作文批改符号，这些专业的批改符号是对一个极度专业的责任编辑所提出的要求。这样的要求感觉过于复杂，很难记忆，而且教师在实际操作中的价值有多大，都令人质疑。

学校作业管理中如此关注批改的外在形式，如符号、标识等，而对于更为关键的批改方式，以及批改之后如何对学生进行反馈，教师如何根据学生的作业情况统计、分析与反思等方面的要求，几乎没有学校的作业管理文本作出明确说明。

2. 作业检查要求重表面轻内涵，可操作性缺乏

作业检查、作业评价作为一个促进作业规范、科学、有效的手段，在相关文本的分析中存在以下一些基本问题：

第一，较多关注外在形式，较少关注本质内涵。通过统计整理各所样本学校检查内容出现的频次（详见图 8-3），可发现各学校作业检查的内容特别关注四个方面：一是作业批改情况，尤其是教师批改符号；二是作业规范整洁；三是作业时间问题；四是作业订正情况。而学校对于作业自身的内容与质量，作业难度，作业来源，评语，作业批改的正确率，订正情况等内涵问题则关注较少。

第二，严格的作业检查制度和实际的教师操作行为存在巨大反差。一些学校在作业管理中往往对批改有严格的规定，细致到用什么类型的笔和打什么勾，如一道题目在末尾打一个勾，打勾不能有弯曲等，甚至用什么样的批改符号等，都有一系列细致入微的规定。但

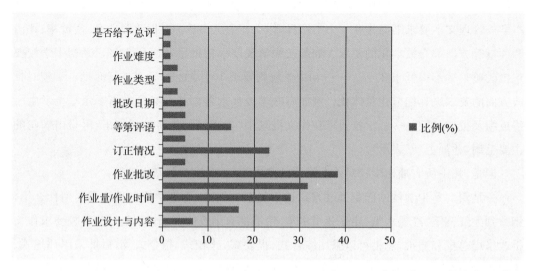

图 8-3 学校作业检查内容一览表

从学校抽查的学生实际作业来看，作业批改符号、批改日期等恰恰没有落实到位；甚至教师在实际的批改过程中会将学生做错的题目也会批改为正确。

我们需要反思复杂、细致而且繁难的批改要求，与作业质量的检查与管理之间孰轻孰重。这样复杂的批改要求到底有多少老师能够做到？教师即使做到了这样的批改要求，又究竟有何真正实际的价值和意义？作业批改的目的在于让学生和教师认识到学习和教学中的问题，而不是一种形式上的完美。作业设计的质量问题，在学校管理制度中应该能够有制度保障，而且也应该有具体的实施操作方法来指导。

3. 作业检查、评价与反思浅尝则止，有效性令人质疑

值得一提的是，部分学校注重通过作业问卷、作业检查与评价的方式来发现作业实施中的问题。但认真分析学校提供的作业问卷以及问卷结果分析报告可看出，一些学校对于问卷结果没有进行梳理，一些学校仅仅停留在问卷上每道题目的选择比例的统计上，没有原因分析，也没有对策建议，问卷调研的价值没有充分发挥。

同样，几乎每所学校都进行作业检查、记录与反思，但从各学校作业分析反思的结果来看，学校的作业评价与反思表现出以下一些问题：

（1）检查评价基本局限于批改情况的检查，一些要求显得过于机械和绝对。例如某学校在检查中规定一年级语文作业批改中，"1—20 课的拼音书写用大勾批，21—40 课的生字书写每行批一个勾"。那么，按照这种规定，如果学生有写得特别好的字是否可以单独圈出呢？

（2）作业检查结果与评价缺乏实质性内容的深入分析。现在绝大部分学校的作业反思分析主要侧重于一些外在形式上的价值判断和打分，如书写，规范性，批改方式，呈现方式，学生写错什么字等比较基础和表面的问题，普遍缺乏对学生完成作业正确率，存在的问题等深层次问题的检查反思与分析，也缺乏对共性与个性问题的深入分析与改进建议。

（3）过分注重"激励"，诊断改进功能发挥不足。通过认真阅读分析每所学校作业管理文本资料，发现绝大部分学校的作业检查和评分表中，存在着非常明显的"好人主义倾向"，"人人都是100分"的现象很普遍，而且分析诊断问题也显得不深入，浮于表面。这样似乎让作业检查制度失去了原先"诊断改进"的价值。如此辛苦的检查工作如果仅仅局限于表面化的打分，让检查变成了一场"表扬与相互表扬"的过程，显得非常可惜。

4. 对于作业讲评与反思，学校规定不清晰

各学校对于作业讲评方法的要求绝大部分也处于泛泛而谈，比如"采取集体讲解或个别辅导的方法"；一些学校则要求作业讲评能够"巩固知识点，找到思路与突破口"；一些学校则要求讲评中要以表扬为主；也有少数学校要求及时讲评，不要采用"不批阅作业，全部题目在下一节课讲一遍的做法"。

整体而言，学校普遍对作业科学的分析统计、反思关注不够，仅有极少数学校关注到作业反思问题，要求教师深入分析学生作业的过程表现，研究归纳共性问题，分析致错原因，为改进服务，相关的要求比较宏观，缺乏具体操作层面的要求。例如，初中25号样本学校管理文本要求教师完成《教师作业自我评价表》，针对不足，对照课程标准，完成《教师作业改进项目表》。

（六）教师作业的专业能力培训

教师作业设计与实施能力的高低，会影响作业效果。教师作业方面的能力发展可通过多种途径实现。在教师问卷中，设计了几道题目，用于了解教师参与作业相关专业发展的情况，如参加有关作业方面的专业培训、参加学校教研活动、阅读与作业相关的专业论文、自己反思作业等。调研结果发现：

1. 学校缺乏与教师作业能力发展相关的专业培训

通过对各学科各学段教师作业专业能力发展情况的调研发现（详见图8-4），教师参与作业相关培训较少，经常参与的教师比例不到40%，而且学段差异和学科差异不明显。究其原因，一方面可能和现在作业方面的专业培训提供较少有关，另一方面可能是学校不够

重视作业能力方面的专业发展有关。

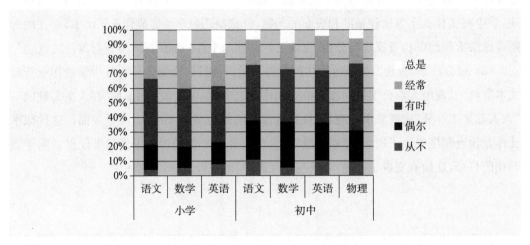

图8-4 教师参加与作业有关的专业培训的情况(教师问卷)

在作业专业发展的方式上,小学和初中教师采用频次最高的方式是与其他同事交流或反思作业问题,自己总结或反思;其次是通过教研组或备课组专题讨论;再次是阅读相关研究文章;频次最低的为参与作业的有关培训(详见图8-5)。

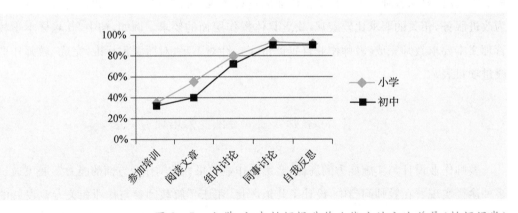

图8-5 小学、初中教师提升作业能力的方法差异(教师问卷)

整体而言,小学教师比初中教师更注重作业能力方面的专业发展。从学段的比较来看,除在"自己总结或反思作业问题"上差异不明显(d=0.144)外,在参加与作业有关的培训、阅读与作业有关的文章、在教研组或备课组专题讨论作业问题、和其他同事交流作业问题等方面,小学均要优于初中,存在较为明显的差异(d在0.2—0.5之间)。这说明小学教师比初中教师更加重视教师作业方面的专业发展。

前面的分析提及小学教师作业设计能力、作业设计质量都较为明显地高于初中教师，这些或许都和小学教师更加注重作业专业能力的发展有一定的相关性。

2. 学校管理对作业专业培训不够重视

学校管理方面是否重视教师作业方面的专业培训设计？从抽样的60所中小学作业管理文本分析结果来看，学校对于"作业培训"方面的平均得分只有1.5分（总分为5分），几乎属于得分最低的指标之一。说明学校在日常管理中，并不重视教师作业方面专业发展。

从学校管理文本和问卷调研都发现，极少有学校组织教师进行相关的专业培训。一是可能因为市区两级缺乏这样的培训活动；二是可能因为学校还没有意识到作业问题的严重性。教师作业能力发展还处于放任、较随意的状态，主要依赖于教师的自我反思和与同事交流等个体活动，完全取决于教师的个人自觉。这可解释为何随着教龄的增加，作业观念、作业设计能力以及作业设计质量均没有得到明显的提升。

相对而言，各作业管理文本对研讨的要求要明确一些。约有55%的学校都组织了不同形式的作业研讨活动，从学校相关记录分析来看，研讨活动主要包括以下几种类型：布置区里有关的作业要求或者作业评比任务；组织作业专题性的展评或者讨论活动；要求每周研究一次学生的作业布置问题；组织学生优秀作业评比活动或者作业展示等。

不过，这些活动处于重形式轻实质的状况。每周研究作业布置问题只是确定了统一布置的作业题，并不关注这些作业题是否切合主题，是否适应学生需要。又如，优秀作业的评比标准往往以整洁、字迹端正、画图清晰、正确率高、订正认真、无空题为主要特征，这些评比标准的导向，无法让教师去真正关注学生是否使用了有创意的解题方法，作业自身的质量是否合理等内涵问题。

综合本章分析结果，不能说学校不重视作业管理，因为多数学校有大量与作业管理相关的文本。也不能说学校的作业管理毫无成效，因为还是可从中提炼出一些有特色的处理方式，彰显这些学校在提高作业质量层面所付出的努力。不过，总体而言，学校作业体现出"有广度、缺深度；多想法、少实践；重形式、轻实质"的基本特征。

第一，有广度，缺深度。多数学校作业管理文本种类较多，关注点甚为全面，从作业设计到作业批改，从作业时间到作业负担，从年级特点到学科特点，从作业检查到作业培训，几乎无所不包。不过，作业管理文本分析时，多数指标的得分在1—3分之间（满分5分），质量明显不高。究其原因，一是不少管理文本内容相似度高，存在明显重复；二是多数管理文本之间各自为政，缺乏系统性；三是不同管理文本的表述相互矛盾。这就会使得教师在作业实践时无所适从，无法把握作业应用要点。

第二，多想法，少实践。学校作业管理时提出的诸多想法完全依赖于制定者的个体经验乃至感觉，缺乏基于文献资料研究的已有经验梳理，缺乏对于学校特征的深入思考，更缺乏作业实践基础上的分析论证。这可能导致作业实践层面的明显问题：一是表述笼统、粗略，无法抓住要点，不利于教师理解与把握；二是要求随意，缺乏科学性，操作性明显偏弱；三是存在方向错误，背离课程改革要求，会起到不良导向作用。

第三，重形式，轻实质。学校作业管理时对于形式层面的要求用苛刻来形容并不为过，如对于作业批改不仅对打勾打叉有规范要求，对于批改用笔的粗细也要求明确，甚至用到很多的专业编辑符号。但对于更为关键的实质层面的要求，如批改是否正确，是否具有针对性，对学生订正是否有指导作用，几乎没有作业管理文本给予关注。这种处理方式会使得教师将作业应用重心放在形式层面，忽视作业应用促进学生发展的根本目的，不利于作业应用水平的提高。

如果说，低质量的作业源自错误的理念与价值观，低质量的作业可能源自教师低效的教学，那么，低质量的作业还可能源自学校无效的管理方式……如果说作业管理文本代表的是一种理念与希望，那么现行学校作业管理水平还停留在"空想世界"。如果冷静分析学校作业管理和作业实践中出现的许多问题，我们发现作业的研究与实践更多的还是在依赖教师的经验，更多的是学校间的一种相互模仿与抄袭，或者是学校对于作业一种惯性做法的传承。而这些经验和习惯做法的科学性、有效性是没有经过实证检验的。现行作业管理的水平，也让我们不难理解为什么各学科的作业设计和实施质量、作业效果那么不理想了。这或许是一种现实无奈，但更是对教育管理者的警示。提高作业设计与实施的质量呼吁专业的管理机制保障！

第9章
小学阶段主要学科作业特点

作业设计与实施的整体情况，不仅有助于让教育决策系统，家长、社会和学校整体了解作业的基本现状，而且也全面折射了绝大部分学科和学段作业中的特征。但由于各学科都具有一定的独特性，所以各学科在作业设计与实施上存在的经验与问题又存在一定的差异。因此，只有深入了解各学科作业中存在的问题，才有可能使得所有的作业改革更具有学科的针对性，才有可能保证改革的效应最终真正作用于学科本身，真正发挥学科作业的价值。

虽然各学科作业文本分析的方法基本相似，但也有学科特点，比如确立作业目标的方式，判断标准，以及划分题组的方式等都存在一定的差异。因此在各学科的分析研究中，依然提炼了各学科作业文本分析的主要程序与方法，特别是评判标准，主要经验，存在问题和基本建议四个方面。

本章主要介绍小学语文、小学数学、小学英语3门学科的作业文本分析结果。希望能够对小学相关学科教师了解本学科的作业特点提供直接的帮助与参考。即使读者任教其他学科，研究结果或许也能提供一定的启示。

本章主要内容：
◆ 小学语文作业设计的经验、问题与建议
◆ 小学数学作业设计的经验、问题与建议

◆ 小学英语作业设计的经验、问题与建议

本章阐述的主要问题与观点：

● 小学语文学科的作业存在什么独特的问题？

由于语文学习反复性和递进性的特点，小学语文学科在作业目标确定上具有学科特点。作业目标主要是结合年级主题目标，从而形成单元作业目标。小学语文作业除了共性问题之外，单元核心目标的落实不到位，结构性问题较严重可能是更为突出的问题。加强作业有结构的设计，促进核心目标的落实，以及应用作业设计策略是提高小学语文作业设计质量的关键。

● 小学数学学科的作业存在什么独特的问题？

小学数学学科的作业存在一些共性问题，如选择性和多样性不足。小学数学有相对成熟的配套练习册，为教师提供了重要的作业来源。相对而言，小学数学作业较好地体现了时间合理、科学性好、均衡性和结构性强的特征。这就带来值得思考的问题：与其让质量很差的教辅材料到处泛滥，让教师、学生与家长无所适从，不如组织学科专家力量，集中编写高质量的教材配套练习，作为学生课外作业的主要来源。

● 小学英语学科的作业存在什么独特的问题？

小学英语学科的作业文本分析结果表明，由于小学英语关注听说读等作业目标，所以整体而言，小学英语学科在作业类型等方面体现得较好。但是作业时间依然存在不均衡的现象，作业整体结构也有不合理，标准意识欠缺则是英语学科作业的主要问题所在。

一、明确基准　提升品质——小学语文学科作业[①]

小学语文作业文本分析的样本来自于上海市六个区县的 30 所学校,以小学语文四年级(第七册)一周的作业为主。依据学科作业文本分析的基本思路,对于 30 份作业分析主要涉及阅读、表达、写字和综合学习四个相关主题的内容。通过确立作业主题,形成作业目标,划分作业题组,确立评分标准,作业分析等环节,着重分析了小学语文作业在设计和批改等方面的主要现状。

(一) 作业目标确立和分析标准

1. 依据确立作业主题,形成作业目标

结合小学语文学科的特点,着重根据"单元作业目标"来分析判断作业目标的适切性。首先,综合考虑并确定了四年级阅读、表达、写字和综合学习的整体目标。在此基础上,结合课文内容,将本次作业涉及的第七册第二、三单元的"单元学习目标"确定为:

(1) O-1-2　能运用多种方法理解词义(举例、查字典、近义词替代、反义词转换、联系上下文);重点训练查字典或联系上下文理解词语的方法。

(2) O-1-7　能用摘录关键词句,根据一定的提示等方法概括逻辑段的主要意思。

(3) O-2-1　能在句子中正确运用所积累的词语(如词语的合理搭配、词语的使用范围和词语的适用对象)。

(4) O-1-10　能按提示(所提供的词语、提纲、写作线索)详细复述重点段落或全文。

基于语文学习反复性和递进性的特点,以上四条目标作为本次作业分析对应的"主要目标"(或称"核心目标"),超出以上这四条"主要目标"的第七册其他教学目标,或之前所涉及的年段目标,称之为"次要目标"。

[①] 小学语文作业分析专家组成员包括薛峰、陈振、张蓉、汪洋等;小学语文作业分析报告由薛峰、陈振、汪洋完成,朱倩后期参与了分析报告的撰写。

2. 确立评分标准

根据整体分析要求，着重从作业的解释性、科学性、作业难度、作业类型等相关要素的角度，确立评分标准。共分为 5 个等级，5 为最好，1 为最弱。

(1) 解释性：指的是"作业内容"与"作业目标"的一致性。"完全一致"是指覆盖了"主要目标"，如教材所附的练习；和课堂学习有关的抄写词语等；部分一致是指部分覆盖"主要目标"，部分覆盖"次要目标"，如课外阅读文章的类型（并不是主题或内容相关）与课文相关；已学的知识巩固（字词的巩固，所涉及的阅读方法、能力是课内学习的迁移）。不一致是指和"主要目标"没有关系，只覆盖了"次要目标"，如抄写课外阅读中的好词、好句；超过课程标准要求，如预习时独立概括新授课文，将课后的要求直接放到课前等；完全使用教辅材料，阅读的文章与课堂学习无关等。"解释性"的具体评分标准如表 9-1 所示。

表 9-1　小学语文解释性的评价标准

与作业目标"完全一致"比例	≥90%	≥75%	≥60%	≥30%	30%以下
评分	5	4	3	2	1

(2) 科学性：题干指向清晰、无语病、无基本概念使用的错误，有较清晰的评价标准，有一处问题扣 1 分。

(3) 作业难度：①易、中、难比例控制在 7∶2∶1，评为 5 分；②兼顾易、中、难，且"易"比例在 80% 左右，评为 4 分；未兼顾易、中、难，但"易"的比例在 70% 左右，评为 4 分；③兼顾易、中、难，且"易"比例在 90% 左右，评为 3 分；④易、中、难中有一项为 0%，且"易"的比例在 90% 左右，评 2 分；⑤易、中、难中有两项为 0%，评为 1 分。

(4) 作业时间：完成单次作业时间等于或低于 30 分钟为 5 分，每超过 10 分钟减 1 分。

(5) 选择性：指教师设计不同类型或水平的作业，让学生根据自身的能力自主选择，设计一次选择性作业加 1 分，加至 5 分为止。

(6) 多样性：分为口头、书面、实践、合作四种类型。主要观察教师设计的一周作业能够涉及多少种作业类型，按照作业类型种数进行评分（详见表 9-2）。

表 9-2　小学语文作业多样性的评价标准

作业类型	四种	三种	两种	只有书面作业	一种，但不是书面作业
评分	5	4	3	2	1

(7) 结构性：综合作业难度的分布、作业题目之间的关联性等因素的判断，好为 5 分；

较好为 4 分;一般为 3 分;有点问题为 2 分;问题严重为 1 分。

（二）小学语文作业的主要经验

30 份作业样本得分所呈现出的差距表明,部分区域相对于其他区域在作业设计上表现出了较高的水准。综合分析这些作业样本,其中有一些经验值得重视与共享。

1. 教师基本能按照课程标准和教材要求安排教学进程

比对作业样本每日"对应教学主题"与"作业内容",可发现,几乎所有的教师在同样一周的时间内,安排了与第七册第二单元和第三单元教学相应的作业内容。值得一提的是,在所抽样的 30 份作业中,80%的教师作文作业的布置都是符合第七册第二单元和第三单元相应的作文教学内容的。作文练笔的题目主要集中为《我爱我家》《成长的故事》《我的朋友》等。

2. 教师大都安排了词语类的抄默,体现了夯实基础的教学取向

在所抽取的 30 份作业中,几乎所有作业在内容的布置方面都会涉及词语的抄写或是默写。以 21 号作业为例,每天作业都布置了词语的抄写与默写的任务。有些教师除了会对当天所学的课文中出现的词语进行抄写或是默写,还会在单元复习时对整个单元的词语再次进行抄写与默写。可见,教师对于作业目标中的"O-1-1 词语识记"落实得非常扎实,这也是与小学语文学习的部分要旨相匹配的。

3. 部分教师能有效利用教材课后练习,为确保作业品质的底线奠定了基础

现行上海小学语文教材中,除略读课文外,每篇课文的后面均编有一定的课后练习题,它既为教师教学指明了目标,提示了教学的重点和难点,同时又暗示了教育教学的方法和思路。在抽样的 30 份作业中,部分教师能够有效利用语文教材课后练习来进行作业的设计,从其"解释性"评分来看,在数值上表征出其作业内容与作业目标"完全一致"的比例较高。以 18 号作业为例,该教师直接运用了教材后的练习作为作业的内容,如有一天"对应教学主题"为"第二单元的综合练习(新授)",而当天"作业内容"其中一项为完成第二单元"综合练习"。

4. 部分教师已开始打破单一书面作业的形式,从"单一"走向"多元"

小学语文作业的类型主要可划分为口头、书面、实践、合作四种。尽管大多数教师以词

语类的抄默、小练习的训练等书面作业的形式为主，但还是有一些老师探索多元化的语文作业方式，以促进学生语文综合素养的发展。这种突破主要以口头作业与实践类作业两种形式居多。

例如，在口头作业方面，有极少数语文教师布置了"回忆童年往事，说说自己难忘的、天真的故事"、"把白求恩救伤员的故事讲给家人听"等。在实践类作业方面，有极少数小学语文教师安排学生回家"寻找和诚信有关的故事"；部分作业样本呈现出部分老师在"课外阅读类"的作业上有一定的思考，等等。

（三）小学语文作业的基本问题

虽然在广大学校和教师的努力之下，当下小学语文作业在设计上已表现出一定的水准和发展的态势，但也存在着诸多问题，现将语文作业中存在的一些基本问题，概述如下：

1. 部分教师在设计作业时较少考虑与"适宜的学习目标"的相关性

本次作业文本分析共涉及 440 道作业题组（不包含预习、复习和订正），按照前文所述小学语文作业中"作业内容"与"作业目标"的一致性的相关原则，这 440 道作业题组在一致性上的表现如图 9-1 所示。

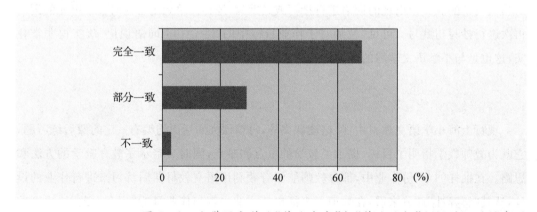

图 9-1　小学语文作业"作业内容"与"作业目标"之间的一致性表现

按照"评价标准"中"解释性"指标（1—5 分），具体到 30 份作业样本，得分情况如图 9-2 所示。

从图 9-1 和图 9-2 可看出，近 50% 的教师能考虑到"作业内容"与"作业目标"之间的一致性，约 34% 的老师（得分在 3 分及 3 分以下）未能安排与"适宜的学习目标"相匹配的"作业内容"，其具体表现为以下几个方面：

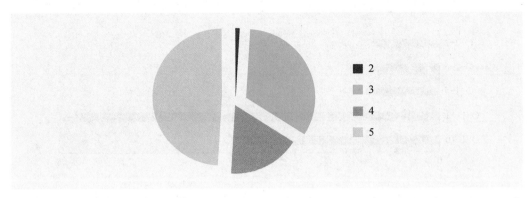

图 9-2 小学语文作业解释性得分分布

（1）单元的"主要目标"（核心目标）覆盖度较低。通过对 440 道题组的统计发现，"作业目标"的分布情况较集中在 O-1-1（词语识记、抄默）、O-1-2（能运用多种方法理解词义）、O-1-12（较正确地感受文中蕴含的情、理，能联系文章的具体内容谈读文的感受）、O-2-1（能在句子中正确地运用所积累的词语）和"O-2-5"（学习根据提供的图画、阅读材料等展开合理的想象扩写、续写）。需要注意的是，这五条目标并不是本阶段学习的"主要目标"。

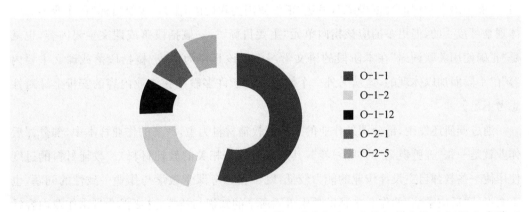

图 9-3 小学语文"作业目标"中非主要目标的分布情况

另外，440 道题组（不包括预习、复习、订正等）中较少对应的作业目标则包括：O-1-5（了解转折关系的自然段，学习用转折关系的关联词概括自然段的主要意思）、O-1-11（能归纳叙事文章的主要内容）、O-2-6（记叙一件事情，能写清楚一些基本的要素）、"O-2-2"（能结合语境写转折关系的复句）（见图 9-4）。值得关注的是，目标 O-1-5、目标 O-1-11 这两条目标恰恰是我们在本阶段学习内容中的"主要目标"，但在作业内容中体现得较少。

由此可见，一定数量的教师在设计作业时并没有对应着"本阶段学习内容的主要目标"来安排相关的作业内容，导致这些作业较少覆盖单元的"主要目标"（核心目标）。

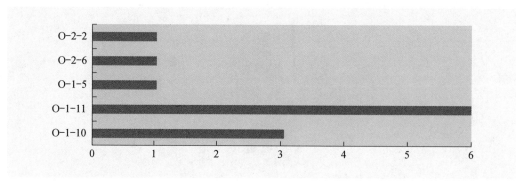

图 9-4　小学语文"作业目标"中主要目标的分布情况

　　即使是能够围绕单元目标设计作业的样本,也存在其他方面的问题。例如,11 号作业中,教师虽然重视课前预习,设计了具体的预习作业,但词句类的练习偏多,对文章内容的整体感知,大意了解有要求,对概括能力的培养则关注不够。又如,14 号作业中,9 月 23 日和 9 月 26 日的作业都选自一本教辅材料,作业目标都是"正确使用关联词",包括把关联词补充完整,把用错的关联词改正过来,关联词对对碰等。这三项作业都在没有阅读情境下关注"静态语文知识的反复操练",虽然"正确使用关联词语"作为"次要目标"在作业内容中体现是可接受的,但更多的应该指向单元"主要目标"——概括段落或课文主要内容,也就是"正确使用关联词语"在本阶段的语文学习中应该是作为达成"概括段落或课文主要内容"的手段而加以体现的,这从另外一个侧面反映了许多教师在作业内容的安排上针对性思考不足。

　　通过调研还发现,部分课外作业的来源以教辅材料为主,20％的作业样本中,部分课后作业就是一张"五脏俱全"的"练习卷"(其来源可能是相关的教辅材料)。教辅材料的过度使用使一些教师自主设计作业的能力较低,既不去思考课堂教学与作业一致性的问题,也不会设计"适应学情"的作业来帮助学生巩固所学的知识与技能,这必然会带来作业内容针对性较差的现象。

　　(2) 单元的"主要目标"(核心目标)的层进性不够。即使大约 8％左右的教师安排了与"适宜的学习目标"相匹配的作业内容,但也缺乏循序渐进的指导,或者说没有帮助学生建立完成该项作业的"脚手架"。本单元的"主要目标"中有关于"概括段落(或课文)的主要内容"的相关要求,教师在安排相应的作业内容时应考虑到"概括能力"层进性的问题。也就是说,随着教学时间(作业时间)的推移,必须考虑到不同的时间段内学生概括能力所需要的"帮助"(指导)或"提示性的信息"是不尽相同的。

　　例如,9 号作业中,教师在预习中要求学生背诵课文、概括段意,要求偏高了。再如,29

号作业中,教师在连续4天的作业中都安排了"概括课文主要内容"的作业,但都要求学生在同一种情况下"概括课文主要内容",而没有考虑到学生在"概括能力"的获得上,是需要不同的"阶梯"的。这样就无法体现学习过程的"层进性与发展性"。(详见图9-5)

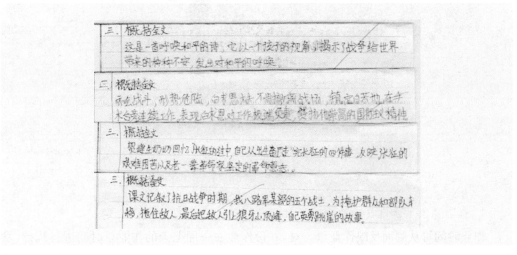

图9-5　小学语文29号作业案例

2. 作业低水平重复,忽视理解与应用类作业设计

把"难度较低"的机械性的抄默(词句等)作为主要作业内容仍占到相当大的比例。如27号作业中,连续几天的作业都以机械性的抄默为主,几乎没有其他作业类型。与四年级(第七册)学习内容匹配的"理解和运用类"的作业仅占极小的比例。如10号作业样本中,教师布置的作业原封不动地全部来自课外练习,其中基础性作业太多,而紧扣四年级年段和单元核心目标的作业较少,难度偏低,不利于学生思维与表达能力的发展。

3. 作业类型较为单一,以书面作业为主要形式

本次作业文本分析共涉及604道作业题组(包含预习、复习和订正),"作业类型"的分布表现如图9-6所示。

按照"评价标准"中"多样性"指标(1—5分),90%的教师得分在2分(或以下),从中也可看出,当下小学语文作业的类型还是较单一的,大部分作业还是以书面作业为主。

值得注意的是,15号作业在连续7天的作业中,有四天是"订正测验卷"。这足以说明在这一周的教学过程中,教师是以"测试"作为本阶段教学与评价的主要内容,这必然会带来作业类型上的单一和作业负担较重等负面影响。

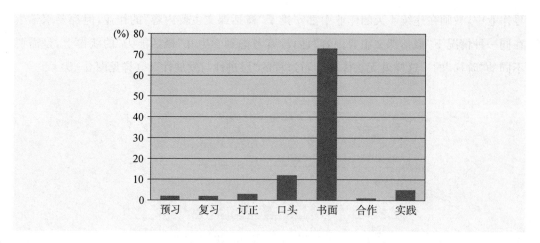

图 9 - 6 小学语文"作业类型"的分布

4. 作业量的不合理安排及分布现象较明显

作业时间可从侧面反映作业量。对 30 份作业在一周七天的作业总时间进行统计,发现不同学校之间的差异巨大,最多的学校每周语文作业要达到近 7 小时,最少的学校一周语文作业不足 1 小时(详见图 9 - 7)。

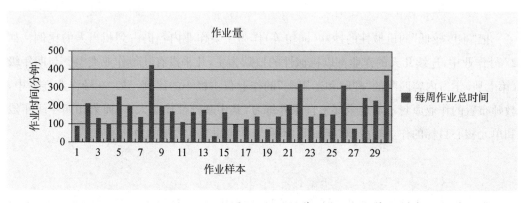

图 9 - 7 小学语文 30 份作业样本一周作业总时间

对每一份作业样本中的每道作业完成所需要时间进行预估,并按照"作业次数"(和作业天数并不一致)分配到每次作业中,统计结果见图 9 - 8。

从图中可看出,40% 的教师安排的单次作业时间超过 45 分钟或低于 20 分钟。如 8 号作业中,教师一周安排了 3 次作文;17 号作业中,教师在安排作业量上出现了"某几天作业时间超过 45 分钟,而某几天作业时间又少于 10 分钟"的现象。26 号作业一周的作业总时间达到 312 分钟,平均每次 50 分钟以上。

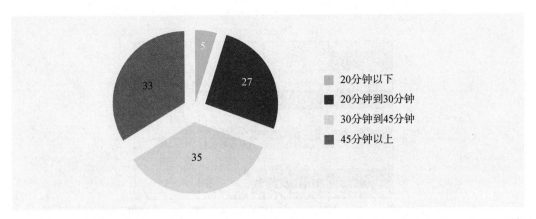

图 9 - 8　30 份作业平均每次"作业时间"分布

另外一个明显的问题,就是学科专家和样本教师在对同一份作业样本的"作业时间"上的预估与判断出现了一定程度的差异(详见图 9 - 9)。

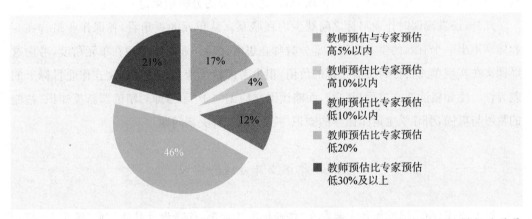

图 9 - 9　学科专家和学校教师在"作业时间"上的预估与判断的差异

整体来看,小学语文教师判断的作业时间远低于学科专家预估的作业时间。如 30 号作业,专家预估的作业总时间约为 232 分钟,但该教师的预估时间在 150 分钟左右。再如 8 号作业,专家预估作业总时间约为 424 分钟,但该教师的预估时间是在 250 分钟左右。以上现象,无论是教师出于一种自我保护而将作业时间故意缩短,还是因为教师对于中等学生完成作业的时间没有较为精确的预判,都会带来作业量较大、学生作业负担较重的客观事实。

5. 作业设计的结构性问题较突出

由于作业设计各因素考虑的欠缺,最终就容易导致作业整体结构性的不合理。基于以上几个方面的综合效应,部分作业样本体现出"结构性"较差的现状(详见图 9 - 10)。

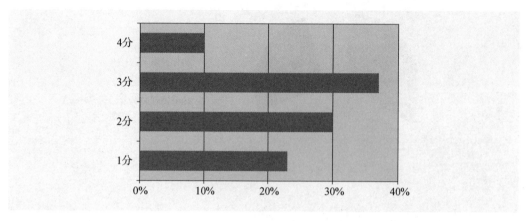

图 9-10   小学语文"作业结构性"分布的表现

90%的作业样本在"结构性"上的得分在3分及以下,这说明大部分教师在作业设计时没有考虑到"时间、类型和难度"的合理分布,这和之前的分析结果是有一定关联的。

此外,还发现课时作业目标之间缺少内在联系。从单元的视角看,各课作业组合在一起体现不出一个有效的学习历程。部分教师在思考课时作业时很少站在单元角度,考虑这篇课文在实现单元目标时所需发挥的价值,很少考虑精读课文与略读课文在作业目标上的差异性。比如精读课文应重视"学",而略读课文应偏向于"习",即对精读课新授知识、技能的复习与巩固,引导学生运用已学的知识、技能分析、解决新问题。

(四)小学语文作业改进建议

综上所述,小学语文作业主要存在"作业标准不清晰,作业设计品质较低"等诸多问题,由此可能会带来学生学业负担较重,学习效率不高的现象。依据波帕姆教授提出"重要性排序的策略",应该整体梳理小学阶段的各项语文教学内容。然后,再对这些内容做重要性排序,将这些内容分为:学生必须掌握的知识技能;非常希望学生掌握的知识技能;希望学生可掌握的知识技能。最后,针对必须掌握的知识技能,确定作业的内容,并根据其难易程度确定其练习的年段、练习的频率及练习的形式,从而使我们的作业设计更具有效性。这样不仅能够帮助我们确立合理、细致的"作业标准",还能从"提升作业设计的品质"的角度来解决作业量与减负增效之间的关系。具体建议如下:

1. 加强作业设计与主要目标一致性研究

如果把作业作为"学生学业成就评价"的重要组成部分,那么基于标准的学生学业成就评价的核心在于学生学业评价与课程标准的一致性或匹配①,也就是说作业在内容和形式上就必须要与上文中的主要目标保持一致性。为了达到这一要求,建议按照以下步骤加以实现:

(1)首先,教师需要进一步明确学科任务。教师需要学习并领会语文学科的本质和任务,正确理解并能从全面提高学生语文素养的高度和角度设计作业。教师在安排作业内容时,基础性作业内容已呈现得较明显,比如抄默词语的作业内容在大多数的作业样本中都有体现。但这会带来另外一些问题,关注基础性作业内容之后需要做一些什么,比如还要关注"抄默哪些词语"(积累型作业),这需要教师从学生的角度来做判断。另外怎么积累也是一个问题,积累之后需要做一些什么,这都需要加强专题研究。

(2)其次,教师需要明确阶段性学习重点。学校教研组可以成立研究团队,可以教材的两个单元为基本单元,梳理阶段性的基本知识、技能和方法、习惯,明确内容和要求,为广大教师设计作业提供依据;特别要注意处理好"主要目标"和"次要目标"的关系问题,要保障作业内容既是围绕着"主要目标"而展开的,又对"次要目标"有所回应,从而为提升作业品质、控制作业时间和作业量提供坚实的基础。

2. 加强作业设计的结构化研究

单课作业目标应考虑与单元作业目标之间的一致性。某一阶段的作业目标之间应有内在联系。语文作业目标应具有可检测性,有助于了解教学目标的达成度,诊断学生整体的学习现状与共性问题。

这就需要进一步思考作业内容与作业目标的一致性问题,如果前文所说的一致性指的是"知识、技能和方法、习惯"在"种类"与"广度"上的一致性的话,这里所说的就是在"深度"上的一致性②,因为"作业内容"除了要与适宜的"教学目标"相匹配之外,还要以恰当的"作业水平"加以体现,并照顾到"作业难度"的合理分布。本次分析涉及四年级的作业以"识记和理解类"的形式为主,这就让作业的思维力度略显不足。作业设计要兼顾到"运用类"的作业,特别是随着年级的升高,这种水平的作业应逐步增加比例。

3. 加强作业设计的多样化研究

在作业设计的问题上,特别是作业的类型上,要根据年段的不同特点及学情的需要,设计适合学生发展的作业,尽量避免"简单化"的作业布置方式,特别是在中高年级,应尽量减少低效的重复训练(如重复性的抄写词语等),倡导阅读、探究、合作、体验等多种作业类型,

---

① 崔允漷、王少非等. 基于标准的学生学业成就评价[M]. 上海:华东师范大学出版社,2008.
② 这里对一致性的分析框架可参见诺曼·韦伯的相关论述,转引自《基于标准的学生学业成就评价》。

包括一些"长作业"的设计,这样才能有效地丰富作业类型。

4. 重视作业设计策略的应用

鉴于目前作业现状,可关注以下作业设计策略:

策略1:重阅读,关注思维发展。如关注学生对于关键内容(信息)的提取、组合和概括等;引导学生关注内容(信息)之间内在的联系;引导学生利用内容(信息)对相关问题做出合理的解释、判断;关注文章语言形式等。

策略2:重表达,提高言语能力。如开展有序的表达训练等。

策略3:重实践,增加综合性活动。如伙伴合作,选择一个主题撰写、收集、删选、改写、缩编文字,编排成图文并茂的板报或小报;选择并围绕主题开展探究性学习。

策略4:重方法、关注学习经历。如进行学习状况的阶段性反省,分析一个阶段来的学习态度、学习方式和学习效果,及时调整等。

策略5:重生活,扩大关注视角。如关注承载语言的其他形式以及文本之外的资源。

5. 进一步加强教材的建设和教学研究

按照叶圣陶先生关于语文教材的练习设计的"目的性"、"启发性"和"明确性"[①]这三点要求来看,目前语文教材中的练习设计还远远不能满足广大一线教师的需求。无论是从本次调研的结果来看,还是从广大教师使用教材中的体验和感受来看,小学语文教师普遍期盼通过"课程化"的教材及其配套材料的使用来进一步提升课堂教学效率。因为大部分教师都是将教材附录中的练习作为作业内容的主要来源,这不仅符合小学语文学科教学的现状,也在一定程度上保障作业设计品质的底线,至少可以做到作业与课堂教学保持一定程度上的一致性。因此,对于教研部门而言,如何引导教师对"课后练习"进行有效的实施、调整和开发,就显得非常重要和必要了。

二、关注差异,注重细节,提升品质——小学数学学科作业[②]

小学数学学科作业样本来源于上海市六个区县的 30 所学校,每校各抽取一名四年级

---

① 顾黄初,顾振彪.语文课程与语文教材[M].北京:社会科学文献出版社,2001.
② 小学数学作业分析专家主要包括陈春芳、闻静兰、张平、张其荣;小学数学作业报告主要由陈春芳、张平和姚剑强完成。

学生从 2013 年 9 月 23 日至 29 日的课外作业作为分析样本。小学数学学科专家组在对 30 份作业梳理作业主题、确立作业目标、划分作业题组和确立评价标准的基础上,分别从解释性、科学性、多样性、选择性、作业难度、作业时间共七个维度进行分析研究,并形成了相应的数据与分析结果。

(一) 小学数学学科作业分析的方法

1. 确定作业目标

本次样本共涉及了四个单元的学习内容,产生了 8 个教学主题。根据《上海市中小学数学课程标准》和教材,根据不同的教学主题确立课时内容和课时教学目标,形成相应的作业目标。部分目标如表 9-3 所示。

表 9-3 小学数学学科作业目标(部分)

教学主题	目标代码与作业目标
1 大数的认识	O-1-1 了解数位数序表,认识十万、百万、千万、亿、十亿等计数单位及相应数位,理解各数位上数字表示的意义。 O-1-2 知道相邻两个计数单位间的进率都是 10。 O-1-3 会进行大数的读写。
3 平方千米	O-3-1 知道常用面积单位,能结合日常经验,选用合适的面积单位:平方厘米、平方分米、平方米、平方千米。 O-3-2 能进行平方厘米、平方分米、平方米、平方千米之间的进率换算和大小比较。 O-3-3 能解决有关面积的数学问题。
8 工作效率、工作时间、工作量	O-8-1 掌握"工作效率、工作时间与工作量"之间的关系,并能用简单树状算图表示。 O-8-2 能运用"工作效率、工作时间与工作量"之间的关系,灵活解决实际问题。

2. 划分题组

分析小组对"题组"给予了界定:一个"题组"有一个明确的作业目标指向,能对应表 9-3 中的作业目标;或者是对某一知识点归类,它可以由多个独立小题组成,但有时也因知识点的独立,可以是单个小题。因此题组划分原则为:

(1)根据知识点划分题组。将相同知识点的内容划分为一个题组,如克、千克、吨单名数之间的进率换算、用"四舍五入"法求近似数等。

（2）根据作业类型划分题组。将同一类型的作业内容划分为一个题组，如求□中的数、递等式计算等。

3. 确立评价标准

（1）作业解释性的判断。将作业内容与作业目标完全符合判断为"完全一致"，部分符合判断为"部分一致"，完全不符合判断为"不一致"。

（2）作业科学性的判断。从作业要求、作业内容或作业批阅对错情况几方面判断其科学性。

（3）作业难度的判断。若作业内容高于作业目标，难度判断为"较高"，低于作业目标判断为"较低"。以"知道"为目标的作业难度判断为"较低"，以"理解"或简单"运用"为目标的作业难度判断为"中等"，以"综合"为目标的作业难度判断为"较高"。将单向思维判断为作业难度"较低"，多向思维的作业难度判断为"较高"。

（4）作业时间的判断。根据上海市教委文件对小学中高年级每天作业时间控制在 1 小时以内的规定，平均计算小学语、数、英每学科的课外作业时间为 20 分钟，将小学数学课外作业时间在 20 分钟以内视为符合规定。

各指标评价的评分采用 1—5 分。其中 5 分表示最好，1 分表示最差。根据专家组对各样本的评价情况与统计后的数据进行综合评分。根据小学数学学科的特征，将各评价指标细化为不同层次，并与分值一一对应，形成相应的评分标准。（详见表 9-4）

表 9-4　小学数学作业各指标评价的评分标准

评分	判断依据	5	4	3	2	1
解释性	符合作业题比例	完全一致	完全一致＞部分一致；无不一致	完全一致≤部分一致；无不一致	部分不一致	不一致
科学性	不存在问题的作业题比例	0	＜5%	5%≤x＜10%	10%≤x＜15%	≥15%
多样性	作业类型比例（书面）	＜90%	90%≤x＜100%	100%	/	/
难度	不同难度作业题比例	较低＞中等＞较高（且＜10%）	较低≥中等≥较高（且10%）	中等＞较低＞较高（且10%）	较低＞较高＞中等	中等≥较低≥较高（且＞10%）
选择性	选做题比例	≥10%	＜10%	0	/	/
作业时间	平均时间（分钟）	≤20	20＜x≤30	30＜x≤40	40＜x≤50	＞50

（二）小学数学作业的主要经验

从 30 份抽样作业各指标评价的平均值结果可知（见图 9-11），小学数学作业的科学性和作业时间的得分平均值相对较高，而作业的选择性和多样性的得分平均值相对最低。如按平均值的大小可排列为：**科学性＞作业时间＞难度＞解释性＞多样性＞选择性**（详见图 9-11）。由此可推断教师对小学数学作业的科学性和作业时间的把握相对较好，对作业难度和解释性把握一般，而对作业选择性和多样性的关注度相对较差。

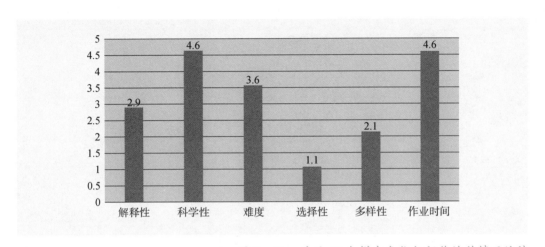

图 9-11　关于 30 个样本各指标评价均值情况统计

1. 合理使用教材配套材料，注重作业的科学性

从作业科学性总体评价看（详见图 9-12），评定为 5 分的作业份数约占总份数 83.3%。

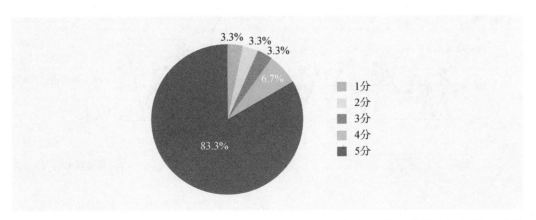

图 9-12　30 个作业样本科学性评价情况统计

可见，绝大部分作业内容能符合要求，无科学性问题；但也有少数作业在内容或要求上存在一些科学性问题。如存在科学性问题的 5 个题组均来源于教辅材料或自行选编。由此推断，作业的科学性与能否合理使用配套教材有较强的关联度。

2. 作业量较适中，确保作业时间的相对合理

从作业时间的总体评价看（详见图 9-13），约有 66.7% 的作业能在 20 分钟内完成（评为 5 分），约有 26.7% 的作业需在 20—30 分钟内完成（评为 4 分），约有 6.7% 的作业需在 30—40 分钟内完成（评为 3 分）。可见，多数教师对作业量的把握较好。

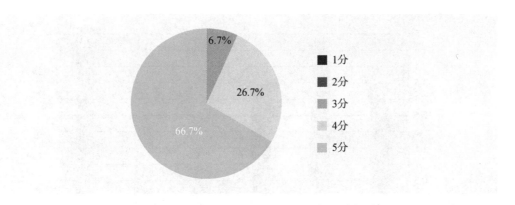

图 9-13 30 个作业样本作业时间评价情况统计

从教师估计总时间与专家估计总时间对比看（详见图 9-14），教师估计时间与专家估计时间存在一定差异性，其中编号 7、8、13、22、23 的作业总时间相差较大。

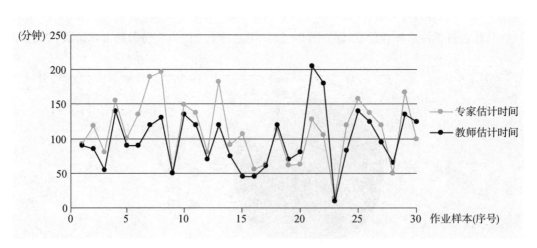

图 9-14 教师估计总时间与专家估计总时间对比

3. 注重作业的分层，作业的难易度分布较好

从作业难度总体评价看（详见图 9 - 15，图 9 - 16），分值在 4 分以上的约占总样本 63.3%；从样本题组分布看，"难度较低"、"难度中等"和"难度较高"的题组数分别为 272 个、180 个和 63 个，约占总题组数的 52.8%、35.0%和 12.2%。可见大部分教师对作业难易度的把握具有较强的意识，这与教师在课堂作业设计中注意难易方面的层次性具有较高的相关性。

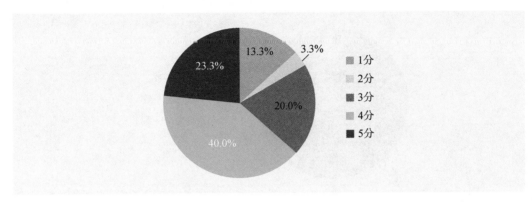

图 9 - 15　30 个样本作业难度评价分值情况统计

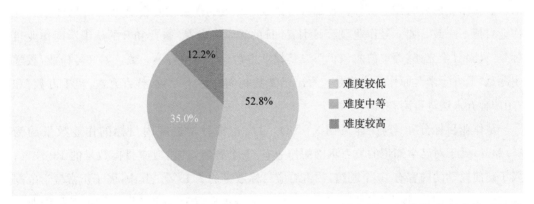

图 9 - 16　样本总题组难易度分布情况统计

（三）小学数学作业的基本问题

1. 部分作业缺乏解释性

从作业解释性总体评价看，解释性评价分值是 5 分的作业份数约占总份数 16.7%；分

值是 4 分的作业份数约占总份数 23.3%；分值是 2 分的作业份数约占总份数 53.3%；分值是 1 分的作业份数约占总份数 6.7%。从各样本题组分布情况看（见图 9-17），在抽样作业中与目标不一致题组数为 104 个，约占总题组数 20.2%；与作业目标部分一致题组数为 109 个，约占总题组数的 21.2%；与作业目标完全一致的题组数为 302 个，约占总题组数的 58.6%。由此可推断，大约 40% 的教师对作业内容与作业目标的关联度把握还不够理想，甚至有极小部分教师设计的作业内容与作业目标完全无关联度。

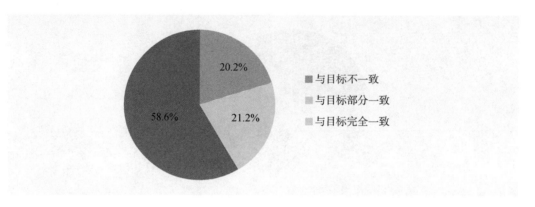

图 9-17　样本总题组与目标一致性情况

有些作业内容与作业目标存在部分一致或不一致的现象主要表现为：一是教学主题与作业目标不一致。如 6 号作业显示，9 月 24 日的教学主题是"毫升和升的认识"，而作业目标是"巩固对千克、吨等单位的认识"；二是教学主题与作业内容不一致。如 8 号作业，教学主题是"平方千米"，而作业内容是："写出已知数相邻的整十万数、整百万数、整千万数"和"用四舍五入法进行凑整"。

从作业目标分布来看（详见图 9-18），对应正常教学进度内目标的作业数量约为 83.94%；属于对已学知识的复习巩固的作业有 56 个题组，约占对应目标数量的 13.63%；属于超前教学的内容有 10 个题组，约占对应目标数量的 2.43%。其中，属于正常教学范围内的作业目标，落实较多的是"运用类"；而对于学习水平属于"知道"类、"综合"类的作业目标，落实情况一般。由此可见，教师在作业内容设计过程中较重视学生知识技能的培养，而对学习水平较低或较高层面的关注相对较少。

2. 作业内容缺乏选择性

从作业选择性总体评价看（详见图 9-19），评价分值是 3 分的作业有 1 份，约占总份数 3.3%；其余作业的选择性评价分均是 1 分，约占总份数 96.7%。从各样本题组分布情况看，仅有 1 个题组采用了选做的形式。可见，目前学生作业均是"大一统"为主，缺乏分层与选择。

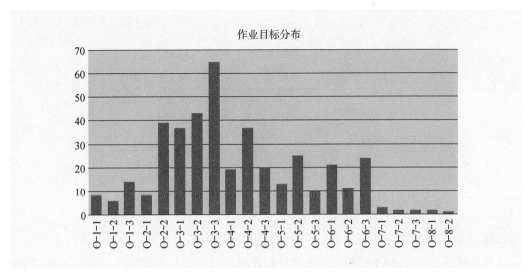

图 9-18　各样本题组对应作业目标数量情况统计

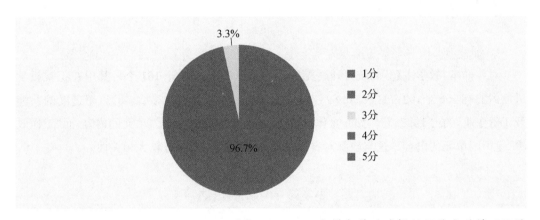

图 9-19　30 个样本作业选择性评价分值情况统计

　　究其原因,客观上与教材、配套练习册和教辅材料中缺乏该类型的作业有一定相关性,此外还与教师在作业设计与布置过程中,忽视了学生是学习的主体这一因素有关。在实际教学中应尽可能为学生提供自主选择作业的机会,激活学生学习的内驱力。

3. 作业类型缺乏多样性

　　从作业多样性总体评价看(详见图 9-20),分值是 5 分的样本数约占总样本 13.3%;分值是 4 分的样本数约占总样本 6.7%;分值是 3 分的样本数约占总样本 20%;分值是 1分的样本数占总样本 60%。其中,有 7 份作业选用了实践性作业类型,有 2 份作业选用了口头类型的作业。合计有 9 份作业中含有两种类型的作业,约占样本总数的 30%。由此

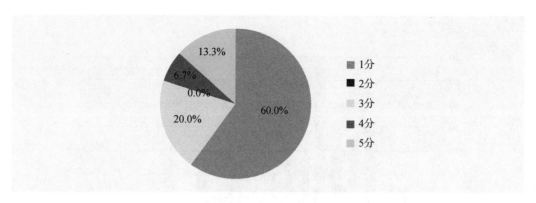

图 9-20　30 个样本作业多样性评价分值情况统计

可发现,大部分作业类型还是过于单一,只选用了书面类型。

究其原因,这与教师平时使用的练习册和教辅材料中的作业类型有一定相关性,形成了小学数学作业类型的定势。此外,绝大部分教师还没有形成运用多种类型作业激发与保持学生的学习兴趣的观念。

4. 部分作业内容存在超前教学现象

对各样本"教学主题"的统计,除"无作业"与"秋游"外,共计 161 个。其中在正常教学进度内的有 156 个,约占总数 96.89%;超进度的有 4 个,约占总数 2.48%;超进度的共涉及 4 份作业,约占 13.33%。如 6 号作业,按正常教学进度应是第二单元的内容,而"工作效率"是第四单元的内容。这与教师对有序教学意义的认识不够有较大相关性。

(四) 小学数学作业改进建议

1. 增强作业的目标意识,提高作业的针对性

教师在设计作业时,首先要有明确的单元目标,然后根据相应的课时教学目标制定恰当的作业目标,再根据作业目标进行选编或自编作业内容,保持教学目标与作业目标、作业目标与作业内容的一致性。在设计作业内容时,要围绕作业目标有针对性地选编或自编,切实提高作业的解释性与针对性。

2. 增强作业设计的整体意识,提高作业结构的合理性

要建立作业设计的整体意识,不仅要在作业设计时,对作业的解释性、科学性、难度、选择性、多样性和作业时间等维度有一个整体思考,还要对设计后的作业分别从作业各维度进行检核,以便及时调整。尤其在作业类型方面,要力求多样。可根据学习主题,适当增加

口头作业,如读一读或说一说学习内容;也可适当增加实践类作业,如先测量房间的长与宽,再计算房间的面积等;也可适当增加合作类作业,如可与同伴合作以长作业形式完成。此外,还可增加选择类作业,如设计不同难易度的两题作业,可供学生选择,充分发挥学生学习的自主性。

3. 加强作业的学科功能意识,体现数学学科特性

数学作业除了要体现学科作业共有的功能外,还应体现数学学科特有的功能,即思维训练。因此,教师在进行作业设计时,不仅要关注知识层面,还要关注思维层面。力求以知识为载体,对学生进行有效的数学思维训练。

4. 遵循教学规律,提高作业实施的科学性

从作业文本分析中可发现,绝大部分教师能按照教学进度组织教学,但也约有13%的作业,在其内容中有部分或全部超越了当前的教学进度,在一定程度上影响了原有的知识体系和违背了学生的认知规律。因此为使教学更具科学性,教师应尽可能按照教学进度进行有序教学。

三、基于标准要求,力求均衡多样——小学英语学科作业[①]

2013年10月,通过科学抽样,搜集了上海市6个区县30所小学四年级学生的英语作业样本,搜集作业的时间范畴同样为9月23日至9月30日期间的作业。小学英语学科组专家对这些提供的样本进行逐条分析,围绕解释性、科学性、维度、作业时间等七个维度进行评分,形成了一定的数据,并在此基础上进行汇总统计、分析和提炼。

(一) 小学英语作业分析主要过程

整个专家组的分析过程经历了学习、讨论、分类、体验、打分、校对等多个环节,从任务的布置、要求的把握、作业的归类、目标的讨论、标准的把握到作业的分析等等,都是在不断地交流和实践过程中完成。

---

① 小学英语作业文本分析专家组成员包括朱浦、陆静娴、朱虹、马英;小学英语作业分析报告由朱浦、陆静娴完成。

1. 作业对应教学主题确定

从作业内容来看，本次小学英语学科作业调查涉及的教材有牛津、新世纪、SBS 和佳音四种①。30 份作业中，24 份为纯粹的牛津作业，4 份为纯粹的新世纪作业，1 份为牛津加佳音的作业，1 份为新世纪加 SBS 的作业。在将所有作业内容归并为四种教材的基础上，又对 30 份样本作业中所牵涉到的每一项作业进行了适当的单元归并，最终梳理出了这些作业涉及教材中的 10 个单元，它们分别是牛津教材的 M1(U2、U3)、M2(U1、U2)，新世纪教材的 U2、U3、U4，佳音教材的 U19 和 SBS 教材的 U6、U7。

在归并教材单元之后，学科专家又根据教材 10 个不同单元的主题确立了作业主题，具体内容如表 9-5 所示。

表 9-5　英语作业主题

编号	教材	单元	主题
1	牛津	Module 1 Unit 2	Abilities
2		Module 1 Unit 3	How do you feel?
3		Module 2 Unit 1	Jill's family
4		Module 2 Unit 2	Jobs
5	新世纪	Unit 2	My new school
6		Unit 3	Getting ready for a picnic
7		Unit 4	That clock doesn't work!
8	佳音	Unit 19	Why and Because
9	SBS	Unit 6	A family tree
10		Unit 7	Places around us

2. 作业目标制定

为了判断此次样本中教师涉及的作业是否有效，并保证作业目标具有科学性、合理性，专家组从三个维度出发，制定了基于课标、基于教材、基于校情的目标制定原则。

作业目标制定要基于课标要求。《英语课程标准》中提出英语教学的最终目标是培养学生的综合语用能力，并在过程中达成知识目标、技能目标等。因此，作业目标制定要有语言知识巩固、语言技能训练和巩固、初步的语言综合运用能力等维度。

作业目标制定还要参考教材要求。牛津和新世纪教材是上海市小学英语所用的两套

---

① 牛津、新世纪为上海市统一教材，SBS 和佳音为学校自主选择的教材。

基本教材。这两套教材的特点是单元设计和模块式教学，模块中涉及语音、词汇、句型、表演、阅读等板块。对于这两套教材所涉及的作业，需要紧紧围绕板块特点和要求。因此，作业目标制定的维度可细化为巩固单元语音、巩固单元核心词汇、巩固单元核心句型、巩固单元所学语篇、围绕单元的话题进行简单表达和综合运用单元所学内容等方面。

佳音和 SBS 是两所学校补充的校本教材。因为教材体系不一样，补充教材的教学要求也不一样，如佳音的特点是在语篇朗读和体验的过程中训练学生的语音语调。因此，它的作业目标调整为：能用正确的语音语调模仿朗读语篇，并能用正确的语音语调尝试背诵或表演所学语篇[1]。

具体的作业目标，是检测教师布置的作业与教学目标是否匹配的一个重要指标，也是推断作业是否有针对性和有效性的一个重要方面。因此，基于以上三个作业目标制定的原则，最终将目标的撰写围绕教材的主题展开，以牛津和新世纪两套教材为主，分别从语音、词汇、句型、语篇、话题和语用等维度进行细化描述。而另外两套基于校情的补充教材，则从词汇、句型和语篇维度来制定目标，以体现主教材与补充教材的不同作用。

3. 作业题组划分

小学英语学科专家组根据教材主题确立了目标制定的维度，但为了便于分析和记录教师每天布置的每一项作业与什么具体目标相对应，于是采用了目标代码的方式进行编号。首先，专家组根据 10 个教材主题，将该主题的语音、词汇、句型、语篇、话题、语用的具体目标分别用 O-1-1，O-1-2，O-1-3……的方式表示；然后，将教材主题的具体目标与目标代码相结合，细化了 10 个主题所涵盖的作业目标。

表 9-6　小学英语对应主题目标确定（部分案例）

主题	目标代码与作业目标
1. 牛津　　4A　M1U2　Abilities	O-1-1 巩固本单元 paint，draw 等动词类核心词汇。 O-1-2 巩固本单元 can 句型的一般疑问句及其简单回答。 O-1-3 巩固单元所学语篇。 O-1-4 围绕本单元的话题 Abilities 进行简单表达。 O-1-5 能用所学语言进行简单的综合运用。

[1] 因为一些学校使用了校本教材，为避免研究结果的重大偏差，小学英语学科分析专家组也依据校本教材确定作业目标。不过，这并不代表支持学校在使用统一教材之外，再增加校本教材。因为增加校本教材必然意味着学习内容的增加，也就会导致学生学习负担的加重。

主题	目标代码与作业目标
5. 新世纪 4A Unit 2 My new school	O-5-1 巩固本单元语音/t/ /d/。 O-5-2 巩固本单元 playground, classroom 等学校场所类核心词汇。 O-5-3 巩固本单元核心句型 Is / Are there…? 及其简单回答。 O-5-4 巩固单元所学语篇。 O-5-5 围绕本单元的话题 My (new) school 进行简单表达。 O-5-6 能用所学语言进行简单的综合运用。
8. 佳音 Unit 19 Why and Because	O-8-1 用正确的语音语调模仿朗读语篇。 O-8-2 用正确的语音语调尝试背诵或表演所学语篇。
9. SBS A family tree	O-9-1 巩固本单元 reading, writing 等现在分词和其他核心词汇。 O-9-2 巩固本单元语篇 A family tree。

4. 标准确立

作业难度、作业时间是判断作业有效性和学生学业负担的两项最重要的指标。为了正确、科学地进行作业难度、作业时间的判断,专家组制定了相应的评判标准,以便更好地将样本作业进行逐条对照和评判。

(1) 作业难度的评判标准。小学英语学科作业的形式通常可分为:听、说、读、写、背、默、练习、语言运用等。我们将调查要求与学科特点相结合,确立了作业难度的判断标准。具体如表9-7所示。

表9-7 小学英语作业难度级别与对应作业形式

难度级别	对应作业形式
较低	听听说说、跟读朗读、模仿抄写等
中等	背诵、默写、完成教材的课后练习等
较高	语言综合运用类的作业,如:围绕单元话题进行简单表达、完成难度超出教材要求的书面练习。

(2) 作业时间的评判标准。专家参照调查表中教师填写的作业时间,又根据每项作业的作业量、作业难度等,来估算一个中等水平的学生完成每项作业所需的时间,并将它作为最终完成这项作业的时间。然后将每个样本中一周所有作业的时间进行累加,算出总时间,再除以作业的总天数,得出每天的大致作业时间,以此判断作业时间是否合理。具体判断标准如表9-8所示。

表 9-8　小学英语作业时间评价标准

评价	具体时间
较短	15 分钟以下
适中	15—25 分钟
超时	25 分钟以上

5. 作业分析评价

在实施过程中首先进行集体讨论,进行预评估,以统一思想,达成共识,并进一步完善和熟悉目标、题组和标准;在预评分析的基础上再进行个别填写,并在个别填写的基础上进行互换核查;最后在互换核查的基础上进行集体汇总,以确保作业评价的公正、客观和合理。

(二) 小学英语作业的主要经验

小学英语作业整体状况良好,各个维度的评分结果和达成比例如图 9-21 所示。作业内容的科学性较高,平均分为 4.83,达 96.6%;作业解释性的达成度较好,平均分 4.07,达 81.4%。作业难易程度比较合理,平均分 3.53,达 70.6%。作业总体结构比较合理,平均分 3.37,达 67.4%。作业完成时间比较合理,平均分 3.33,达 66.6%。作业类型比较丰富,平均分 3.17,达 63.4%。

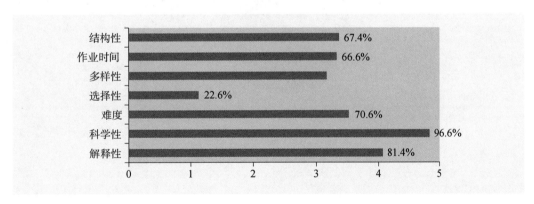

图 9-21　小学英语作业各维度得分情况一览表

1. 教学进度基本正常

在对牛津和新世纪两套主教材的作业分析中(详见图 9-22,图 9-23),不难发现,这些作业主要聚焦牛津 M1U3 和 M2U1,以及新世纪 U3 和 U4,而这些单元的作业与正常的教学进度又非常吻合。本次抽取的是第 4 周的作业,根据《课程标准》每周 5 课时的规定和日常教师教学经验的安排,基本按一周一单元的进度,除去开学、教师节、中秋节、秋游等 9 月份的活动干扰,正常的教学进度就该如此。因此,样本作业显示小学英语学科的教学是基于标准,进度正常的。

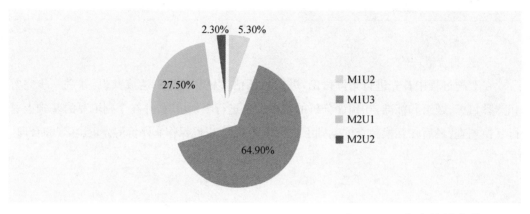

图 9-22　牛津教材中单元比例

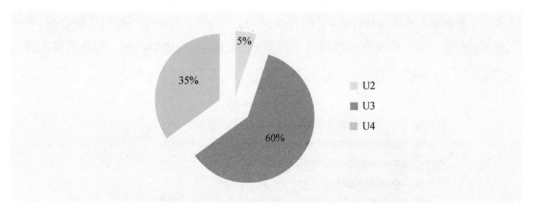

图 9-23　新世纪教材单元比例

2. 作业量基本适中

通过小学英语作业量的统计分析发现,教师基本上都按照课时来布置作业。30 所学校的作业总量是 333 次,平均每校一周的平均作业量 11 次,5 课时一周的话,每天也只有 2 项作业,总量不多;若除去一课时复习练习或测验的话,算 4 天作业量也只有 2.78,数据显示学生的作业负担不重。

在这次作业样本分析中,专家和教师都有对学生每天作业时间的预估,专家是针对每

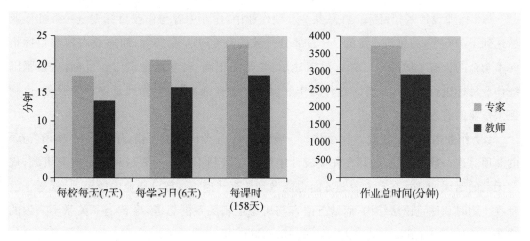

图 9-24 小学英语作业时间分配

天作业中的每一项作业进行预估,而教师则是根据每天作业的总量进行预估,估计方式不同导致最后的结果也不同。应该说专家的预估更精细些,因为是每项作业的时间总和,其预估数值显示学生每天做英语作业的时间在 17.9—23.8 分钟之间,教师预估小学英语作业每天时间在 13.6—18.1 分钟之间。但无论是谁预估,采用何种统计方式,最终的数值表明小学英语学科的作业时间总体情况良好,基本上都在标准适中的范围内。说明绝大部分教师能设计少而精的回家作业,切实减轻学生的学业负担。

3. 作业设计质量良好

整体来看,小学英语的作业设计质量较好。具体详见图 9-25 所示。

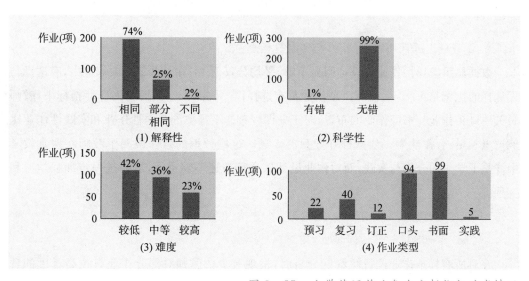

图 9-25 小学英语作业各个分析指标达成情况

（1）作业设计紧扣目标。在总共 265 项作业中，作业内容与作业目标完全一致的作业量达到了 196 个，占总作业量的 74%；部分一致的有 65 项，占 25%；而作业内容与目标指向不吻合的仅有 4 项，只占 2%。数据显示，教师能正确、科学地设定作业目标，并紧紧围绕作业目标进行作业的设计。这样的作业设计针对性强，能为巩固和延伸教学服务，也确保了作业的有效性。

（2）作业内容科学正确。在总共 265 项作业中，作业内容没有错误的有 262 项，有错误的 3 项。这一数据表明，教师在作业设计中能够充分利用现行的教材和教材配套资源，规避无谓的错误，同时，在自主命题方面也能做到认真严谨。少部分作业中的错误，暴露了教师在出题时只注重语法结构，而缺乏语言与思维逻辑关系的思考，导致上下关系不一致的现象。例如，Peter likes playing football，but Alice likes bananas。

（3）作业难度基本适中。在总共 265 项作业中，作业难度较低的达 110 项，占 42%；中等的达 95 项，占 36%；较高的达 60 项，占 23%。数据表明对于小学英语学科来讲，学生的日常作业通常以听录音、模仿、朗读、抄写类的作业占多数，加上一定量的背、默、课后练习等中等难度的作业，而要求学生综合运用语言类的较高难度的作业在日常作业中所占比例不高，学生的作业难度较适中。

（4）作业类型较丰富。在此次作业抽样评价表中出现的所有作业类型，小学英语学科的作业除了合作性作业没有，其他类型的作业，如预习作业、复习作业、订正作业等等均有涉及，说明教师在作业布置中能关注作业的类型。关注预习和复习，也关注口头和书面作业的比例，说明小学英语学科教师能重视学科特点，对两种作业形式均有考虑。

（三）小学英语作业基本问题

1. 作业的选择性不够，合作性与实践性需增强

数据显示选择性作业的设计明显不够，平均分仅 1.13；在总共 265 项作业中，有选择与无选择的比例是 1∶264，只有 1 项作业具有选择性，只占 0.4%。而在多样性指标中，教师只关注口头作业与书面作业的布置，对于新课程理念下需要的合作性作业和实践性作业比例严重不足：合作性为 0，实践性作业只有 5 项。这些数据的背后说明了教师在课堂教学中注重了学生的合作与实践，而对作业设计这个环节还不够重视，需要进一步加强学习和实践。

2. 部分作业难度过高或者过低，缺乏标准意识

在对所有样本作业进行解释性分析时，发现有少数教师对部分作业有拔高难度的现

象,也有部分教师仅布置抄写、默写等最简单的作业形式,从而降低了作业难度。

数据显示在265项作业中有60项是较高要求的,占23%。在这部分作业中,有些教师布置了超出教材规定要求的作业,如将只要口头表演或阅读理解中的词句要求学生进行默写。这种现象说明教师在教材解读时知道各栏目的要求,但在具体操作过程中没有基于教材的要求,人为地改变栏目要求,提高难度。在29号作业样本中,教师设计的作业难度超出了教材规定要求。第一课时布置的就是完成教辅材料,这些教辅材料上的练习量很大,各种类型的题目都要求学生完成,同时还有背课文、表演课文、周末练习卷等形式。这些作业对于学生来说要求偏高。作业设计要考虑学习内容的递进,第一课时设计的作业应为基础题,根据学生的学习情况,在第二、第三课时逐渐递增。

数据又显示,在265项作业中,有110项作业难度较低,占42%。其难度偏低的原因,主要是没有基于教材、基于学生进行整体作业设计,丰富作业类型,而是采用最老套的方式布置作业。在16号作业样本中,只要求抄写和完成练习册上几道很简单的打"√"题目,对于四年级的学生来说,无疑这样的作业设计过于简单了,也不能体现对课堂学习的延伸作用。抄写作业也是简单而又机械的,对学生学习能力的提升并不能起到关键的作用。

3. 作业时间存在均衡化问题

从具体的数据汇总来看,小学英语学科的作业时间总体是比较合理的。但在仔细汇总各项作业时间后,发现作业时间存在明显的不均衡现象,最长作业时间和最短作业时间之间存在很大的差距,学校和学校之间也存在巨大的差距。这也从另一个方面给我们教师敲响了警钟,要求教师在作业设计时需要进一步把握每天作业的难度、控制每天作业的量,从整体角度设计作业。

每天作业时间存在不均衡,在教师估计的作业时间中,有19天超过了时间适中的标准,占12%。在专家估计的作业时间中,达到作业时间过长标准的天数居然有56天,占35.4%,而且有15天超过了40分钟,占9.5%。可见学科中还存在着有时作业时间过长的现象。

学校平均作业时间数据显示,有3所(占10%)学校每天作业时间过短,在10分钟以下;而每天超过标准的占27%(专家预估)。数据显示,部分学校存在作业量不足,也有部分存在作业超时现象。

从极端作业时间来看,学生每天的作业时间存在严重的不平衡,专家预估的最短和最长的时间比率达25倍之多,教师预估的最短和最长作业时间竟然可达30倍之多。数据显示,学生每天完成作业的时间存在极其严重的不均衡现象。

（四）小学英语作业改进建议

1. 提高作业设计的分层性

作业分层性体现所设计的作业在形式、难度、数量上要有不同的要求，给予学生不同的选择。要关注学生个体认知水平和个性差异，作业的设计体现个性化，满足各层次学生的需求。

2. 提高作业设计的多样性

作业的设计要关注不同学生的需求，作业形式力求丰富多样，不仅要设计巩固性的听、读、背、抄、默之类的作业，还要设计帮助学生运用语言的合作类和实践类作业，让学生听、说、读、写、用等技能全面发展。

3. 提高作业设计的整体性

作业设计要从标准、教材出发，从课时、单元、模块、甚至年段进行整体思考和设计，避免设计的随意性和片面性。其次听、说、读、写四个技能是个整体，四者要综合发展，并在不同的学段有所侧重。

4. 提高作业设计的均衡性

作业设计要从学生发展的角度出发，无论是作业的质还是作业的量，都要考虑学生每天的可接受度，不仅要从内容还要从数量和时间上加以考虑，尽量保证学生每天有规律的学习和生活，避免极端作业时间现象的发生。

总之，通过对小学英语学科作业情况的抽样调查，从很大程度上反映了现今小学英语学科的作业状况。从数据汇总来说，既反映了本学科作业的一些特点，也从中看到了本学科作业设计中存在的一些问题，需要在今后的教学工作和教师培训工作中加以引导和改进。

第 10 章
初中阶段主要学科作业特点

　　第 9 章主要探讨了小学各学科的作业问题,初中学段各学科的作业问题与小学各学科和整体分析结果有何差异? 本项作业研究中,初中阶段主要选择了八年级的语文、数学、英语和物理学科的作业进行作业文本分析。

　　问卷调查数据分析和综合性文本分析已表明,八年级学生已开始面临中考的压力,作业负担要比六、七年级更重,也已存在较为典型的应试倾向,俨然成为考试的阵地。以考代学的问题较为突出,作业与教学内容脱节的现象也较明显。在此背景下,作业文本有哪些值得借鉴的经验? 又存在哪些独特的、值得深思的现象与问题? 专家组进行了深入而细致的分析。

　　本章主要介绍初中语文、初中数学、初中英语、初中物理等 4 门学科作业文本分析的结果。希望能够为相关学科教师以及其他学科的教师,对如何分析、理解和判断当前作业设计与实施中的主要问题提供参考。也希望不同学科作业分析中的特色经验和思路,能够给中小学各学科的教师提供借鉴。

本章主要内容:
◆ 初中语文作业设计的经验、问题与建议
◆ 初中数学作业设计的经验、问题与建议
◆ 初中英语作业设计的经验、问题与建议
◆ 初中物理作业设计的经验、问题与建议

本章阐述的主要问题与观点：

● 初中语文学科的作业存在什么独特的问题？

从整体情况分析来看，初中语文作业与其他学科有很多不同的地方。除了应试倾向，拔高课程标准要求、教辅材料使用泛滥等共性特点外，初中语文作业分析中提出的作业结构相对较为单一，机械性记忆类的题目过多，体现较高思维品质的作业较少，作业之间的关联性不高等问题值得关注。初中语文作业需增强作业目标与教学目标的关联性，体现出题目的典型性、内容的开放性、操作的动态性以及学生的选择性，重视批改与讲评，落实配套作业管理措施。

● 初中数学学科的作业存在什么独特的问题？

与小学数学作业相类似的是，由于绝大部分初中数学教师都选择了配套的练习册，所以在作业的科学性、难度分布、结构性等方面较好。与小学数学作业不同的是，由于初中的应试倾向，绝大部分初中数学作业都补充了课外教辅材料和各类练习卷等，导致数学作业量大、难度高、严重超时等现象。在初中数学作业改革中，初中数学学科专家建议加强对练习卷的发放和布置的控制，教师要能够对布置的作业预先做一遍等，都应当是初中数学作业改革的关键。

● 初中英语学科的作业存在什么独特的问题？

无论从作业目标、作业内容、作业难度等的分析都显示了初中英语学科作业的突出问题。具体表现为：语言知识的比重明显高于语言技能，语法课的比例过高，写作和听说的比例非常低。课堂教学中新授课的比例低，"教"不够突出，而以练代教、以考代教的现象普遍。如何让学科的作业更加符合学科的课程定位和学科特点，是作业必须解决的核心问题之一。目前初中英语学科的教辅材料中几乎100%的题组采用中考题型，与巩固日常学习内容为主要目标的作业相悖。此外，初中英语专家组对教师"以讲代批"的行为，也提出了质疑。

● 初中物理学科的作业存在什么独特的问题？

初中物理学科的作业分析中，出现了一些实验操作类作业、运用概念图等亮点。但是物理学科的作业同样问题严重，除了作业时间严重超时、拔高难度等共性问题外。物理学科专家组在分析中认为：课外作业强调重复操练、机械训练是导致作业量加重的原因之一。此外，初中物理的作业分析发现，各类考试卷和教辅材料作为作业的主要来源，不仅存在科学性问题和错误率高，而且也是造成作业问题的核心原因。

一、初中语文学科作业文本分析与建议[①]

为进一步了解本市初中语文作业的设计与实施现状,提升初中语文作业的品质,上海市提高作业设计与实施的总项目组组织了作业文本抽样和分析工作。初中语文学科从其中抽样 30 所学校,每校各抽取一名八年级学生从 2013 年 9 月 23 日至 29 日的课外作业作为分析样本,并在此基础上进行相应的分析研究,为寻找提升作业品质的有效策略提供实证依据。

(一) 初中语文作业分析的方法与标准

语文教材以"内容主题"组合单元,内容主题不等于语文的学习主题,故依据语言素养这一课程培养核心目标,将作业学习主题划分为现代文阅读、文言文阅读、写作、综合活动、写字五个方面。

1. 确定分析样本的作业目标

作业目标首先应具有传递性,即作业目标应与教学目标之间有较高的相关度,单次作业目标应考虑与单元作业目标之间的一致性,某一阶段的单次作业目标之间应有内在联系。其次,作业目标要有层次性,作业目标的确立应满足不同层次学生的学习需求,注重基础性,体现选择性,让每一位学生通过作业进一步巩固所学,提高听说读写能力。第三,作业目标应具有可检测性,有助于了解教学目标的达成度,诊断学生整体的学习现状与共性问题,同时对教师的教学进行及时反馈。基于此,初中语文参照《课程标准》与《语文学科教学基本要求》,主要围绕现代文阅读、文言诗文阅读、写作、综合活动、写字五个主题确定八年级的整体作业目标。

单元作业不仅要体现年级语文作业的一般要求,而且要体现该单元作业的核心要求,

---

① 初中语文作业分析专家组成员包括曹刚、缪亚男、林辰杰、沈军英;中学语文作业文本分析报告由曹刚、缪亚男、沈军英、林辰杰完成。

因此要明确单元作业目标。按照正常的教学进度,9月23日这一周应该进行的是第二或者第三单元的教学,依据这两个单元的教学目标,结合八年级语文整体的作业目标,确立了如下单元作业目标。

第二单元:面对逆境

1. 理解人物描写(动作、语言、心理)和环境描写的表达效果,感受人物在逆境中的不屈不挠的意志和表现。(落实八年级作业目标O-1-9)

2. 理解托物言志的表现手法。(落实八年级作业目标O-1-11)

3. 积累文言实词,如发、举、市等。(落实八年级作业目标O-2-1)

4. 通过叙述生活中所见所闻(或是自身遭遇),表现出直面挫折、战胜困难的勇气。要求主旨明确,过程完整,有详有略,有较为生动的人物描写。建议作文题为"风雨中,这点痛算什么"。(落实八年级作业目标O-3-1)

第三单元:宋词集粹

1. 初步了解宋词特点、作者生平和时代背景,(落实八年级作业目标O-2-2)

2. 初步了解陆游、辛弃疾词的内容和风格。(落实八年级作业目标O-2-2)

3. 感受作品的思想感情和语言表现力。(落实八年级作业目标O-2-3)

在作业设计中,如果作业能够既关注八年级学生语文作业的一般目标,又关注单元作业目标,则认为该项作业与"作业目标"完全一致。

2. 作业题组的确定

同一目标指向的题目归为一个题组。例如,翻译文言文句子,一共有五句,这五道题归为一个题组进行分析;解释8个文言实词的意思,将这8道题归为一个题组进行分析;联系上下文理解词语的含义共两题,将这两题归为一个题组进行分析。

3. 作业难度的划分

作业难度判断主要依据认知类型、学习任务的复杂程度和专家经验。认知类型分为知道、理解、运用、综合四个水平层次。"知道"指识别或记住有关汉语的基础知识与基本语言规范、积累语言材料;"理解"指感知或领会语文知识及知识之间的内在联系,结合语境,对语言材料进行剖析,明确各部分的含义,及部分与部分、部分与整体之间的内在联系,从整体上把握语言材料的思想内容和表现特征;"应用"指应用已习得的语言知识与经验,解决简单的语文问题,形成自己的思考与感受;"综合"指综合运用知识与经验,解决复杂的语文问题,建构新的知识结构,形成自己对自然、社会和人生的新的感受与体验。学习任务的复杂程度依据学生完成作业所需要的时间、运用的知识、借助的方法、思维的容量等进行综合判断。

4. 作业时间的预估

预估学生作业时间是指中等水平学生在教师正确指导下完成作业所需要的时间,本次分析中忽略教师指导不力、学生做作业磨蹭等相关干扰因素。

5. 评分标准

(1)解释性:以与作业目标"完全一致"的比例为主要评分依据。"完全一致"是既落实八年级语文作业的一般目标,又落实单元作业目标;"部分一致"是只落实八年级语文作业的一般目标,忽略单元作业目标,或者部分落实年级作业目标或单元作业目标;"不一致"是指没有落实八年级语文作业目标。

表10-1 初中语文解释性评价标准

与作业目标"完全一致"比例	≥90%	≥75%	≥60%	≥30%	30%以下
评分	5	4	3	2	1

(2)科学性:主要关注教师布置作业的题干指向是否明确、使用的概念是否存在错误。出现一次错误,扣1分,扣至1分为止。

(3)难度:易、中、难比例控制在7∶2∶1,评为5分。兼顾易、中、难,且"易"比例在80%左右,评为4分;兼顾易、中、难,且"易"比例在90%左右,评为3分。易、中、难中有一项为0%,且"易"的比例在90%左右,评2分。易、中、难中有两项为0%,评为1分。高于《课程标准》或"八年级作业目标",则酌情降低评分等级。

(4)选择性:选择性指教师设计不同的作业,让学生自主选择,设计一次选择性作业加1分,加至5分为止。

(5)多样性:作业类型分为口头、书面、实践、合作四种类型,主要观察教师设计的一周作业能够涉及多少种类型,按照作业类型种数进行评分。

表10-2 初中语文多样性评价标准

作业类型	四种	三种	两种	只有书面作业	一种,但不是书面作业
评分	5	4	3	2	1

(6)结构性:一是关注作业时间、难度、类型分布是否合理,每天作业时间不超过30分钟,一周作业总时间不超过210分钟;作业难易度比例基本控制在7∶2∶1;四种类型作业均要有所涉及。二是关注单次作业间是否存在关联性。结构性评分主要依据专家经验判

断,好为 5 分;较好为 4 分;一般为 3 分;有点问题为 2 分;问题严重为 1 分。

依据上述流程、目标和评价标准,初中语文学科作业分析小组 4 人同时选取 1 号作业,根据"作业评分标准"分头进行评估,然后进行小组讨论,统一评分尺度。依据"作业评分标准"每人分析、评价 7—8 份作业,然后再进行复核调整,每份作业的评价结果由 1 人复核,并小组协商调整,组内一致性保持在 80% 以上。

(二) 初中语文作业的主要经验

此次初中语文作业分析中,发现了少量的亮点与特色。具体表现为:

第一,**个别学校提出"自荐性作业",更加关注学生的参与性。** 少数学校有作业顶层设计,要求教师以作业包的形式编制作业,作业分为基础性作业、自选性作业、自荐性作业三类。其中"自荐性作业"有助于激发学生做作业的积极性,有助于引导学生主动建构知识,培养学生对学习任务的分析能力、判断能力。

第二,**极少数学校作业形式丰富,能较好地服务于学生的学习。** 少数教师布置学生用小报的形式复习课文,作业形式较新颖。学生在这个过程中既要考虑到小报的排版,书写的美观,又要考虑到对本课复习内容的梳理与选择等。这样的作业既能增加学生复习的兴趣,又兼带有一些综合实践活动的性质。

第三,**少数作业设计能密切联系生活。** 少数教师要求学生观看神舟十号"太空课堂"的全过程,写一篇习作。教师从学生习作中挑了 4 篇例文,请学生点评。该项作业拓宽了学生习作的视野,也引导学生逐渐养成关注社会时事的习惯。

(三) 初中语文作业的基本问题

从最终分析结果来看,语文作业的科学性平均分为 4.9,是最为理想的指标。一方面是由于教师布置的不少作业是背诵与默写,这类作业的指令较清晰,所拟题目不易犯科学性错误。另一方面是由于教师布置的大量作业源自课外辅导读物。课外辅导读物多是出版社组织骨干教师编写的,且经过审核程序,这类作业发生科学性问题的现象较少。"选择性"指标的平均分为 1.2 分,选择性作业比例在总题组中的占比为 1.6%。此外,初中语文作业存在以下一些问题:

1. 初中语文作业解释性亟需加强
整体而言,初中语文作业的解释性平均分 2.1 分。其中与作业目标完全一致的题组所占比例为41%;与作业目标部分一致的题组所占比例为56.6%;与作业目标完全不一致的题组所占比例为2.4%。不一致的表现主要为:

(1) 教学内容与作业内容完全不相关。

一是文体上的不相关。例如,3号作业中,该单元为文言诗文,教师却从课外找来一篇说明文阅读,作为作业布置给学生,作业目标与教学目标相关性很差。又如,15号作业中,教学内容为文言诗文,作业是将外省市的中考议论文阅读3篇作为8年级的作业,一次性布置给学生,与教学目标没有关联,且超越年级基本要求。再如,27号作业中,教师连续4天,每天让学生回去做一篇课外现代文分析,这一作业目标与单元目标的关联度很差。

二是内容上的不相关:例如,4号作业中,这天老师的实际教学内容是文言文《孔孟论学》,却要求学生背诵每周一诗5—8单元的8首古诗,不仅量大,而且学生没有学习这8首诗歌的经历,这对学生来讲是很难完成的。又如,10号作业中,开学才第三周,教师竟然要求学生做一份期中测评卷。上述现象的出现,是因为不少教师缺少作业目标意识,忽略了作业目标与教学目标之间的相关性,作业布置带有较大的随意性。

(2) 作业指向不明确。主要包括几种情况:一是将学习手段作为作业目标,如要求学生圈画批注,但没有明确的思考问题作为引领。二是作业内容上没有明确的要求,如要求学生预习、复习,但没有明确的内容要求与检测手段。例如,15号作业为"自主复习,迎接月考"。复习的内容不明确,作业设计缺乏目标意识。又如,26号作业为日记,但习作的训练目标不清,带有较大的随意性,批阅马虎,没有指出学生文章中存在的优缺点。该生的文章详略安排并不理想,有些文句不通顺,材料与中心之间缺乏内在联系,以上这些问题,教师都没有通过批阅指出。这样的写作训练,效益很差,无助于达成本册的教学要求——详略得当地记叙自己经历的事情,表达自己的感受。上述现象出现的原因,是因为教师混淆了学习目标、学习内容、学习手段,导致教师在作业设计中将学习内容、手段代替学习目标,因而作业目标不明。

(3) 作业目标不符合课程理念。例如,不少语文作业,都停留在识记层面,且多是机械性记忆,以及脱离语境的抄写、背诵,忽略引导学生通过字词品析感悟诗歌的意境。一些教师要求学生用背诵译文的方法去理解古诗,等于用蹩脚的白话文去理解古诗,弱化了学生对意境的体会,不符合课程标准的理念,即在熟读成诵的基础上,通过字词句的品析,理解古诗文的意境。又如,一些学校4天之内要求学生做了6篇某报纸现代文阅读大赛的材料,而这套题目的质量较差,较多地关注一些静态的知识和文本的内容,忽视了引导学生对文本语言形式的关注,不利于对学生阅读整体感与语言敏感性的培养。从作业与学习主题之间的联系,可推断这位教师这一周的教学大部分时间没有使用教材,而是在课堂上讲评前一天学生做的课外阅读训练。上述现象的出现,是因为教师较多关注知识本体,忽略了新课程理念所倡导的学生意识,忽略了学生的能力养成和思维提升。

(4) 为迎接学校的月考设定作业目标。一些学校的作业要求学生背诵、默写《曹刿论战》、《邹忌讽齐王纳谏》,这两课是七年级第二学期的教学内容,与该单元的教学目标没有关联。布置这作业的目的就是为了迎接该校的月考。由此可见,该校的评价目标制定带有较大的随意性,导致作业目标的制定产生偏离教学目标的现象。

(5) 作业目标较多地集中于文言字词的积累、句子翻译与背诵。如图 10-1 所示,导致 O-2-1、O-2-2 目标的作业频次过高的原因,一方面与单元教学内容有关,因为第三单元主题是"宋词集萃";另一方面是因为教师在教学中过多地关注文言诗文语言材料的机械性识记。

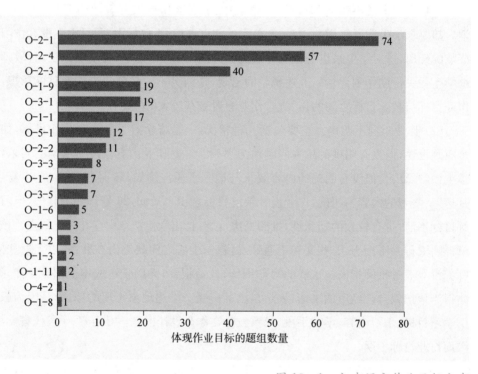

图 10-1 初中语文作业目标分布

2. 部分作业的难度远远超过课程标准要求

分析初中语文抽样样本 288 项题组,分析发现难易程度较低的占 28.8%;难易程度中等的占 63.2%;难易程度较高的占 8.0%。值得一提的是,这些难度较高的作业,内容和能力要求都超越了语文学科课程标准的要求,例如,15 号作业中,教师将外地中考议论文试卷布置给上海的八年级学生做。16 号作业中,作业多为课外文言文阅读分析,不少选文篇幅较长如《管晏列传》、《隆中对》,选文中不少文言实词理解难度较大,如"诗可以兴、观、群、怨";文本涉及的内容脱离学生的认知基础,其中有些句子翻译是九年级课文中节选出来的,如《醉翁亭记》、《出师表》,完全超出年级基本要求。从这一细节可以判断,教师没有仔细分析过这套作业题目,布置作业带有很强的随意性。再如,一部分作业的能力要求超出课程标准的要求,如要求学生在预习时将古诗扩写为现代文。这类题目会严重增加学生的作业负担,减弱作业效果。

3. 作业以书面作业为主,缺乏其他类型的作业

根据分析,初中语文作业的口头作业的比例为 10.41%;书面作业比例为 89.19%;实践作业比例为 0.40%;合作作业为 0。可见,初中语文作业中,书面作业占了绝大多数,而且书面作业的形式多是机械性抄写、做课外辅导习题为主。除了少部分写作类书面作业,几乎没有其他形式的书面作业。此外,非书面作业中有一定的口头作业,但没有布置培养学生口头表达能力的作业,口头作业几乎都是背诵类作业,背诵内容也多是课内古诗文的原文、注释及译文。30 个作业样本中仅有一位老师布置实践作业。

4. 学生完成作业的时间需要更加科学与合理

从调研情况看,平均每位教师布置给学生一周作业总时间为 225.9 分钟。平均每位教师布置给学生每天的作业时间约为 32.3 分钟。从这个结果来看,初中语文教师布置给学生每天的作业时间基本控制在教委要求范围内。但个别教师布置的作业时间过多,例如,10 号作业中,教师在两天时间内让学生做了两套测评卷,需要 105 分钟,但该教师预估的时间是 30 分钟。而且,这类作业多为做教辅读物、背诵古文的译文、抄写课文,与教学的相关性差,耗时量大,效益差。

5. 作业的结构性有待调整

整体分析结果显示,初中语文作业在结构性上的平均得分仅为 1.9 分。具体表现为:

首先,作业结构相对较为单一。整体来看,机械性记忆类的题目过多,体现较高思维品质的作业较少。静态的文本内容分析的题目过多,有关培养学生语言文字运用能力的题目较少,有一定思维挑战性的题目很少。

其次,作业之间的关联性不高。单次作业目标与单元作业目标之间的一致性较弱。单次作业目标之间缺少一定的内在联系。从单元的视角看,各次作业组合在一起体现不出一个有效的学习历程。部分教师在思考单次作业时很少站在单元角度,考虑这篇课文在实现单元目标时所需发挥的价值,很少考虑精读课文与略读课文在作业目标上的差异性,比如精读课文应重视"学",而略读课文应偏向于"习",即对精读课新授知识、技能的复习与巩

固,引导学生运用已学的知识、技能分析、解决新问题。

再次,阅读分析同一题组内的题目之间的关联性较差。较多教师选择的阅读分析题的质量不高。具体表现为,这些题目出得比较琐碎,较多地指向一些知识概念的识记、文本显性信息的提取等,没有引导学生从文本的全局着眼,解读出文本的思想主旨与语言特点,明确语言形式与内容之间的内在联系,缺少学习策略的指导,如阅读整体感的建立、语言敏感性的培养、问题意识的形成等。

结构性评分较低,是因为教师没有将作业指向学生语文综合素养,特别是思维品质的培养,而是过多地关注静态知识、语言材料的识记与积累。

6. 使用教辅的现象极为严重

从作业的来源情况看,语文的课外作业主要以教辅材料为主,在 30 位抽样教师中,有 21 位教师使用教辅材料,占抽样教师总人数的 70%。

除此之外,有少数学生的作业来自自编的校本作业,但自编的校本作业基本上也是教辅读物的简单复制。极少的作业是来自于教材上"学习建议"中的习题。教师原创的具有一定思维容量的作业题几乎没有。

源自于教辅材料的作业,本与教学内容的相关度较差,加之重结论、轻过程,无助于了解学生的学习现状与学习中存在的共性问题,也没有给学生提供一个必要的学习过程,无助于培养学生的能力。即使这类作业中的个别题目有一些难度,也无法发挥较好的训练作用,因为实际情况是学生通过网络或购买教辅参考答案来对付这些题目。

7. 作业内容的无序反映了教学进度混乱

教材是依据课程标准编制的,是课程标准的具体化,是达成课程目标与要求的重要内容,学生学习能力的形成,以及与之相关的情感思想的培养,教材起了很大的作用。依据常规的教学进度要求,9 月 23 日至 30 日的教学内容应在第二单元至第三单元间。从教师填写的"学习主题"看,所有教师一周学习主题共 169 项,对这 169 项学习主题与应该实施的正常教学进度相联系进行分析,发现符合正常教学进度的比例仅为(含对应复习课)48.5%,不符合正常教学进度的比例为 51.5%,其中快于或慢于正常教学进度的比例为 35.5%。如有教第一单元的,也有教第六单元的。

其中,完全脱离教材,仅做各类阅读训练以及评讲的比例为 14.2%。例如,复习七年级的文言文,甚至在开学初就利用新授课复习记叙文阅读、说明文阅读。再如,教材在每个单元后面安排有两首每周一诗,但部分教师无视学生的学习基础与认知规律,随意安排背诵作业,有一次性布置学生背 1—6 单元的每周一诗的,也有一次作业要求背 5—8 单元的 8

首每周一诗。这些读读背背的要求完全不是跟着单元教学走的。

造成教学进度混乱的一个原因是部分教师急功近利的应试心态,没有钻研文本,挖掘教材的教学价值,而是将题海战作为主攻方向。另一个原因是学校安排的"月考"中存在"考教分离"的现象,迫使部分教师用新授课时间去复习,搞题海训练,如9号作业中有教师布置学生做5篇现代文阅读,8篇每周一诗的作业。

(四) 初中语文作业改进建议

语文作业设计应注重学生语言素养的整体发展,注重语言的积累和语感的培养,注重综合运用知识的能力,注重学习策略的指导,注重解决问题过程中情感、态度和良好习惯的培养,注重相互间的合作。

1. 语文作业目标与教学目标之间应有较高的相关度

单次作业目标应考虑与单元作业目标之间的一致性,某一阶段的作业目标之间应有内在联系。语文作业目标应具有可检测性,有助于了解教学目标的达成度,诊断学生整体的学习现状与共性问题。

2. 作业应体现典型性、开放性、选择性以及操作的动态性

语文作业要让学生有一个吸收、内化的过程,要让不同层次、不同兴趣爱好的学生都能有所发展,有所提高。作业形式应多样,书面作业可与口头作业相结合,长期作业可与短期作业相结合,坚决摈弃机械、反复的操练式作业,应使学生能够触类旁通、举一反三,每天的作业量应控制在合理的时间内,初中语文学科专家建议平均每天作业时间在30分钟左右为宜。

此外,不同类型的作业也应该各有策略。例如,阅读教学的作业设计应以学生的已有认识与感受为出发点,综合考虑语言的感受能力与对文本内容的理解能力,让学生在把握文本内容的基础上,主动学习优秀、典范的语言,并能吸收、内化,使之转化为自己的语言;要培养学生查阅资料、运用工具书的习惯,让学生独立自主地思考问题、解决问题;要结合课文阅读,向学生推荐有关的作品,让学生有选择地进行课外阅读;要引导学生参与综合实践活动,将对生活和社会的体验、认识与语文有机地结合在一起,在实践中提高语言运用能力。又如,写作教学的作业应鼓励学生及时记录自己的所见、所闻、所思、所感,引导学生形成写随笔、杂感、札记的习惯。课堂写作作业要有一定的序列和一定的量,一学期的课堂写作训练一般不少于8篇,在一定阶段,应让学生集中在某一专题(话题)多角度地写作,让学生将对生活的感受与写作融为一体。

3. 教师要重视作业的批改和讲评

教师要养成对每位学生的作业都批阅的习惯，课堂作文精批的量不少于学生数的三分之一。作业批改应以与学生的交流为主。要分析作业完成质量，诊断学生整体的学习现状与共性问题。作业讲评要有明确的目的，既要针对学生实际存在的问题作必要的指导，又要让学生发现自己的优点和进步，要保护学生学习语文的积极性。对于作文批阅，也有一定的方法策略，表 10 - 3 为作文批阅的"可视化路径"。

表 10 - 3   初中语文作文批阅的可视化路径

一级指标	观察点	评语	评分
中心与材料	材料是否吻合题意？		
	中心是否明确？		
	各段材料是否能较好地表现文章的中心？		
思路与结构	行文思路是否通畅？ 层次是否清晰？ 详略的安排是否较好地服务于文章的中心？		
语言	语言是否能准确、清晰地表达自己的思想？（举例说明）语言是否流畅？（举例说明）		

4. 建立和落实科学有效的作业配套的管理措施

学校语文教研组应该经常围绕作业问题，根据实际情况来捕捉问题、分析问题、解决问题；教导部门应有跟进的检查、监督、评价工作。如每学期教研组组织教师依据《课程标准》与教材要求讨论一学期作文教学作业计划，教导处学期初检查。

二、初中数学学科作业文本分析与建议[①]

本次收集到的是全市三十所学校三十位八年级学生一周的课外作业（从 9 月 23 日—9月 29 日，由于这一周涉及国庆节调假，多数学校 28 日休假，29 日上课，也有学校 28 日上

---

① 初中数学作业分析专家为黄华、顾跃平、齐敏、陈豪；初中数学作业文本分析报告由黄华、顾跃平、齐敏完成。

课,29 日运动会等),作业中有教材配套练习部分、测试卷、练习卷、导学案等。

(一) 初中数学作业分析的方法与标准

1. 作业目标确定。初中数学主要按照课时内容设立主题和确定目标,作业目标主要以数学课程标准、教学参考资料设定。在 22 个主题中,共有作业目标 41 个。部分作业目标案例如表 10-4 所示。

表 10-4　初中数学部分目标案例

主题	初中数学目标代码与作业目标
1　一元二次方程的概念	O-1-1　理解一元二次方程的有关概念 O-1-2 知道一元二次方程根的个数
2　一元二次方程的解法(1)	O-2-1　会用开平方法解特殊的一元二次方程
3　一元二次方程的解法(2)	O-3-1　会用因式分解法解特殊的一元二次方程 O-3-2　体会化归思想,运用降次策略
7　一元二次方程根的判别式(1)	O-7-1　会用一元二次方程根的判别式不解方程判断方程根的情况 O-7-2　会用一元二次方程根的判别式说明方程根的情况
8　一元二次方程根的判别式(2)	O-8-1　会根据根的判别式的情况确定方程中一个字母系数的取值范围 O-8-2　会解有实数根的含有字母的一元二次方程
12　二次根式的运算(3)	O-12-1　理解分母有理化的概念 O-12-2　通过分母有理化的方法,使分母不含有根号
13　二次根式的运算(4)	O-13-1　能写出一个二次根式的有理化因式 O-13-2　初步掌握二次根式的混合运算 O-13-3　会解系数含二次根式的一元一次方程(不等式)
15　命题和证明(1)	O-15-1　初步理解演绎证明及其因果关系的表述 O-15-2　知道推理的基本过程和因果关系的表述
18　相似三角形的概念	O-18-1　知道相似三角形的概念 O-18-2　知道相似三角形的对应边成比例、对应角相等
21　函数的概念(1)	O-21-1　知道函数的有关概念 O-21-2　会判断两个变量之间是否存在依赖关系
22　逆命题和逆定理	O-22-1　知道原命题、逆命题、互逆命题、互逆定理等概念 O-22-2　会写一个命题的逆命题,并会证明它的真假

2.作业题组划分。为了便于分析,避免一道计算题也作为一个题组来进行统计,因此数学作业根据相对固定的标准,划分为相对统一的题组。将填空题作为一类,算作一个"题组";选择题作为一类,算作一个"题组";解答题有一题算一题(大题分成若干小题,以小题算一题);订正算一"题组"(无论有几道作业题),复习算一"题组"(无论有几道作业题)。根据此项划分,本次共统计了1795个"题组"。

3.作业时间的判断。每题作业时间确定为:简单的解方程1分钟;较复杂的解方程(如需要变形、含有分数、根号等)2—4分钟;规定方法解,如配方法,2分钟及以上;应用题4分钟及以上。证明题运用单一定理的,3分钟;运用两个定理的,4分钟及以上;运用三个定理及以上的6分钟及以上;添加辅助线,3—10分钟及以上。

4.作业难度的分析。能在标准的情境中作简单的套用,如直接套用方法解方程等,或按照示例进行模仿的问题作为较低难度题;在一定的变式情境中能区分知识的本质属性与非本质属性,会把简单变式转换为标准式,并解决有关的问题等问题作为中等难度题,而在一定的变式情境中把变式转换为标准式解决有关问题,涉及的运算步骤较多,如解方程中含有字母;需用前一题的解答的结果,推出其他结论;代数证明;几何证明复杂问题等都为较难题。

(二)初中数学作业的主要经验

在抽样的作业样本中没有发现科学性问题,这可能和此次收集的作业都是采用配套练习以及教辅材料为主,没有教师自编题目有关。

1.作业内容与作业目标基本一致

对于本次作业的1795题组与作业目标的一致性,进行仔细分析,并将它们分为三类。不一致的题组比例约为0.11%,部分一致的题组比例约为5.46%,完全一致的题组比例约为94.43%。这一结果说明初中数学教师的平时作业设计还是具有针对性的、符合课程标准的要求。教师对作业的目标意识还是较好的。

2.基本能够按照课标要求进行教学

此次30所学校的作业样本涉及的教学内容包括一元二次方程、二次根式、几何证明、正反比例函数以及相似三角形单元等五个教学主题。

按正常教学进度,应该到"一元二次方程"和"几何证明",也就是约92%的教学内容是按正常教学顺序进行的,说明多数学校的初中数学教学是按照课程标准和教材的正常教学

表 10 - 5　初中数学教学主题分布

内容	二次根式	一元二次方程	正比例函数和反比例函数	几何证明	相似三角形
数量	8	133	1	26	6
比例	4.60%	76.44%	0.57%	14.94%	3.45%

安排进行的。若到"二次根式",教学进度略慢;若到"正比例函数和反比例函数",教学进度略快,这两部分比例只占约 5%。从此次抽查看,初中数学的整体课堂教学是正常的,严重超越进度的学校数量极少。

3. 作业中题目难度配比合理

根据专家对 1795 题组难度的判断,整体看难度配比较为合理;较高难度的题只占 9%。追求难度的作业要求在本次抽查中极少。这说明经过十年的二期课改数学课程的实施,初中数学教师对数学教学有了较为深刻的理解,特别对作业题难度的把控应该是相当成熟的,不再会为了追求难度而设计作业,去难为学生。

4. 作业批改及时认真,并关注到等第制和反思分析

数学作业样本显示,数学教师基本每道作业题都改,且大都为当日批改。数学教师对作业的批改一直非常的认真,且每题都改,而且也关注作业的时效性,一般当天改完,没有延期批改的现象。此次抽查再次确认,这种现象保障了数学课堂教学的有效性。

值得一提的是,约 43.33% 的初中数学教师在平时作业批改中能用等第制表示,如用 A、B,或优、良的方式,或五角星等。但仍有一半的教师只打勾和叉。此外,还有部分数学作业样本显示,部分初中数学教师在批改作业后,能够提出订正要求;有些还要求学生能够对错误的题目进行反思和错因分析。

5. 少数教师要求学生能够对作业进行知识整理

调研结果发现,有极少数的学校教师要求学生对已学过的数学知识进行单元的整理,但只是文字的整理,没有建立关系,也未使用概念图。初中数学教学中能要求学生进行数学知识的整理,不仅是为了复习,而是有利于学生自己概括、归纳,从而能更好地认识数学的结构、关系、思想方法。这对提高学生的学习能力有一定的帮助。

此外,在作业样本中,也有极少数学校布置导学案和预习性作业。所有的样本学校中只有一所学校使用导学案,也只有一所学校一天的作业中提出了预习的要求。可能由于导学案占用学生课外时间较多,导学案使用情况并不普遍,预习性作业在初中数学作业中也很少。

（三）初中数学作业基本问题

1. 极少数学校教学进度严重超前

由于收集的是同一周的作业，但各校的教学进度不相同，涉及五大内容。多数内容的选择都是本册教材中的，只是教学顺序的不同。但其中有一所学校学到了九年级的内容相似三角形，教学内容比其他学校提前了近一年。虽然，教学内容的选择，区域与学校有一定的自由度，但选择教学内容的顺序应遵循规则，提前一年进行教学显然是不妥当的。

2. 学校作业来源多样且教辅、周周练现象普遍

调研发现，初中数学作业绝大部分来自教辅、报纸、练习卷等；周周练使用情况极为普遍。虽然约 76.7％的学校使用了配套练习册，但同时还补充了教辅和练习卷等作业。大约有 23.3％的学校一周完全没有用教材配套练习部分作为作业，而是用练习卷、测试卷替代。

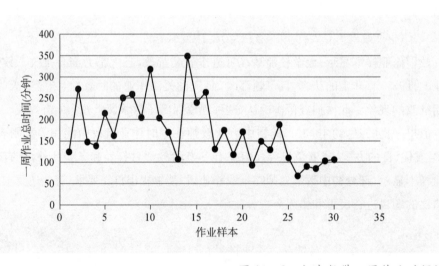

图 10-2　初中数学一周作业时间汇总

练习卷作为课外作业和作为作业的补充已较为普遍。练习卷一般要比教材配套练习部分的量大，难度要高；如果要控制作业的量，减少练习卷的发放是关键。

3. 学校作业量不均衡，个别学校的每日作业量过大

计算每一所样本学校一周作业总量，平均每周约有 3 小时（171 分钟/周）的数学作业。

不过,学校之间作业时间差距大,一些学校之间布置作业时间相差近4倍多;最低的大约一周做1小时的数学作业(68分钟/周),最多的每周约做5小时的数学作业(348.5分钟)。

根据评判标准,可推断大约有50%的学校数学作业超时,其中近20%的学校严重超时(详见图10-3)。

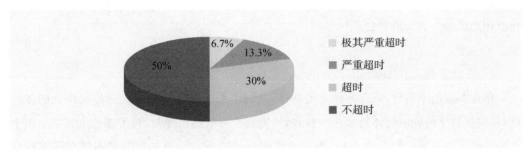

图 10 - 3　初中数学作业超时情况

学校教师对作业的时间没有正确的估计,或对作业的时间根本就不予考虑,盲目布置,大运动量的练习,对学生熟练程度进行训练,这不仅是学校和教师对数学教学的误解,也是学校作业管理的失职。学校应当建立有效的作业监管系统和协调系统,教师也需对所布置的作业先进行试做,以便有效地控制作业的量和难度。

此外,初中数学作业还存在部分作业与作业目标不匹配,缺乏分层作业,作业批改方式简单,作业也以书面作业为主等共性问题。

(四) 初中数学学科作业改进建议

结合目前初中数学作业的基本特征,为了更好地改进作业,提升作业的实施效果。建议数学教师在今后的作业设计与实施中:

1. 提倡学校使用教材配套练习,适度作补充

数学作业的内容要求应基于数学课程标准;补充的作业教师应自己先做一遍,确保作业题能针对本课的作业目标;在题型上尽量与配套练习不同,形成合理的互补;巩固性作业控制重复量,使课时作业的完成时间控制在合理范围之内。

2. 提倡尝试适切的分层作业,给不同层次的学生有更多的选择性

作业分层可利用补充作业来完成,在内容选择上需要兼顾基础巩固与能力提高两个方向,并且在相关作业题中作必要说明,在具体布置时要给学生一定的指导。这是为了提高

作业的针对性和有效性。

3. 作业批改时要提高针对性

教师批改作业时,不仅仅给出对与错的判断,对学生答题好的,可给予一些激励性的语句;对于答题出错的,可对其错误原因作一些简短说明,同时给予一些鼓励性评语,设法将作业构建成师生的交流平台。

4. 研究探索除了书面形式以外的作业形式

作业类型的丰富性,可丰富作业的功能。因此,初中数学作业可尝试提高作业的多样性,可根据数学内容的具体特点作一些设计,如在学习数据整理时,可考虑让班级学生以个人或小组策划完成一份电子小报,内容为使用所学的图表反映本校的基本情况等实际内容,并在班级中进行展示交流。

三、初中英语学科作业文本分析与建议[①]

初中英语学科作业样本 30 个,教学内容为 8 年级第一学期教材(其中 4 个样本为"新世纪"教材,26 个样本为"牛津"教材)第二单元,有 1 个样本的教学内容为第三单元。

(一) 初中英语学科作业分析的方法与标准

1. 作业目标的确定

作业目标依照确定教学主题、初定作业目标、调整作业目标的思路进行。

(1) 教学主题的确定。作业按天计,而八年级学生平均每天上一节英语课,因此,作业目标与课时教学内容和目标形成对应关系。根据对 1、8、18、24 号作业的分析,对课时教学内容进行了逆推,并根据对教材第二单元教学内容的分析,明确确定教学主题的原则,即与课时、课型基本一致,最终确定初中英语学科作业的 9 个教学主题:阅读、听说、语法、写作、More Reading、复习、拓展阅读以及练习。

(2) 确定作业目标的依据。根据《课程标准》提炼出八年级语言知识和语言技能的要

---

① 初中英语作业文本分析专家为赵尚华、朱世玮、祝智颖、李保康。初中英语作业分析报告由赵尚华、朱世玮完成。

求;对教材(以"牛津"教材为例)第二单元进行了课时划分(7个课时),确定每课时的教学内容和目标;对照《英语课程标准》,提炼八年级学生学习兴趣培养与习惯养成的要求。

(3)作业目标初稿的确定与调整。初步形成作业目标,并以此对编号为1、8、18和24号等4份作业进行试分析,调整某些作业目标,并最终确定初中英语学科作业目标,具体如表10-6所示。

表10-6 初中英语学科作业目标

教学主题	目标代码与作业目标
1 Unit 2 阅读1	O-1-1 巩固课文整体理解 O-1-2 识记、理解生词
2 Unit 2 阅读2	O-2-1 巩固课文理解 O-2-2 巩固语言知识点
3 Unit 2 语法	O-3-1 熟悉语法规则 O-3-2 初步运用语法 O-3-3 综合运用语法
4 Unit 2 听说	O-4-1 巩固语言知识 O-4-2 巩固课文理解 O-4-3 培养语言交际能力
5 Unit 2 写作	O-5-1 提高书面表达能力 O-5-2 综合运用本单元语言知识
6 Unit 2 More reading	O-6-1 巩固 More reading 的篇章理解 O-6-2 巩固 More reading 中的语言知识点 O-6-3 拓宽单元话题信息/加深单元话题理解
7 Unit 2 复习	O-7-1 全面巩固单元语言知识 O-7-2 综合运用单元语言知识
8 拓展阅读	O-8-1 积累语言知识 O-8-2 养成课外阅读习惯/培养阅读兴趣
9 Unit 2 练习及讲评	O-9-1 矫正语言错误 O-9-2 巩固语言知识 O-9-3 提高语言技能

2. 作业题组划分

在对编号为1、8、18和24等4份作业进行试分析的基础上,对"题组"进行了界定:一个题组有一个明确的作业目标指向,能对应表10-6中的一个作业目标——语言知识、语言技能、兴趣或习惯。一个题组可以是一个类型的练习,如阅读、语法填空、背诵课文,也可以是一份以单项语言知识或语言技能为训练目标的练习。在具体划分题组时，依据以下原则：

（1）根据课型或教学主题划分题组。语言单项知识训练如抄写生词、朗读课文、语法单项练习等为一个题组；兴趣、习惯类作业如矫正作业为一个题组。阅读英语报刊、整理课堂笔记等分别为一个题组。

（2）根据单项技能划分题组。以听、说、读、写其中一个单项技能为训练目标的作业为一个题组，涉及多项技能的作业划分为多个题组。如阅读一个语篇并完成理解练习、写一篇作文等分别为一个题组。一份练习卷如果以单项技能为训练目标的为一个题组，如包含4个语篇的阅读作业仍为一个题组；一份练习卷如果涵盖多项技能，则划分为多个题组，如包含2个语篇的阅读与1篇写作的划分为两个题组。

3. 作业难度判断

（1）与《英语课程标准》的一致性。作业内容和要求超出《英语课程标准》的，难度判断为"较高"。

（2）与教学内容的匹配。从学生作业样本的首页判断教学内容（教学主题），然后判断每一题组的作业目标，如果作业目标与教学内容相匹配，则其难度为"中等"，如果作业目标与教学内容不匹配，则根据情况判断其难度为"较高"或"较低"。如阅读第一课时的作业如果为巩固单词或巩固课文的理解，则其难度一般界定为"中等"[①]；如阅读第一课时作业为语言知识和语言技能的综合练习，则难度界定为"较高"。

（3）从认知的角度。以"识记"为目标的作业难度为"较低"，以"理解"为目标的作业难度为"中等"，以"运用"为目标的作业难度为"较高"。

（4）从单项和综合的角度。单项语言知识作业难度最高为"中等"；含有语言知识和多项语言技能的作业难度为"较高"。

4. 作业时间的判断

以中等学生为参照估算完成每个题组所需的作业时间，据此区分为过少、较少、适中、较多、过多等类型（详见表10-7）。

表10-7 初中英语日均作业时间判断

日均作业时间	<10分钟	10—20分钟	20—30分钟	30—40分钟	>40分钟
判断	过少	较少	适中	较多	过多

---

① 如果作业为"背诵"整篇课文，则其难度界定为"较高"；背诵课文片段的界定为"中等"。

（二）初中英语学科作业的主要经验

整体来看，初中英语学科作业在实施的过程中，有一些经验和特色。英语学科的作业科学性相对最好。此外，初中英语作业还存在以下一些经验：

1. 作业的整体难度较为合理

文本分析小组对于"不同难度的作业题比例是否合适"的整体评分为 3.57。"难度较低题"、"难度中等题"和"难度较高题"的题组数量分别占总题组数的 48.5％、33.8％和 17.0％，比例大约为 2.5∶2∶1。整体而言，作业的难度结构较为合理。

2. 部分学校注重设计校本作业

有 7 份作业中包含校本作业①，约占样本数的 23％。其中 25 号作业全部为校本作业，10 号作业有"'真实任务型'菜单式作业"。

3. 极少数教师注重用个性化批语激励学生

24 号作业每次批改都有个性化批语，摘录如下：

9 月 24 日：加油！下次你一定会写得更棒的！

9 月 24 日：你真棒！继续努力！真棒！越来越有感觉了哦！

9 月 25 日：正确率很高，字又好看，真棒！

9 月 26 日：你真厉害！一直在进步！加油！/A clever girl!

9 月 27 日：A⁺一份耕耘，一份收获。/ 多整洁的作业，我喜欢！（笑脸符号）

9 月 29 日：你的基础题已经很棒了！阅读理解也要加油哦！

当然，这样的教师在教师群体样本中极少。此外，初中英语作业还有极少部分的教师注重作业资源的整合，教师在设计作业时根据教学内容调整课本、配套练习和教辅材料的顺序和比例，精选作业，提高了作业的针对性。另外，也有极少数教师设计了可选择的作业。

（三）初中英语作业主要问题

1. 教学主题的确定过于随意

通过教师填写的"教学主题"做出的统计，除"无法判断"的以外，共统计出 123 个课时，

---

① 文本分析小组认为，一半以上（含一半）题组不用教辅材料的作业为"校本作业"。

即123个教学主题(详见表10-8)。其中,"阅读"(含课文)的数量为29,占23.6%;"听说"(含听力、口语)的数量为4,占3.2%。"语法"(含语言点、知识点)的数量为20,占16.2%;"复习"的数量为25,占18.7%;"练习"(含练习讲评)、"测验"(含考试、试卷讲评)的数量为25,占20.3%;这些数据表明:教师在教学中随意地确定教学主题,没有从单元整体教学的框架来划定课时。整体而言,语言知识的比重明显高于语言技能,语法课的比例过高,写作和听说的比例非常低。复习和测验的比例共计39%,占据了非常高的比例。这些数据显示,课堂教学中新授课的比例低,"教"不够突出,而以练代教、以考代教的现象普遍。

表10-8 初中英语30个作业样本教学主题统计

编号 \ 次数	1	2	3	4	5	6	7
1	语法、阅读	语法、阅读	语法、阅读	语法、阅读	语法、阅读	语法、阅读	
2	语法	词汇	练习	补充阅读①	复习	预习 Unit 3	
3	阅读	复习	语法1	语法2	词汇复习	讲解练习	复习
4	阅读	试卷讲评1	补充阅读	试卷讲评2	复习	测验	试卷讲评
5	6课时,无法判断						
6	知识点	语法	单元考试	试卷讲评1	试卷讲评2	阅读指导	
7	6课时,无法判断						
8	7课时,无法判断						
9	7课时,无法判断						
10	课文	报刊阅读	复习	作业讲评	语法、听说	写作	复习
11	复习	新授	复习	复习	新授	新授	
12	复习	语法	月考复习	月考	试卷分析	Unit3 词汇	Unit 3 词汇
13	阅读3	语法1	语法2	写作	补充阅读	复习	复习
14	6课时,无法判断						
15	补充阅读	复习	讲解试卷	复习	课外阅读1	讲解试卷	课外阅读2
16②	课文1	课文2	语法1	语法2	单元测试	试卷分析	
17	课文1	课文2	课文3	课文4	复习1	复习2	
18	6课时,无法判断						

---

① 本表中的"补充阅读"即教材中的 More practice。
② 有底纹的作业样本为使用"新世纪"教材。

次数 编号	1	2	3	4	5	6	7
19	课文	阅读	作业讲评	复习	测验	试卷讲评	
20	语法	口语作文	纠错	复习	复习	全面复习	
21①	阅读1	阅读2	阅读3	语言点	补充阅读		
22	阅读1	阅读2	语法	听力	补充阅读1	补充阅读2	复习练习
23	4课时新授，4课时复习，但无法判断具体内容						
24	6课时，全部为分析校本练习册为主，其他内容为辅						
25	阅读1	阅读2	阅读3	阅读4	语法1	语法2	听说
26	阅读1	阅读2	试卷讲评	写作			
27	7课时，无法判断						
28	6课时，无法判断						
29	阅读练习	练习	语法练习	练习	练习		
30	7课时，其中5课时无法判断，1课时为复习，1课时为考试						

2. 作业时间偏长

教师估算的作业时间和专家估算的时间存在较大差异（详见图 10-4），作业总时间平均相差 45 分钟。其中一些作业的总时间相差在一倍左右。

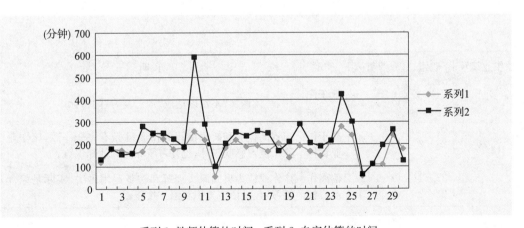

系列1：教师估算的时间；系列2：专家估算的时间

图 10-4　教师估算的作业总时间与专家估算的作业总时间对比

----

① 教学内容为 Unit 3。

以 7 天计算,30 位学生平均每天完成作业的时间为 32.20 分钟,根据文本分析小组制定的标准,属于作业量"较多";以 7 天平均 5 课时来计算,30 位学生平均每课时须完成的作业时间为 45.08 分钟,属于作业量"过多"。结果表明,30 位学生平均每课时所需时间非常不均衡,10 号学生平均每课时作业用时近 120 分钟,26 号学生只需要不到 15 分钟,两者相差 8 倍。

此外,每位学生每次完成作业时间的均衡也不够,如 1 号学生作业时间共 131 分钟,整体较为适中,但有 3 天的作业时间分别为 3 分钟、5 分钟和 0 分钟(作业为订正,但该生不需要订正),不够均衡。

3. 作业间的关联性不够

文本分析小组对"结构性"[①]的整体评分为 2.72(总分 5 分,下同),作业时间分布和难度分布评分分别为 3.65 和 3.57。对作业类型分布不满意,对"是否适当设计口头、合作、实践等类型的作业"的整体评分仅为 1.48。文本分析小组对"作业间是否存在关联性"的评价降低了对"结构性"的整体评分。

4. 作业的解释性不够

"与作业目标完全一致[②]"的作业题组数为 188,占总题组数的 41%,这个数据说明,接近 60% 的作业与作业目标至少不完全一致。与作业目标不一致的情况分为三种:低于作业目标、高于作业目标和偏离作业目标,举例见表 10-9。

表 10-9　与作业目标不一致的举例说明

作业编号	题组	作业目标	类型	说明
3	27-1	O-1-2	低于作业目标	作业"读课文"不足以达成"词汇复习"的目标。
20	23-2	O-3-2	高于作业目标	布置的作业和教师撰写的作业目标不完全一致,该作业除了复习感叹句外,也复习了课文其他知识点。
7	23-1/23-2	O-9-2/O-9-3	偏离作业目标	该作业应为巩固课文理解和初步运用语法,实际是综合练习,包括语言知识和语言技能。

以 1—7 号作业为例,共统计有目标代码的作业题组 70 个,其中低于作业目标的题组 6

---

① 作业文本分析总项目组认为,"结构性"指作业时间、类型、难度分布的合理性和作业间是否存在关联性。
② 初中英语作业文本分析小组在该指标上更倾向于"与教学目标的一致性"。

个,占 8.57%,高于作业目标的题组 18 个,占 25.71%,偏离作业目标的题 23 个,占 32.86%。

分析初中英语不同作业目标的落实情况发现(详见图 10-5),"巩固语言知识点"(O-2-2)为 54,"巩固语言知识"(O-9-2)和"提高语言技能"(O-9-3)分别为 39 和 41;而听说课中"巩固语言知识"(O-4-1)仅有 3,"巩固课文理解"(O-4-2)仅有 1,"巩固 more reading 语言点"(O-6-2)和"拓展单元话题"(O-6-2)分别为 4。以上数据显示,单元作业目标中严重缺乏"听说"目标,对 more reading 的重视不够。换言之,对以新授课为目标的作业非常少,而以复习巩固(以练习为主)为目标的作业占据了重要地位。

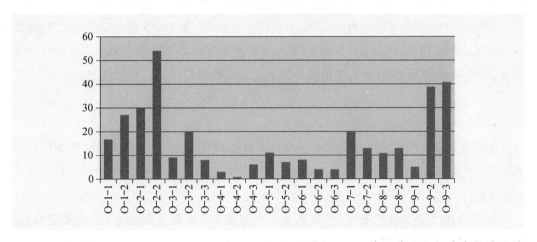

图 10-5 英语作业目标落实数量统计

5. 教辅的运用较为泛滥

根据学生作业文本统计,仅有 6 份学生作业没有使用教辅,用教辅的比例达 80%。除了 7 份作业包含校本作业以外,其余作业对教辅材料均未作选择,直接作为学生作业,而这些作业与教学主题的匹配度低。此外,有些教辅材料中存在科学性错误,仅 1—7 号作业中,教辅材料就有 7 处科学性错误。如 1 号作业中的一个典型错误:

题目:They watch the fish too closely to notice the boy coming.(保持句意基本不变)
They watch the fish _____ closely that they _____ notice the boy coming.

说明:第二空参考答案为 couldn't,应为 didn't。此外,题干应为过去时态。

6. 作业中有超出教学基本要求的题目

仅 1—7 号作业中就有 6 处超出教学基本要求。如编号为 2 的订正作业中的一个题目:

题目：Robert must be in the reading room.（改为否定句）

说明：must be 只要求学生理解，改为否定句超出了八年级学生的学习内容。

所用教辅材料中，100%的题组采用中考题型，而中考题型适用于综合能力的训练和检测，其训练目标更适合阶段性的测试，不太适合于日常的以巩固为主要目标的作业。整体而言，教辅材料完全采用中考题型，特别是以阅读和写作为技能目标的题目要求过高，全面超出了教学内容（教学主题）。

7. 作业类型不够丰富

对"是否适当设计口头、合作、实践等类型的作业"（多样性）的整体评分为1.48。经统计，书面作业的比例占总题组数的75%，口头作业为25%，这个数字是合理的，但实际的口头作业多为朗读课文、背诵单词或课文，基本上没有语用要求，不能算严格意义上的"口头"作业。"合作类、实践类"作业的题组数为4，占总题组数的0.8%，且只涉及2份作业。

8. 作业的选择性非常不够

初中英语学科作业同样存在作业选择性不够的问题，初中英语的选择性评分仅达到1.18分，在所有项目中评分最低。"选做类"作业题组数为5，占总题组数的1%，且只涉及1份作业。

此外，初中英语作业的批改也有待改进。在分析作业时发现批改错误的现象仍存在，例如，仅1—7号作业中就有11处批改错误，未批改的作业有3次（处），以作文为主。

（四）初中英语学科作业改进建议

1. 提高单元整体作业设计的意识与能力

作业是重要的教学环节，适量并与教学内容一致的作业是帮助学生巩固学习内容、培养学习习惯的保证。合理的作业设计是前提，作业设计要在单元整体教学内容和目标的框架下进行。教学设计要在单元框架内，依据《课程标准》对学习内容的要求进行课时的合理划分，确定教学内容和教学目标。作业设计要呼应教学内容和目标，要注重单元作业设计的整体性，兼顾各课时作业要求间的层次性和递进性。建议教师在进行单元备课时将课时教学目标和作业目标进行列表，以提高作业的单元整体设计。

2. 提高作业的针对性

教师在设计或选编作业时，首先要明确每一个作业题组的目标。每一个题组的作业目标要呼应教学主题,要有具体的语言知识和语言技能的要求。作业内容要根据既定的作业目标来进行设计或选择。如"牛津"教材 8A 第二单元课文 *A day in the life of Whizz-kid Wendy* 的阅读教学第一课时,教学目标可以设计如下①:

语言知识目标:to understand and use words: *boring*, *simple*, *attend*, *continue*, *seldom*, etc.

语言技能目标:to summarize Wendy's life in a day with proper adjectives; to introduce Wendy's life in a day in groups of four.

情感态度价值观目标:(略)

根据教学目标,可设计如下作业:

1. Make sentences with the following words: *boring*, *simple*, *attend*, *continue*, *seldom*.

2A. Introduce Wendy's life with the following words: *boring*, *simple*, *attend*, *continue*, *seldom*.

2B. Introduce Wendy's life in your own words.

2C. Introduce your own life based on the structure of the text.

注:学生从 2A、2B 和 2C 中选择一个来完成。

说明:作业 1 呼应"语言知识目标";作业 2 呼应语言技能目标。

要提高作业的针对性,就不能过度依赖教辅材料。教师应根据作业目标,尽力自己设计作业题组,以提高作业的针对性。对于教辅材料,教师要能根据作业目标进行选择,剔除不符合作业要求的和超出学生学习内容和能力的题目。备课组成员之间要通力协作,逐渐形成富有学校特色、适合自己学生需求的校本化作业系列,摆脱以教辅材料为学生主要作业的现状。

3. 丰富作业类型

要在纸笔作业的基础上保证听说类作业的比例,听说类作业要注重其语用的价值。要适当地增加富有趣味的作业,如在课文学习后让学生以小组的形式改编课文、排演课本剧。要适当地设计让学生通过合作来完成的作业,如让学生两两相互采访、编排对话。此外,要根据教学主题适当地设计实践类的作业,如鼓励学生以小组的形式进行调查并完成调查报告。如"牛津"教材 8B Unit 2 More Practice: *More Information about Water* 的作业设计:结合 World Water Day,以 3 人为一个小组,设计一张宣传节约用水的海报。

---

① 根据学情,教学目标的确定有许多种,这里选其中一种作为举例。

4. 提高作业的选择性

从学生完成情况来看,有些作业不适合全体学生,作业全对或大部分作业错误的情况较为明显。因此,教师要根据学生的学习基础和语言能力设计适合全体学生的作业,在作业量和作业要求上增加选择性,如"建议 2"中的作业 2 的设计同样是"介绍某人的生活",但其要求却呈递增,学生可根据实际情况选择其一来完成。再如,设计背诵类作业时,学生可选择全文背诵或部分背诵,课外阅读时,学生可选择口头翻译或概括大意。

5. 提高作业批改的规范与质量

教师应该批改所有要求学生完成的纸笔作业,避免以讲代批的现象。教师还应根据情况,对部分学生或特定作业(如作文)进行面批。作业批改时要提高规范和科学性,杜绝错误。要充分发挥作业的激励功能,通过个性化的评语与学生沟通并激励学生。此外,在批改作业时,教师要养成统计学生完成情况和错误情况的习惯,并以此作为实证进行作业的讲评,以提高作业讲评的效益。

四、初中物理学科作业文本分析与建议①

初中物理学科作业文本分析的样本共 30 个,作业内容涉及八年级第一学期教材的前三部分,分别为序言(让我们启航)、第一章声、第二章光。

(一)初中物理作业文本分析的基本方法

根据各学科作业文本分析方法的统一设计,物理学科作业文本分析前着重开展了以下工作:

1. 作业目标的确定

第一步:按章节兼顾课时确定学科主题。第二步:根据每个主题的学习内容和相应内容的课程标准,逐条细化为学习应该达成的基本要求。第三步:形成作业目标,并在分析作

---

① 初中物理学科作业文本分析的专家主要包括汤清修、高蕊、刘忆婷、王春洁。初中物理作业分析报告由汤清修完成。

业的过程中,不断补充完善。物理学科最终形成与样本内容对应的 10 个主题,39 个细化的作业目标,其中大部分为知识与技能目标,少数目标涉及方法与能力,其他涉及情感态度与价值观目标的内容会在案例分析中有所呈现。

表 10-10 初中物理学科作业目标(节选)

主题	目标代码与作业目标
1 奇妙的物理现象	O-1-1 了解物理现象观察的重要性 O-1-2 了解有效记录实验现象的重要性
2 测量的技巧	O-2-1 知道单位在物理测量中的作用 O-2-2 知道长度、时间、质量的国际单位,会进行基本单位的换算 O-2-3 初步学会用合适的测量工具测长度 O-2-4 用托盘天平测固体和液体的质量 O-2-5 初步学会用合适的测量工具测时间 O-2-6 初步学会对熟悉的物体或事件进行长度、质量、时间的估测 O-2-7 了解数据处理的一般方法
7 噪声的危害与控制	O-7-1 知道噪声 O-7-2 知道噪声的危害与控制,增强环保意识
8 光的反射 1	O-8-1 知道光的直线传播现象 O-8-2 知道光线可以表示光的传播路径和方向 O-8-3 知道光的反射现象;理解光的反射定律 O-8-4 能根据反射定律,画光路图。运用光的反射定律解决一些简单的实际问题 O-8-5 知道光路是可逆的
10 光的折射	O-10-1 知道光的折射现象 O-10-2 知道光的折射规律 O-10-3 知道不同介质对光的折射本领不同

2. 作业题组的划分

物理作业中,每题的检测目标都可以不同,有时一道题中会涉及 2—3 个目标。如:人耳感觉到的声音(强弱)的程度叫做响度,它和(音调)、(音色)构成声音的三个基本特征。本题涉及上述目标中三个目标:O-4-1、O-5-1、O-6-1。如果题组划分得过大,每个题组涉及的目标就更多,会给判断实际作业要求与作业目标是否一致带来困难。为了便于统计和分析,物理学科采用按题划分题组。其中实验、计算题可能包含几个小题,都按一个题组分析。

当涉及订正、预习、复习作业时,只估计该学生订正、预习、复习所需的总时间,不需要逐题分析,因此这类作业按类划分题组。

3. 确定作业解释性的评价标准

物理学科组根据前期研究的成果,确定四条基本的评价标准:判断实际作业要求是否符合《物理课程标准》的要求;判断作业内容与课堂学习内容是否一致;判断作业目标与阶段学习目标是否一致;判断作业内容与近期学习内容的相关性。通过预分析过程中的交流与讨论,逐渐形成一些具体的案例,帮助文本分析组成员对"部分一致"和"不一致"的把握。

表 10-11 初中物理作业目标完全一致、部分一致、不一致的举例

与作业目标	类型	举例说明
完全一致	与近期学习内容相关	物理作业中有时需要将前面学习的内容与今天学习的内容进行必要的联系,因此布置作业时,会连带前面学习的内容,如学习了声音的音调后,布置的作业中既有声音的音调高低,也会涉及声音响度及传播等问题。
部分一致	部分学习内容前置	物理作业中往往会出现一些选择题,其正确选项为本节课学习内容,但是题干或其他选项中的一些物理名词学生还未学习。
不一致	与阶段学习目标不一致	序言中的"测量"部分,对质量只要求学生知道质量的单位、会用托盘天平测物体的质量,并不要求学生理解质量,有关质量的其他方面学习,将在九年级第一学期学习。
	超课程标准要求	回声的应用中,发声物体在运动的情况(学生还未学习运动与力)。
	与近期学习的相关性差	在学习光的反射时,布置的作业中夹了一题质量的估测题,虽然学生在序言部分已学习过,但突兀地夹在"光的反射"学习作业中,作业的相关性较差。

4. 作业难度的确定

作业难度的确定会依赖项目组成员的主观判断,为了减小差异,首先对同一样本的一天作业进行集体预分析,确定几条判断的依据,同时通过一初评一复评的方式,尽可能地减小主观判断的差异。

具体依据为:(1)参考物理《课程标准》中各学习水平的解释,将"知道"、"理解"、"掌握"对应难度"较低"、"中等"、"较高"。(2)对于涉及计算要求的题目,简单计算判定为"难度中等",相对复杂的计算判定为"难度较高"。(3)对于有综合能力要求的题目将难度调高一级,如涉及阅读理解、长句表达、过程设计等。具体判断时,将三条依据综合考虑。

5. 作业时间的确定

学生一周（7 天）作业总时间的确定，是由项目组成员对该学生作业中每个题组预估学生完成时间的累加。对每个题组预估时间需要明确两个原则，一是考虑中等学生完成该题组需要的时间。二是考虑八年级学生在校学习物理的时间还未满 1 个月，站在初学者的角度判断完成该题组需要的时间。另外，还需考虑多个因素的综合，如题组的难易程度、该题组的阅读量、计算量、书写量等。综合上述原则和因素，预估学生作业的时间。

（二）初中物理作业的主要经验

1. 作业的难易程度总体把握较好

物理学科项目组成员按照制定的作业难度评价依据，统计分析了每个样本中，难度较低、难度中等、难度较高的题目数占总题目数的比例。

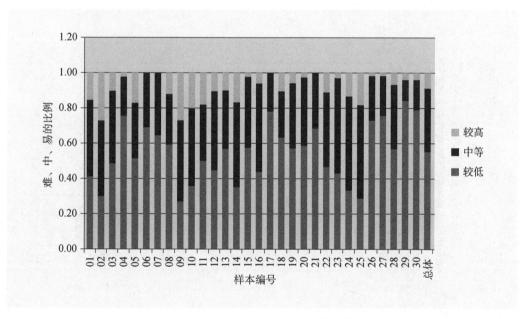

图 10-6　初中物理作业难易度

本次作业统计分析的时间段是八年学生在校学习物理的第三周，30 个样本内容涉及课程标准中 7 个学习内容，其中 4 个为理解级内容，3 个为知道级内容。平时作业并不只是针对考试的训练，也需要一些富有挑战性的作业，激起学生兴趣，训练学生思维。因此，对于初学物理的学生作业难度控制在易、中、难的比例为 5：4：1 较为合理。

目前，30 个作业的总体易、中、难比例为 5.5：3.6：0.9，基本符合我们的判断。但样本之间的差异也是较大的，2、9、10、24、25 号作业，一开始学习物理，布置的作业难度偏高。6、7、17 号作业，作业中低层次的重复训练偏多，这样会导致思维能力强的学生对学习失去兴趣。

2. 作业类型中重视了实验探究

上海市初中物理教材编写采用教科书和活动卡分离的形式，希望课堂从学生听多做少转变为在教师指导下多观察、多动手、多思考。由此出现了许多课堂活动、教师演示、学生实验等，作业中出现了许多实验题、探究题，虽是在纸上做实验，不能称为真正意义上的实践类作业，但它发挥的作用也是概念填空、概念辨析、应用计算题等作业所不能替代的。对样本中涉及实验、探究类题目的统计，发现学校之间虽有差异，但总体还是比较关注，平均达到每12 题中就有一题实验、探究题，这个统计还不包括一些以实验为背景设计的选择、填空题。

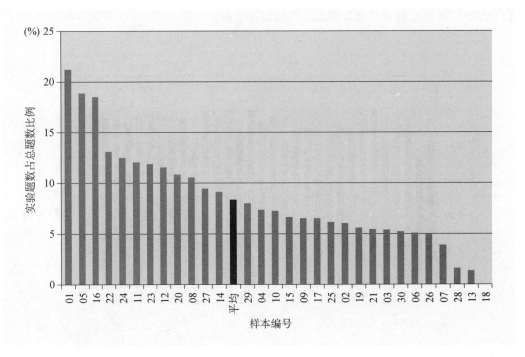

图 10-7　初中物理各作业中实验题、探究题所占比例（按由高到低顺序排列）

3. 少数作业关注了学生知识结构的自主建构

1、3 号教师在章节学习之后，请学生用思维导图整理知识结构，调动学生自主复习、自主建构所学知识的积极性。图 10-8 显示的是 1 号学生国庆长假期间的作业，学生将第一章"声"的内容做了结构化的梳理，这样的作业值得提倡与推广。

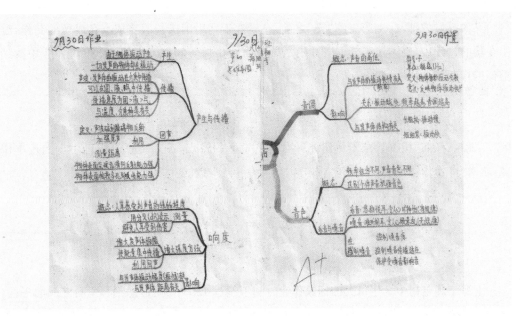

图 10-8　初中物理作业中学生自主整理学习内容

4. 作业的完成方式从书面拓展至动手实践

教师布置与设计的作业关注到了实践类作业。图 10-9 是 5 号作业图片，教师使用了教材配套练习中的实践、探究类作业。学生回家可就地取材，完成小制作，并利用它完成一些探究实验。

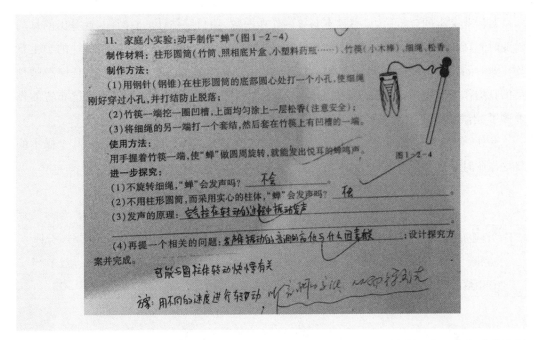

图 10-9　动手实践案例

又如6号教师,在上第三章"光"之前,布置学生利用国庆长假完成小孔成像的制作,学生在玩的过程中,复习了科学学习中有关光的直线传播等知识。当然,在30份作业中找到类似的作业仅3份。

5. 作业的设计与开发得到了学校的重视

目前,许多学校都要求学科组能针对自己学生的特点,编写更适合自己学生的校本作业,本次30份作业中有19份包含校本作业,约占样本数的63%。

(三)初中物理作业主要问题

1. 完成作业所需时间过长

上海市规定初中学生每天的回家作业时间不超过1.5小时,考虑到各学科之间的平衡,物理学科按照课程方案规定每周为2课时,每次课后作业控制在30—40分钟之间较为合理。将这个时间平均到每天,制定出初中物理八年级学生日均作业时间的判断,具体见表10-12。

表10-12 初中物理日均作业时间判断

日均作业时间	<4分钟	[4—8]分钟	[8—12]分钟	[12—16]分钟	>16分钟
判断	过少	较少	适中	较多	过多

对作业文本的分析后,汇总样本布置的作业次数,项目组估计的总时间,计算出的日均作业时间,以及教师预估的总时间和日均作业时间。对照上述标准,项目组估计的学生日均作业时间的平均值达到19.8分钟>16分钟,属于学生作业量过多。但根据任课教师预估的日均作业时间的平均值仅为12分钟,这就说明任课教师并没有意识到自己布置的作业多了,当然也就不会有所改进。

此外,30所学校之间的差异也非常大,按项目组估计的时间统计,可看到30个样本的日均作业时间分布情况,具体见表10-13。

表10-13 初中物理作业样本分布情况

日均作业时间	<4分钟	[4—8]分钟	[8—12]分钟	[12—16]分钟	>16分钟
判断	过少	较少	适中	较多	过多
样本数	0	2	2	11	15

其中，30 号教师在一周（7 天），布置了 7 天的作业，9 月 28 日为休息天，但是该教师布置作业是按天布置，也就是 9 月 27 日（周五）放学时，教师布置了两天的作业，一份称为"作业包"的校本作业，一份熟读笔记的复习作业，要求学生分两天完成。

另外，调研周是十一长假前，由于调休原因，6 天上班可能会有 2、3 节物理课的情况，因此按日均学生作业时间统计较为合理。这样仍有 17 所学校周作业布置达到 4 次或 4 次以上，因此，物理学科日均作业时间严重超标。

2. 作业中重复训练或记诵式题目出现率高

按照课程标准的要求，八年级物理学习的内容并不多，那么学生的作业时间为什么会过长？根据调研组对每个样本中每一道题的目标分析后发现，对应同一目标的作业题数明显偏多，重复训练是作业量过多的重要原因。图 10 - 10 是每个样本中同一目标中最多的试题数。其中 15 号样本中，用 39 道题来训练学生对某一目标（目标 O-8-3）的巩固，过度的重复训练成为学生负担的顽症。

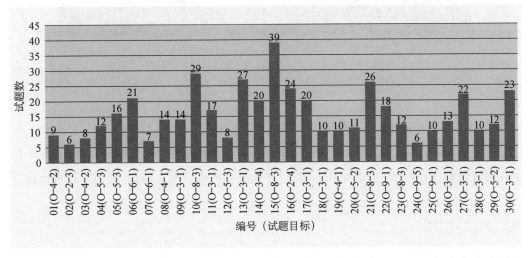

图 10 - 10 样本中同一目标中最多的试题数

又如 6 号作业，在一天作业中可连续 7 道题都是同一目标同一难度的重复训练，这样的重复在一周的练习中还在不断出现。此外，有 6 份物理作业中出现了熟读笔记、抄写笔记、默写笔记等，可能会导致学生死记硬背学物理的情况。

3. 自编作业或教辅练习中有科学性错误

对 30 份作业分析后，发现共有 41 处出现科学性错误。其中 13 处错误来自教辅练习，另有 28 处错误出现在校本练习和小练习中。学校差异也较大，有两所学校在一周作业中有 5 处科学性错误。

一些错误主要是表述不清或标注不规范，如光路图中光线的箭头不规范地标注在线端。又如图 10-11 所示题目没有说明盛水的长钢管的长度，按照计算，当钢管长达到 214 m 时，能分辨出从空气、水中和钢管中传来的三次不同的声音。若按题意只能听到两次敲击声，那么钢管长度在 43 米和 214 米之间即可，但能区分出的应该是钢管（水）和空气传来的声音，这样第一格应该可填"长钢管和水"，因为这两个声音叠在一起分辨不出。第二格则应该填"空气"，教师仅将学生填的"水"圈出，由此可看出教师自己也未能理解。

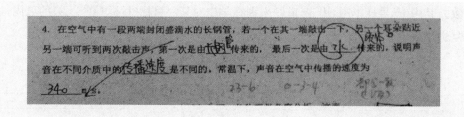

图 10-11　学生作业案例

4. 教师作业批改无特色

在分析作业文本时，也同时观察和记录了教师批改作业的情况。统计下来，有 4 个样本中存在教师没有全部批改学生作业；超过半数教师批改后没有评价，即使有评价也仅是"阅"、"A"、分数等。

5. 作业问题折射出学科教学问题

（1）新授课与复习课安排随意。在 7 号作业的学科作业文本登记表中，可清晰地看出 9 月 23 日学生完成声音的产生与传播的作业，9 月 24 日学生的作业是声音的特征的综合练习，从中可推断出这一天教师将声音的特征（响度、音调、音色），原本三节课的内容在一天的教学中解决了。又如，在 5、8 号作业中发现，9 月 23 日—9 月 29 日一周布置的三次回家作业均为声音特征的综合卷，由此可推断出教师为"声音特征"的学习安排了 3 节习题课（复习课）。

（2）教学起始阶段随意增加难度。八年级是学生刚从综合科学跨入分科物理的学习，教师为了让学生感受到物理与科学学习的不同,将原来的序言课要求拔高。序言"让我们起航",实际教学要求不高,主要是让学生感受物理的学习方法、感受物理是有趣的、有用的。但教师复习卷用了 29 题,且大量估测题、问题解决题,让学生感受到物理是难学的。

（3）月考扰乱学科教学进度。本次作业文本抽样分析的时间刚好是九月底,有 4 个编号的学科作业文本登记表上反映出这周学校组织月考。八年级物理才刚刚学习了两周半,内容只有序言和声的部分内容,结果教师为了应对学校组织的考试,将声的教学暂停,用一节课的时间帮学生复习测量的内容,回家完成测量的综合练习,结果正常的教学计划被打乱。

（四）初中物理作业改进建议

作业是教学各个环节中的重要环节之一,适量的而富有挑战性的作业可以帮助学生巩固知识、诊断问题、养成习惯、提高能力、激发兴趣。

1. 重编教材的配套练习,提高其使用率

教材配套练习中,题目中的文字表述、图像较规范,科学性错误少。题型较为丰富,除基础题外,还有实践题、小制作、阅读题等。初中物理的作业研究中发现教材配套的练习册使用率非常低,只有 30％的学校部分使用。教师普遍认为基础题量不足,实践题、小制作等题目学生书写有困难,同时带来教师批改难等问题。

要让教师愿意使用教材配套练习,就必须改进练习册的编写,目前教材组听取基层教师建议,正在重新编写教材配套练习。建立作业编制的可视化路径,按照路径,整体设计章的作业。另外,可提供教师一份《设计与分析》,不只是作业的答案,而是帮助教师全面认识作业中每一题的目标、使用方法等。通过重编提高教材配套练习的质量,从而提高它的使用率。

2. 加强校本作业的审核,降低其错误率

在本次物理作业的研究中,题目中的科学性错误全部集中在校本作业和教辅练习中,且 68％的错误来自校本练习中。学校要求学科教研组编写校本化的练习册,目的是让教师整体规划自己的教、学生的学和学生的练,以提高作业的针对性和有效性,避免不必要的重复,真正减轻学生的负担。但必须增加审核的环节,保证练习册编写的规范、科学。

3. 实施作业的整体设计,体现分层递进

课外作业要在单元的框架下进行整体设计。首先要根据教学内容,设计、选择相关题

目,每一题都需要分析习题目标、习题类型、难易程度、预估解题时间、参考答案、使用方法等,形成题目的参数,建立题库。其次教师要根据教学进度安排,根据题目参数,选择课后练习题和单元练习题。第三要严格控制同一目标、同一难易层次的题目数量。这样进行单元作业的整体设计,可实现总量的控制,避免过度地重复训练,体现单元前后作业要求之间的层次性和递进性。

4. 探索作业的弹性布置,实现个性选择

设置有区别的学生作业,满足不同层次学生的发展需要,体现发展个性的原则。此外,教师还需探索作业的弹性布置,例如,学生只要完成教师布置作业的80%。学生可根据自己的实际进行选择。对于学习能力强的学生,可减少基础训练,选择有挑战的作业题,实现真正意义上的学生个性化作业。

5. 改进作业的批改方式,发挥指导激励作用

作业批改不应该只是告知学生这道题的对错,也不只是为教师作业讲评提供依据,而是通过改进批改的方式,成为又一个与学生交流的平台,能否通过圈划指出学生错误的原因,发挥其指导学生学习的作用。抓住适当的时机,给出一些批语,让学生感受到教师对自己的关注,激励学生自主学习。另外,教师对作业错题的分析,要有利于教师对自己教学的反思和改进。

第 11 章
影响作业效果因素的综合分析

本书的第 5—10 章以问卷调查数据和作业文本分析数据为基础，对作业设计质量、作业实施质量、作业管理水平、各学段各学科作业设计与实施情况进行了全面剖析。分析表明，现行作业设计质量、作业实施质量、作业管理水平的现状都不理想。那么这些不理想的现状是否对作业效果不佳真的起到了不良的影响？这是本章通过综合分析来进一步论证的内容。

由于影响作业效果，影响作业设计与实施质量的因素众多，影响方式极为复杂，影响程度也各不相同。所以我们需要回答几个关键的问题：哪些因素对影响作业效果是最为关键的？哪些因素对作业设计质量、作业实施质量的影响是至关重要的？哪些因素对教师作业设计能力的影响是至关重要的？作业各因素之间的综合关系如何？等等。若能探析作业各种因素之间的相互关系，并且能够区分出重要因素与次要因素，建立具有因果性质的关系链，则有助于把握作业问题解决的关键，研究作业问题解决的思路就会有的放矢。

而对于把握各种变量之间的影响程度，回归分析无疑是有效的分析方法。为此，本书应用线性回归分析方法，结合第 5 章作业效果分析的结果，建立了作业各系统相互影响的关系模型，挖掘了各系统的重要组成要素。本章呈现了作业效果及其影响因素综合分析的结果，有助于为改进作业设计与实施品质提供方向指引，也可为进行改进作业质量的实证研究提供思路参考，还可在教育研究中探究因素之间的关系提供一些方法启示。

本章主要内容：
◆ 作业各相关因素对于作业效果的影响
◆ 影响作业设计质量的因素分析
◆ 影响教师作业设计能力的因素分析
◆ 作业系统关系模型建构

本章阐述的主要问题与观点：

● 哪些因素影响了作业效果？

　　研究表明,不同的作业来源,作业设计质量,学生作业完成方式,教师作业批改方式,教师作业设计能力,学校作业管理水平等对作业效果都有着非常明显的影响。例如,完成不同来源作业对作业效果的影响表明:完成学校作业的时间对于作业效果有着较为明显的负向抑制作用;完成家长作业的时间对于作业兴趣和学业成绩影响不明显,但较为明显地增加了作业负担;但完成学生自主作业的时间,则对于作业效果起明显的正向促进作用。

● 作业设计质量中哪些因素对作业效果的影响最为关键？

　　作业设计质量对于作业效果有极为明显的影响,其中作业类型、可理解性、必要性、与学习内容的联系程度、作业量、作业难度等因素对作业效果的影响更为明显。作业设计质量主要通过增进作业兴趣(而非作业负担)实现对提高学业成绩的影响。

● 作业完成方式对于作业效果有怎样的影响？

　　光线舒适、房间安静对于作业效果起到较为明显的正向促进作用。各种家长参与方式对于作业效果均没有明显的促进作用。注意力集中对于作业效果起到较为明显的正向促进作用。

● 作业批改与反馈方式对于作业效果有怎样的影响？

　　教师批改对于作业效果有较为明显的促进作用,其中指出存在的问题或解决问题的思路对于提高学业成绩的正向影响最大;学生面临问题时,自己想办法解决或请教老师有助于提高作业效果;无论家长采用何种指导方式,对提高作业效果均没有明显促进作用;教师及时检查作业订正情况有助于提高作业效果。

- 作业设计质量受到哪些因素的影响?

　　教师作业设计能力和学校作业管理水平都对作业设计质量有明显的影响。研究表明,发展教师的作业设计能力有助于提高作业设计质量;在发展作业设计能力时,需综合考虑各种要素,实现系统思考与共同提高;同样,提高学校作业管理水平有助于增进教师作业设计质量;在学校作业管理提高教师作业设计质量的过程中,通过提升教师的作业设计能力发挥中介作用。

- 影响教师作业设计能力的因素有哪些?

　　改变教师作业观念虽然重要,但有效操作路径的支撑对提升教师作业设计能力有更为关键的实质性影响;阅读文章,增进备课组交流,尤其是加强自我反思,也有助于提升教师的作业设计能力。

如果说，前面5—10章着重阐述了作业效果的现状，分析了作业的某一个组成要素的基本特点，那么作业各要素之间相互的关系则是本章的分析重点。比如影响作业效果的核心要素究竟是什么？影响作业设计质量的关键因素是什么？影响教师作业设计能力的关键因素是什么？这些因素之间的相互关系研究，既有助于探寻高质量作业设计与实施的规律，也有助于今后在作业实践探索中发挥重要的引导作用。

一、作业各相关因素对作业效果的影响分析

作业设计与实施是一个系统，各环节处理方式的不同均可能导致作业效果的差异。第5章的研究发现，在学业成绩、作业负担、作业兴趣等三方面作业效果中，学生最认可作业对于提高学业成绩的作用。作业兴趣对于学业成绩的正向影响要远远超过作业负担。在一定程度上说，激发作业兴趣比减轻作业负担更为关键。具体而言，作业各相关因素都有可能对作业效果产生影响，本部分主要应用回归分析方法，探索作业来源、作业设计质量、作业完成方式、作业批改与反馈方式等因素对于作业效果的影响，以期挖掘关键要素。

（一）完成不同来源作业的时间对作业效果的影响

作业主要有三个来源：学校作业，即学校或教师为学生布置的作业；家长作业，即家长给孩子布置的作业；自主作业，即学生自己选择做的作业。此外，偶尔还有家教或补习老师给学生布置的作业。学生问卷中有3道题目分别调查学生完成某学科学校作业的时间、家长作业的时间以及自主作业的时间。学生完成学校作业的时间相对较为固定，因而以时间段表示，家长作业的时间和自主作业的时间不固定，因而以频次表示。为利于统计分析，将时间段和频次均转化为具体数值。时间越长，频次越多，数值就越大。

1. 完成不同来源作业时间对提高学业成绩的效果分析

对完成学校作业、家长作业以及自主作业的时间与提高学业成绩的效果进行回归分析，结果如表11-1所示。

表 11-1　完成学校作业、家长作业以及自主作业的时间对提高学业成绩效果的回归分析

| 学段 | 自变量 | 非标准化系数 | | 标准系数 | t | Sig. |
		B	标准误差	试用版		
小学	（常量）	4.545	.027		168.218	.000
	学校作业	−.120	.007	−.177	−17.039	.000
	自主作业	.120	.007	.198	16.399	.000
	家长作业	−.032	.007	−.054	−4.526	.000
初中	（常量）	4.164	.031		132.998	.000
	学校作业	−.120	.008	−.152	−14.789	.000
	自主作业	.187	.009	.254	21.231	.000
	家长作业	−.058	.009	−.082	−6.815	.000

完成自主作业时间对于提高学业成绩的影响最大。小学、初中的标准回归系数分别为0.198、0.254，均在0.1—0.3之间，表现为正向促进作用，影响较为明显。也就是说，学生完成自主作业的时间越长，越有助于提高学业成绩。

完成学校作业时间对于提高学业成绩的影响位居第二，小学、初中的标准回归系数分别为−0.177、−0.152，数值均在0.1—0.3之间，表现为负向抑制作用，影响较为明显。也就是说，学业成绩靠后的学生完成学校作业时间长，但对提高学业成绩的帮助却不大。

完成家长作业时间对于提高学业成绩的影响最小，小学、初中的标准回归系数分别为−0.054、−0.082，数值均小于0.1，表现为抑制作用，但影响不够明显。也就是说，对于提高学业成绩而言，家长作业的效果多数为得不偿失，至少无明显促进作用。

2. 完成不同来源作业时间对作业兴趣的影响分析

对完成学校作业、家长作业以及自主作业的时间与作业兴趣进行回归分析，结果如表11-2所示。

表 11-2　完成学校作业、家长作业以及自主作业的时间对作业兴趣的回归分析

| 学段 | 自变量 | 非标准化系数 | | 标准系数 | t | Sig. |
		B	标准误差	试用版		
小学	（常量）	4.407	.029		149.391	.000
	学校作业	−.159	.008	−.210	−20.753	.000
	家长作业	−.036	.008	−.054	−4.634	.000
	自主作业	.180	.008	.265	22.550	.000

学段	自变量	非标准化系数		标准系数	t	Sig.
		B	标准误差	试用版		
初中	（常量）	3.800	.037		102.682	.000
	学校作业	−.178	.010	−.187	−18.676	.000
	家长作业	−.076	.010	−.087	−7.524	.000
	自主作业	.301	.010	.336	28.974	.000

完成自主作业的时间对作业兴趣的影响最大，表现为正向促进作用。也就是说，完成自主作业的时间越长，越有助于激发作业兴趣。小学标准回归系数为 0.265，在 0.1—0.3 之间，关系较明显。初中标准回归系数为 0.336，在 0.3—0.5 之间，关系明显。相对而言，初中学生自主作业时间对作业兴趣的影响更大。

完成学校作业的时间对于作业兴趣的影响位居第二，小学标准回归系数为 −0.210，初中标准回归系数为 −0.187，数值均在 0.1—0.3 之间，表现为负向抑制作用，影响较为明显。也就是说，学业成绩靠后的学生完成学校作业时间长，但对激发作业兴趣的帮助却不大。

完成家长作业的时间对于作业兴趣的影响最小，小学标准回归系数为 −0.054，初中标准回归系数为 −0.087，数值均小于 0.1，表现为负向抑制作用，但影响不够明显。也就是说，对于激发作业兴趣而言，家长作业的效果多数为得不偿失，至少无明显促进作用。这对于那些乐于给孩子布置很多额外作业的家长来说，应该引起足够的反思。

3. 完成不同来源作业时间对作业负担的影响分析

对完成学校作业、家长作业以及自主作业的时间与作业负担进行回归分析，结果如表 11-3 所示。

表11-3 学校作业、家长作业以及自主作业的时间对作业负担的回归分析

学段	自变量	非标准化系数		标准系数	t	Sig.
		B	标准误差	试用版		
小学	（常量）	1.429	.048		30.089	.000
	学校作业	.285	.012	.239	23.078	.000
	家长作业	.136	.013	.130	10.892	.000
	自主作业	−.109	.013	−.103	−8.535	.000

学段	自变量	非标准化系数		标准系数	t	Sig.
		B	标准误差	试用版		
初中	（常量）	1.940	.043		45.606	.000
	学校作业	.256	.011	.238	23.335	.000
	家长作业	.135	.012	.138	11.639	.000
	自主作业	−.199	.012	−.198	−16.666	.000

所有标准回归系数数值均在 0.1—0.3 之间,说明完成不同来源作业时间对作业负担的影响均较为明显。其中,完成家长作业和学校作业的时间越长,作业负担越重。完成自主作业的时间越长,作业负担越轻。

小学和初中的主要差异在完成自主作业的时间对作业负担的影响上,小学标准回归系数为 −0.103,初中标准回归系数为 −0.198。相对而言,初中增加学生完成自主作业的时间,更有助于减轻学生作业负担感。

4. 综合比较

整理完成学校作业、家长作业、自主作业等三种不同来源作业的时间对于学业成绩、作业兴趣、作业负担的影响,得到如表 11−4 所示结果。分析可知:

表 11−4　完成不同类型作业时间对作业效果回归分析的结果整理

学段	作业类型	学业成绩	作业兴趣	作业负担
小学	学校作业	−.177	−.210	.239
	家长作业	−.054	−.054	.130
	自主作业	.198	.265	−.103
初中	学校作业	−.152	−.187	.238
	家长作业	−.082	−.087	.138
	自主作业	.254	.336	−.198

第一,完成自主作业的时间对于作业效果的正向影响较为明显,时间增加有助于提高学业成绩,激发学习兴趣,减轻作业负担。相对而言,初中的影响要比小学更为明显。

第二,完成学校作业的时间对于作业效果的负向影响较为明显,时间增加会降低学业成绩,弱化作业兴趣,增加作业负担。本次研究表明,学校教师多数以最优秀学生为标准来布置作业并提出完成要求,无法适应所有学生,尤其是学业成绩靠后学生的需要,致使对作业效果产生不良影响。

第三,完成家长作业的时间对作业效果有一定负向作用,对提高学业成绩、激发作业兴趣无帮助,但却会增加作业负担。

可见,对于学生作业而言,关键在于适应性。自主作业由学生自主选择,适应性相对较好,效果也就最为明显。家长布置的作业往往较为随意,针对性不足,因而除了增加负担之外,对激发兴趣、提高成绩没什么效果。而本应具有最佳适应性的学校作业,却因未充分考虑层次性、选择性、多样性等层面的不足,远远无法适应学生的需要,尤其是学业成绩靠后学生的需要。

因为家长对于教育,尤其是学科教学的理解有限,未必能够把握学科教学的本质和年级要求,所以他们所布置的作业题能否对应于教学主题都成问题,更别说能够针对作业目标了。先前分析已表明,教辅材料中作业题与教学主题的对应性明显不够。因此,期望提高家长布置作业的质量来提高作业效果,显得并不现实。

相对而言,提高学校布置作业的针对性,面向不同水平与特征的学生,提供可供选择的、有助于他们更好地发展的学科作业,是更为切实可行的路径,这就要求增加作业的选择性与多样性。先前分析则已表明,各学科作业几乎没有选择性,多样性表现得也不明显,且更多体现在形式上,未能真正实现功能的多样。为此,如何体现作业的选择性与多样性,是各学科在今后作业研究与实践中迫切需要解决的问题。

(二) 作业设计质量对于作业效果的影响

根据假设与经验推断,作业设计质量也影响作业效果。那么作业设计质量对作业效果究竟有怎样的影响? 哪些影响因素是最为关键的? 这些都是值得进一步深入探讨的。在学生问卷中,设计有作业设计质量量表。根据量表中题目特征,分别进行正向或逆向计分,计算量表中各题的平均分,即得到作业设计质量。

1. 作业设计质量对提高学业成绩的影响

对作业设计质量与提高学业成绩进行回归分析,得到如表 11 - 5 所示结果。结果显示,小学标准回归系数为 0.369,初中标准回归系数为 0.450,均在 0.3—0.5 之间,关系明显。也就是说,作业设计质量越高,越有利于提高学生学业成绩。相对而言,初中作业设计质量对于提高学业成绩的影响更明显。

表 11-5　作业设计质量对做作业提高学业成绩效果的回归分析

学段	自变量	非标准化系数		标准系数	t	Sig.
		B	标准误差	试用版		
小学	（常量）	2.995	.042		71.278	.000
	作业设计质量	.407	.011	.369	37.091	.000
初中	（常量）	1.985	.048		41.433	.000
	作业设计质量	.636	.013	.450	47.210	.000

那么影响作业设计质量的各因素中，哪些因素是更为关键的呢？通过对作业设计质量各因素与提高学业成绩进行回归分析，可发现几乎所有作业设计质量的要素都会对提高学业成绩产生显著影响（见表 11-6）。

表 11-6　作业设计质量各要素对提高学业成绩的影响差异的回归分析

学段	自变量	非标准化系数		标准系数	t	Sig.
		B	标准误差	试用版		
小学	（常量）	3.561	.055		64.700	.000
	紧密联系学习内容	.109	.008	.144	13.824	.000
	理解作业题要求	.187	.010	.206	19.088	.000
	题目没有必要	−.072	.008	−.118	−9.359	.000
	难度大	−.028	.009	−.043	−3.090	.002
	作业量大	−.027	.009	−.043	−3.064	.002
	作业类型单调	−.058	.008	−.097	−7.568	.000
	和其他同学没什么差异	.012	.006	.019	1.898	.058
初中	（常量）	2.810	.071		39.776	.000
	紧密联系学习内容	.129	.010	.130	13.006	.000
	理解作业题要求	.309	.011	.281	27.010	.000
	题目没有必要	−.114	.008	−.159	−14.124	.000
	难度大	−.006	.009	−.007	−.633	.527
	作业量大	−.024	.009	−.032	−2.583	.010
	作业类型单调	−.108	.008	−.149	−12.840	.000
	和其他同学没什么差异	.027	.009	.029	3.123	.002

小学排在前4位的分别是(标准回归系数数值均至少达到0.1,即影响较为明显,下同):一是作业的可理解性(标准回归系数数值为0.206);二是作业与学习内容的联系程度(标准回归系数数值为0.144);三是作业的必要性(标准回归系数数值为0.118);四是作业类型(标准回归系数数值为0.097,非常接近0.1)。

初中排在前4位的分别是:一是作业的可理解性(标准回归系数数值为0.281),二是作业的必要性(标准回归系数数值为0.159),三是作业类型(标准回归系数数值为0.149),四是作业与学习内容的联系程度(标准回归系数数值为0.130)。

整体而言,作业的可理解性、作业的必要性、作业类型和作业与内容的联系程度对于提高学业成绩的影响较为明显。

2. 作业设计质量对作业兴趣的影响

对作业设计质量与作业兴趣进行线性回归分析,得到如表11-7所示结果。小学标准回归系数为0.418,关系明显。初中标准回归系数为0.526,关系非常明显。也就是说,作业设计质量高,非常有利于激发学生作业兴趣。相对而言,初中作业设计质量对于激发学生作业兴趣的正向促进作用更明显。

表11-7 作业设计质量对做作业提高学业成绩的回归分析

学段	自变量	非标准化系数		标准系数	t	Sig.
		B	标准误差	试用版		
小学	(常量)	2.513	.046		54.641	.000
	作业设计质量	.516	.012	.418	42.981	.000
初中	(常量)	.790	.056		14.208	.000
	作业设计质量	.904	.016	.526	57.812	.000

对作业设计质量各因素与作业兴趣进行线性回归分析,可发现几乎所有作业设计质量因素都会对学生的作业兴趣产生显著影响(见表11-8)。

表11-8 作业设计质量各要素对学生作业兴趣的回归分析

学段	自变量	非标准化系数		标准系数	t	Sig.
		B	标准误差	试用版		
小学	(常量)	3.548	.060		58.734	.000
	紧密联系学习内容	.102	.009	.120	11.758	.000
	理解作业题要求	.229	.011	.225	21.268	.000

学段	自变量	非标准化系数		标准系数	t	Sig.
		B	标准误差	试用版		
小学	题目没有必要	−.060	.008	−.087	−7.065	.000
	难度大	−.085	.010	−.117	−8.659	.000
	作业量大	−.062	.010	−.089	−6.427	.000
	作业类型单调	−.039	.008	−.058	−4.632	.000
	和其他同学没差异	−.010	.007	−.014	−1.485	.138
初中	（常量）	2.993	.083		35.863	.000
	紧密联系学习内容	.114	.012	.095	9.744	.000
	理解作业题要求	.371	.014	.277	27.466	.000
	题目没有必要	−.117	.010	−.134	−12.271	.000
	难度大	−.029	.011	−.031	−2.760	.006
	作业量大	−.101	.011	−.109	−9.071	.000
	作业类型单调	−.166	.010	−.188	−16.782	.000
	和其他同学没什么差异	−.029	.010	−.025	−2.799	.005

小学排在前三位的分别是：一是作业的可理解性（标准回归系数数值为 0.225），二是作业与学习内容的联系程度（标准回归系数数值为 0.120），三是作业难度（标准回归系数数值为 0.117）。

初中排在前五位的分别是：一是作业的可理解性（标准回归系数数值为 0.277），二是作业类型（标准回归系数数值为 0.188），三是作业的必要性（标准回归系数数值为 0.134），四是作业量（标准回归系数数值为 0.109），五是作业与学习内容的联系程度（标准回归系数数值为 0.095，非常接近 0.1）。

整体来看，作业的可理解性、作业的必要性、作业类型、作业量和作业与内容的联系程度对于激发作业兴趣的影响较为明显。相对而言，初中较为明显的影响因素要比小学更多。

3. 作业设计质量对学生作业负担的影响

对作业设计质量与学生作业负担进行线性回归分析，得到如表 11 - 9 所示结果。小学标准回归系数为 −0.626，初中标准回归系数为 −0.616，数值均超过 0.5，关系非常明显。也就是说，作业设计质量高，非常有利于减轻学生作业负担。

表 11 - 9　作业设计质量对作业负担的回归分析

学段	自变量	非标准化系数		标准系数	t	Sig.
		B	标准误差	试用版		
小学	（常量）	6.698	.062		107.981	.000
	作业设计质量	−1.216	.016	−.626	−75.078	.000
初中	（常量）	6.568	.058		113.390	.000
	作业设计质量	−1.193	.016	−.616	−73.214	.000

对作业设计质量各因素与作业负担进行回归分析,可发现几乎所有作业设计质量因素都会对学生的作业负担产生显著影响(见表 11 - 10)。

表 11 - 10　作业设计质量各要素对作业负担影响的回归分析

学段	自变量	非标准化系数		标准系数	t	Sig.
		B	标准误差	试用版		
小学	（常量）	.555	.078		7.094	.000
	紧密联系学习内容	−.023	.011	−.017	−2.005	.045
	理解作业题要求	−.008	.014	−.005	−.561	.574
	题目没有必要	.141	.011	.131	12.855	.000
	难度大	.270	.013	.236	21.225	.000
	作业量大	.327	.013	.298	26.012	.000
	作业类型单调	.159	.011	.151	14.599	.000
	和其他同学没差异	−.035	.009	−.031	−3.885	.000
初中	（常量）	.900	.084		10.688	.000
	紧密联系学习内容	.018	.012	.013	1.491	.136
	理解作业题要求	−.097	.014	−.064	−7.085	.000
	题目没有必要	.105	.010	.107	10.912	.000
	难度大	.256	.011	.238	23.892	.000
	作业量大	.352	.011	.337	31.272	.000
	作业类型单调	.122	.010	.123	12.223	.000
	和其他同学没差异	−.041	.010	−.032	−3.904	.000

小学排在前四位的分别是：一是作业量（标准回归系数数值为 0.298），二是作业难度（标准回归系数数值为 0.236），三是作业类型（标准回归系数数值为 0.151），四是作业必要性（标准回归系数数值为 0.131）。

初中排在前四位的分别是：一是作业量（标准回归系数数值为 0.337），二是作业难度（标准回归系数数值为 0.238），三是作业类型（标准回归系数数值为 0.123），四是作业的必要性（标准回归系数数值为 0.107）。

整体来看，作业量、作业难度、作业类型、作业必要性对于作业负担的影响较为明显。

4. 综合分析

总结以上结果，并进行中介效应等分析，可得到以下重要结论：

（1）提升作业设计质量是实现减负增效的关键条件。整理作业设计质量对于学业成绩、作业兴趣、作业负担的影响，得到如表 11 - 11 所示结果。比较可知，在小学和初中，各项标准回归系数均超过 0.3，说明提高作业设计质量会在较大程度上提高学业成绩、保持作业兴趣、减轻作业负担。其中，均以作业设计质量对作业负担的影响为最大。可见，提升作业设计质量是减轻作业负担、实现减负增效的关键条件。

表 11 - 11　作业设计质量对作业效果回归分析的结果整理

学段	学业成绩	作业兴趣	作业负担
小学	.369	.418	－.626
初中	.450	.526	－.616

（2）可理解性、作业类型等是影响作业效果的重要因素。整理作业设计中对作业效果产生较为明显影响的因素，得到表 11 - 12 所示结果。据此，可总结出影响作业效果的重要因素：

表 11 - 12　作业设计质量各要素对作业效果影响回归分析的结果整理

	学业成绩	作业兴趣	作业负担
小学关键影响因素	可理解性 与学习内容的联系程度 必要性 作业类型	可理解性 与学习内容的联系程度 难度	作业量 难度 作业类型 必要性

	学业成绩	作业兴趣	作业负担
初中关键影响因素	可理解性 必要性 作业类型 与学习内容的联系程度	可理解性 作业类型 必要性 作业量 与学习内容的联系程度	作业量 作业难度 作业类型 必要性

一是作业类型。作业类型对提高学业成绩、激发作业兴趣、减轻作业负担都产生了较为明显的影响。此结果看似意料之外,实则情理之中。作业类型丰富,增加的是实践性、合作性的作业,此类作业学生很感兴趣,对学生的能力发展也很有帮助。此外,因为作业类型的丰富,可减少作业完成过程中的乏味感,从而减轻学生的负担感。就现状而言,作业类型过于单一,对学习效果造成了不良影响。因此,在研究与实践中需对作业类型给予高度重视。

二是作业必要性。作业必要性对提高学业成绩、激发作业兴趣、减轻作业负担都产生了较为明显的影响。作业必要性实际上反映的是分层性与选择性层面的问题。目前的作业,学业成绩靠后的学生认为有些作业没有必要的比例较高,主要是因为作业没有为他们进行分层设计,也没有可供他们选择的作业。同样,对于学业成绩靠前的学生,对于一些简单重复的作业也会因为枯燥乏味,毫无成就感而降低兴趣。可见,增加作业的分层性,提高作业的选择性,有助于增加学生对作业必要性的认可度。

三是可理解性。可理解性对于提高学业成绩和激发作业兴趣都产生了较为明显的影响。在设计作业时,要尽量使用学生易懂的语言,并且要求指向需明确,以确保学生能够理解题意与要求,避免给学生制造额外的障碍。

四是与学习内容的联系程度。与学习内容的联系程度反映的是解释性(目标一致性)层面的问题,对提高学业成绩和激发作业兴趣均产生了较为明显的影响。当学生感觉到作业题与学习内容联系紧密时,就会感觉更有意义,从而投入更多的精力去完成。作业文本分析结果表明,作业解释性的体现虽然比选择性、多样性要好一些,但也存在较为明显的作业内容与教学主题毫无关联的现象,具有较大的提升空间。

五是作业难度。作业难度主要影响学生的作业负担,对作业兴趣也有一定影响。作业文本分析表明,作业难度分布整体较为合理,但初中存在一些中考题下放的现象,显得难题特难,这会增加所有学生,尤其是学业成绩靠后学生的作业负担。因此,对于作业难度控制而言,关键是在新授课阶段适当减少综合性作业题的设置,同时要对"以各类考卷代替作业"的现象进行反思与改进。

六是作业量。作业量可通过完成作业所需时间来反映,主要影响学生的作业负担,对作业兴趣也有一定影响。学生问卷调查和作业文本分析都表明,学生的作业量偏大,完成时间明显超出规定要求。对于学习困难学生来说,表现得更为明显。因此,如何采取有效措施控制作业量,也值得开展研究。

(3)对于作业设计质量提高学业成绩的效果,作业兴趣的中介作用更明显。作业设计质量是直接对提升学业成绩产生影响?还是通过一定的中介变量来实现?假设在作业设计质量提高学生学业成绩过程中,作业兴趣和作业负担是中介变量。首先对作业兴趣的中介效应进行分析(详见图 11 - 1 所示),小学结果和初中结果分别如表 11 - 13 和表 11 - 14 所示。

数据处理:中介效应

自变量对因变量的影响可能通过多种途径实现。一种是直接实现,如 X 直接影响 Y。一种是间接实现,如 X 通过影响 U,进而影响 Y。对于 U,我们称为中介变量,由其引起的效应则称为中介效应。在多数情况下,往往是两种实现方式同时存在。

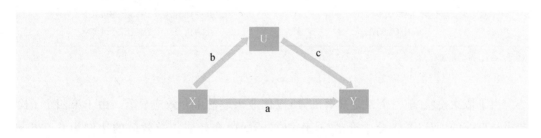

图 11 - 1 中介效应研究模型

在 SPSS 中,中介效应主要通过依次检验标准回归系数的方法进行。首先,检验 X 对 Y 的标准回归系数 a,若标准回归系数达到显著水平,则回归方程显著,可以计算中介效应。若回归方程不显著,则不能计算中介效应。

其次,检验 X 对 U 的标准回归系数 b,若标准回归系数达到显著水平,说明 X 对 U 有明显影响,可以计算中介效应。若回归方程不显著,则不能计算中介效应。

再次,同时检验 X 和 U 对 Y 的标准回归系数 a' 和 c。若标准回归系数 c 达到显著水平,说明中介效应显著。若 c 没有达到显著水平,则说明中介效应不显著。

在确定中介效应显著后,可计算中介效应比例为 bc/a。

表 11-13　小学作业兴趣对于作业设计质量影响学业成绩的中介效应分析

标准回归系数	标准回归系数检验
第一步　　y＝0.369x	se＝0.011　t＝37.091***
第二步　　u＝0.418x	se＝0.012　t＝42.981***
第三步　　y＝0.450u	se＝0.009　t＝45.688***
＋0.181x	se＝0.011　t＝18.396***

说明:se,标准误差;***,$p<0.001$。

由于依次检验(前三个 t)是显著的,所以作业兴趣的中介效应显著。由于第四个 t 检验也是显著的,所以是部分中介效应,作业兴趣的中介效应占总效应的比例为 $0.418 * 0.450/0.369＝51.0\%$。

表 11-14　初中作业兴趣对于作业设计质量影响学业成绩的中介效应分析

标准化标准回归系数	标准回归系数检验
第一步　　y＝0.450x	se＝0.013　t＝47.210***
第二步　　u＝0.526x	se＝0.016　t＝57.812***
第三步　　y＝0.514u	se＝0.008　t＝52.504***
＋0.357x	se＝0.014　t＝18.454***

说明:***,$p<0.001$。

由于依次检验(前三个 t)是显著的,所以作业兴趣的中介效应显著。由于第四个 t 检验也是显著的,所以是部分中介效应,作业兴趣的中介效应占总效应的比例为 $0.526\times 0.514/0.450＝60.0\%$。

包含了中介变量的模型分析结果表明:一方面,作业设计质量对学业成绩有直接正效应,即作业设计质量高,对提高学业成绩的作用也就会高。另一方面,作业设计质量通过影响学生的作业兴趣,对提高学业成绩有间接正效应,即作业设计质量高,学生的作业兴趣就高,对提高学业成绩的效果就明显。

然后对作业负担的中介效应进行分析,小学结果和初中结果分别如表 11-15 和表 11-16 所示。

分析表 11-15 可知,由于依次检验(前三个 t)是显著的,所以作业负担的中介效应显著。由于第四个 t 检验也是显著的,所以是部分中介效应,作业负担的中介效应占总效应的比例为 $0.626\times 0.018/0.369＝3.05\%$。

表 11-15　小学作业负担对于作业设计质量影响学业成绩的中介效应分析

标准化标准回归系数	标准回归系数检验
第一步　y=0.369x	se=0.011　t=37.091***
第二步　u=-0.626x	se=0.016　t=-75.078***
第三步　y=-.018u	se=0.007　t=45.688***
+0.357x	se=0.011　t=27.993***

分析表 11-16 可知,由于依次检验(前三个 t)是显著的,所以作业负担的中介效应显著。由于第四个 t 检验也是显著的,所以是部分中介效应,作业负担的中介效应占总效应的比例为 $0.616 \times 0.028/0.450 = 3.83\%$ 。但相对而言,作业负担的中介效应所占比例较低,小学和初中均不足 5% 。

表 11-16　初中作业负担对于作业设计质量影响学业成绩的中介效应分析

标准化标准回归系数	标准回归系数检验
第一步　y=0.450x	se=0.013　t=47.210***
第二步　u=0.616x	se=0.016　t=-73.214***
第三步　y=-.028u	se=0.009　t=-2.337***
+0.433x	se=0.017　t=35.750***

包含了中介变量的模型分析结果表明:一方面,作业设计质量对学业成绩有直接正效应,即作业设计质量高,对提高学业成绩的作用也就会高。另一方面,作业设计质量通过影响学生的作业负担,对提高学业成绩有间接正效应,即作业设计质量高,学生的作业负担感就低,对提高学业成绩的效果就明显。

对于作业设计质量对学业成绩的影响,小学作业兴趣的中介效应所占比例为 51.0% ,远远超过作业负担的中介效应所占比例 3.05% ;初中作业兴趣的中介效应所占比例为 60.0% ,同样远远超过作业负担的中介效应所占比例 3.83% 。也就是说,作业设计质量在很大程度上是通过影响学生的作业兴趣,进而影响学生学业成绩的。

综上分析,学校和教师在提升作业设计质量的时候,不宜仅关注作业量、作业难度等以影响作业负担为主的要素,更需要重视解释性、选择性、多样性、可理解性等影响作业兴趣与学业成绩的要素。

（三）作业完成方式对于作业效果的影响

作业效果除受完成不同来源作业的时间、作业设计质量的影响外，还可能受到作业完成方式的影响，包括作业环境、作业习惯，以及家长参与方式。在此分别讨论这些因素对于作业效果的影响。

1. 作业环境对于作业效果的影响

学生问卷中有 4 道题目提问学生的作业环境，包括是否有单独房间，是否有书桌，光线是否舒适，房间是否安静等。对作业环境各因素与作业提高学业成绩的效果进行回归分析，得到如表 11－17 所示结果。分析可知，光线舒适、房间安静对于提高学业成绩的作用更大，小学、初中的标准回归系数均超过 0.1，关系较为明显。而有单独房间、在书桌上做作业对于提高学业成绩的效果较小，小学、初中的标准回归系数均不足 0.1，关系不够明显。

表 11－17 作业环境对作业提高学业成绩的效果分析

学段	自变量	非标准化系数		标准系数	t	Sig.
		B	标准误差	试用版		
小学	（常量）	3.334	.056		60.028	.000
	单独房间	.005	.007	.009	.823	.411
	书桌	.052	.011	.054	4.747	.000
	光线舒适	.114	.009	.143	12.324	.000
	房间安静	.095	.009	.120	10.051	.000
初中	（常量）	2.531	.079		32.229	.000
	单独房间	−.017	.009	−.021	−1.897	.058
	书桌	.110	.016	.078	6.900	.000
	光线舒适	.132	.013	.117	10.022	.000
	房间安静	.140	.012	.144	11.956	.000

因此，可建议家长在安排孩子作业环境时，如果因为家庭经济条件的限制，学生即使没有单独的作业房间与书桌，也要保证舒适的光线和作业环境的安静。

2. 家长参与方式对作业效果的影响

家长参与量表中共有 9 道题目，有 5 道题目提问家长的作业参与广度，包括帮助孩子安排作业时间,督促孩子完成作业,与孩子共同完成作业,检查孩子作业完成情况,检查作业对错。另有 4 道题目提问学生遇到困难时家长的参与深度,包括留待学校解决,直接提供答案,讲解解题过程,提供方法指导。对家长参与方式与提高学业成绩的效果进行回归分析,结果如表 11-18 所示。小学的标准回归系数为 0.004,初中的标准回归系数为 0.068,均小于 0.1,影响不明显。也就是说,家长参与方式对提高学生学业成绩影响不大。

表 11-18　家长参与方式对提高学生学业成绩的回归分析

学段	自变量	非标准化系数		标准系数	t	Sig.
		B	标准误差	试用版		
小学	(常量)	4.514	.057		79.159	.000
	家长作业参与方式	.005	.016	.004	.322	.747
初中	(常量)	3.969	.047		84.066	.000
	家长作业参与方式	.085	.015	.068	5.512	.000

对家长参与方式中各因素与提高学业成绩的效果进行回归分析,得到如表 11-19 所示结果。分析可知,无论是小学,还是初中,各因素对提高学业成绩的标准回归系数均小于 0.1,关系不明显。也就是说,无论家长采取何种参与方式,对提高学生学业成绩均未产生什么影响。

表 11-19　家长参与方式各因素对提高学业成绩的回归分析

学段	自变量	非标准化系数		标准系数	t	Sig.
		B	标准误差	试用版		
小学	(常量)	4.511	.061		73.914	.000
	帮助安排时间	.009	.009	.014	.901	.368
	督促完成作业	−.031	.010	−.049	−3.004	.003
	共同完成作业	.011	.011	.017	1.056	.291
	检查作业完成	.040	.013	.052	2.984	.003
	检查作业对错	−.005	.011	−.007	−.422	.673
	留待学校解决	.002	.010	.003	.178	.858
	直接提供答案	−.064	.012	−.077	−5.551	.000
	讲解解题过程	.001	.013	.002	.085	.932
	提供方法指导	.004	.013	.005	.273	.785

学段	自变量	非标准化系数		标准系数	t	Sig.
		B	标准误差	试用版		
初中	（常量）	4.154	.053		78.398	.000
	帮助安排时间	.006	.010	.010	.659	.510
	督促完成作业	−.039	.010	−.058	−3.943	.000
	共同完成作业	.045	.011	.060	4.021	.000
	检查作业完成	.046	.011	.066	4.344	.000
	检查作业对错	.000	.012	−.001	−.083	.934
	留待学校解决	−.030	.010	−.040	−3.049	.002
	直接提供答案	−.093	.014	−.088	−6.762	.000
	讲解解题过程	−.006	.013	−.009	−.467	.640
	提供方法指导	.036	.013	0.51	2.744	.006

先前分析已表明，家长在参与方式上存在差异，没有产生影响可能是因为采用的方式不够恰当。那么，对于中国很多家长参与到学生作业过程中的现象，我们需要进行深刻的反思与研究。首先家长是否应该参与到学生作业的过程中？如果参与学生作业，那么家长应该怎样参与作业过程才更有效？因此，对于家长是否需要参与学生作业，采用何种参与方式，都值得深入研究与反思。

家长参与作业的方式有多种形式，包括帮助学生安排作业时间，督促学生完成作业，和学生共同完成作业，检查作业完成情况，检查作业对错等等。这些不同的参与方式对于学业成绩的影响是否一样？分析表 11 - 19，任何一种参与方式的标准系数都小于 0.1，影响不明显。说明不管家长采用何种参与作业的方式，都没有对学生的学业成绩产生明显的影响。此外，还有几个现象值得关注：

第一，在小学和初中，督促孩子完成作业对于提高学业成绩的标准回归系数均小于 0，说明当家长督促孩子完成作业时，不利于提高孩子的学业成绩。家长在一旁监督孩子完成作业，属于不信任的一种表现，可能会导致孩子心理上的抗拒，从而对作业效果产生负面影响。

第二，在小学和初中，在孩子遇到问题时，直接提供答案对于提高学业成绩的标准回归系数均小于 0，说明直接提供答案不利于提高孩子的学业成绩。对于作业而言，可能过程比结果更重要，只有理解了解题的思路与方法，才可能实现思路与方法的迁移，从而提高学业成绩。

第三，提供方法指导，在小学阶段对提高学业成绩的标准回归系数很小，在初中阶段的标准回归系数则要大一些。也就是说，在初中阶段，提供解题方法指导，相对而言更有助于提高学业成绩。

不过,这并不意味着在初中阶段一定要提供方法指导。因为提供方法指导对于家长的能力要求极高,能够进行有效指导的家长并不多。

3. 学生作业习惯对于作业效果的影响

家长问卷中有 4 道题目提问学生的作业习惯,包括注意力是否集中,是否吃零食,是否休息一会儿再做,中途是否进行其他活动。对学生各作业习惯与作业提高学业成绩的效果进行回归分析,得到如表 11 - 20 所示结果。分析可知,注意力集中对于作业提高学业成绩的效果更明显,小学、初中的标准回归系数为 0.13,影响较为明显。也就是说,完成作业时注意力越集中,越有助于提高学业成绩。小学、初中其他各项的标准回归系数均小于 0.1,关系不明显。可见,学生在做作业过程中,可通过一些途径,例如休息一会儿,中途进行一些其他活动等来进行适当放松,但在真正开始做作业题时,学生需要养成集中注意力的好习惯。

表 11 - 20　作业习惯对作业提高学业成绩的效果分析

学段	自变量	非标准化系数		标准系数	t	Sig.
		B	标准误差	试用版		
小学	(常量)	4.271	.060		71.120	.000
	注意力集中	.102	.011	.126	9.017	.000
	吃零食	−.038	.012	−.050	−3.301	.001
	休息一会儿	−.014	.010	−.020	−1.374	.169
	中途进行其他活动	.000	.013	.000	−.065	.948
初中	(常量)	3.716	.067		55.150	.000
	注意力集中	.165	.013	.167	13.005	.000
	吃零食	−.039	.012	−.046	−3.340	.001
	休息一会儿	.003	.011	.004	.319	.750
	中途进行其他活动	−.025	.013	−.027	−1.901	.057

4. 综合分析

无疑,家长要关注孩子在家的作业情况。但到底该如何关注,十分值得研究。就数据分析而言,家长的严格管理和深层参与未必能带来满意的效果。例如,家长常要求孩子做完作业再做其他事情,而在孩子做作业的过程中会时常监督。然而,家长过度监督带来的主要是负作用,而孩子做作业过程中进行一些其他活动也并未对作业效果带来很大的负面影响。

又如,多数学校非常强调家长参与,对家长提出近乎苛刻的要求,如安排家长检查孩子作业完成情况,检查作业对错,帮助孩子解决作业问题,甚至要求家长对孩子不会的作业内容进行辅导,并填写家校联系册。检查作业完成情况对提高作业效果有一定促进作用,但检查作业对错却没有明显影响。究其原因,可能在于家长自身能力不够,也可能在于学生并不信任家长的判断。

相对而言,若家长将支持的重心放在给孩子创造良好的作业环境,尤其是安静、光线好,会对提高作业效果产生明显的促进作用。

(四)作业批改与反馈方式对于作业效果的影响

作业批改存在多种形式。在完成批改后,需要通过一定的方式反馈。这些批改和反馈方式都可能对提高学业成绩产生影响,在此分别加以分析并说明。

1. 不同主体批改频次对提高学业成绩的影响

学生问卷中有 4 道题目提问不同主体批改作业的频次,包括教师批改、家长批改、同学批改、自主批改。对各主体批改频次与提高学业成绩的效果进行回归分析(详见表 11-21),可发现教师批改要比其他批改方式对提高学业成绩的作用更大。小学标准回归系数为 0.160,初中标准回归系数为 0.190,表现为促进作用,影响较为明显。也就是说,教师批改的频次越高,就越有利于提高学生的学业成绩。至于其他批改方式,小学、初中的标准回归系数均小于 0.1,对提高学业成绩没有产生明显影响。

表 11-21　作业批改主体与提高学业成绩的回归分析

学段	自变量	非标准化系数		标准系数	t	Sig.
		B	标准误差	试用版		
小学	(常量)	3.936	.054		72.719	.000
	教师批改	.154	.010	.160	15.009	.000
	同学批改	−.031	.008	−.044	−3.735	.000
	自己批改	−.016	.009	−.021	−1.704	.088
	家长批改	−.017	.006	−.031	−2.706	.007
初中	(常量)	3.123	.069		45.181	.000
	教师批改	.229	.013	.190	17.679	.000
	同学批改	−.012	.010	−.014	−1.247	.213
	自己批改	−.010	.010	−.011	−.966	.334
	家长批改	.042	.009	.053	4.853	.000

究其原因,一是因为其他批改方式采用很少,差异不明显,弱化了对于提高作业效果的影响;二是因为教师认真批改学生的作业,会让学生更为重视教师每一次布置的作业,从而提高作业完成的质量;三是因为教师作业批改能力要明显强于其他主体,而且更容易在教学中进行适当的调整。

当然,这并不意味着所有作业都必须由教师批改。随着新课程的发展,评价理念正由对学习的评价向为了学习的评价转型。而为了发展学生的评价能力,作为学习的评价也越来越受到重视。自己批改、同学批改无疑是发展评价能力的主要途径。不过,这需要应用恰当的批改方式,并引导学生在批改过程中不断反思。对于如何引导学生开展作业批改,尚未形成值得推广的经验,有待作更为深入的探索与实践。

2. 教师批改方式对提高学业成绩的影响

学生问卷中有 5 道题目提问教师采用不同批改方式的频次,包括指出错误、评分或打等级、写评语、写出正确答案、指出存在的问题或解决问题的思路。对教师作业批改的方式与提高学业成绩的效果进行回归分析(详见表 11-22),可发现指出存在的问题或解决问题的思路对于提高学业成绩的正向影响最大。小学阶段标准回归系数为 0.167,初中阶段标准回归系数为 0.202,关系较为明显。也就是说,指出存在问题或解决问题思路的频次越高,就越有利于提高学生的学业成绩。调查也已表明,学生最喜欢指出存在问题或解决问题思路的批改方式。因此,教师在批改方式中,指出存在的问题或者提供解决问题的思路,这种作业批改方式值得作更为深入的研究。

表 11-22　教师作业批改方式与提高学业成绩的回归分析

学段	自变量	非标准化系数		标准系数	t	Sig.
		B	标准误差	试用版		
小学	(常量)	3.872	.035		111.905	.000
	指出错误	.057	.007	.087	7.783	.000
	评分	.032	.006	.058	5.112	.000
	写评语	.024	.007	.043	3.475	.001
	写出答案	−.032	.007	−.055	−4.806	.000
	指出解题思路	.094	.007	.167	14.058	.000
初中	(常量)	3.252	.042		77.569	.000
	指出错误	.108	.009	.131	12.118	.000

学段	自变量	非标准化系数		标准系数	t	Sig.
		B	标准误差	试用版		
初中	评分	.036	.007	.056	5.097	.000
	写评语	.021	.008	.032	2.617	.009
	写出答案	−.030	.008	−.045	−3.912	.000
	指出解题思路	.126	.008	.202	16.524	.000

此外,在初中,指出错误与提高学生学业成绩的标准回归系数为 0.131,关系也较明显。至于其他因素对提高学业成绩的影响,标准回归系数均小于 0.1,关系不明显。值得指出的是,小学和初中写出答案对提高学生学业成绩的标准回归系数均小于零,可能是因为教师写出答案后,学生对如何解题的关注度降低的缘故,而且也没有促进学生进一步的理解并内化。

3. 学生遇到问题时的不同处理方式对提高学业成绩的影响

学生问卷中有 6 道题目提问遇到问题时采用不同方式的频次,包括暂时不做或先写个答案、借助相关资料解决、向爸爸寻求帮助、向妈妈寻求帮助、向老师寻求帮助、向同学寻求帮助。

对学生遇到问题时的不同处理方式对提高学业成绩的影响进行回归分析,得到如表 11-23 所示结果。向老师寻求帮助对提高学业成绩的正向影响最大,小学标准回归系数为 0.178,初中标准回归系数为 0.208,均在 0.1—0.3 之间,关系较明显。也就是说,向老师寻求帮助的次数越多,越有助于提高学业成绩。借助资料解决对提高学业成绩也有正向影响,小学标准回归系数为 0.121,初中标准回归系数为 0.107,均在 0.1—0.3 之间,关系较为明显。也就是说,借助资料解决作业面临的问题对提高学业成绩有些帮助。暂时不做或随意写个答案对提高学业成绩有负向影响,小学标准回归系数为 −0.118,初中标准回归系数为 −0.164,数值均在 0.1—0.3 之间,关系较明显。也就是说,暂时不做的次数越多,越不利于提高学业成绩。至于向爸爸寻求帮助、向妈妈寻求帮助、向同学寻求帮助,小学和初中的标准回归系数均小于 0.1,关系不明显。

可见,学生在面临问题时,若能自己借助资料解决,无疑会促进理解,发展能力。若仍然无法解决,则向老师寻求帮助更有助于问题解决,主要原因可能在于教师不仅能够顺利解题,而且能够教给学生问题解决的方法。

表 11 - 23　家长参与方式各因素对提高学业成绩的回归分析

学段	自变量	非标准化系数		标准系数	t	Sig.
		B	标准误差	试用版		
小学	（常量）	4.305	.033		131.378	.000
	暂时不做	−.070	.006	−.118	−11.119	.000
	借助资料解决	.072	.007	.121	11.094	.000
	向爸爸寻求帮助	.004	.007	.007	.624	.532
	向妈妈寻求帮助	−.030	.007	−.053	−4.668	.000
	向老师寻求帮助	.109	.007	.178	15.618	.000
	向同学寻求帮助	−.029	.008	−.043	−3.709	.000
初中	（常量）	3.881	.040		97.524	.000
	暂时不做	−.115	.007	−.164	−15.796	.000
	借助资料解决	.077	.008	.107	10.022	.000
	向爸爸寻求帮助	.014	.008	.020	1.729	.084
	向妈妈寻求帮助	−.009	.008	−.013	−1.136	.256
	向老师寻求帮助	.155	.008	.208	18.765	.000
	向同学寻求帮助	−.019	.008	−.024	−2.206	.027

另外一个值得深思的问题是，目前向同学寻求帮助对提高学业成绩并没有体现明显的作用。这可能和目前似乎较为强调重复训练、通过大量练习达到熟能生巧、其意自现的效果，忽视问题解决思路与方法的整理，弱化了向同学求助的效果有关。但从合作学习的视角来看，有必要促进学生之间的互相帮助，通过讨论解题过程，可促进同学之间的合作交流。

4. 及时检查作业订正情况有助于提高学业成绩

学生问卷中有 4 道题目调查教师批改作业后采用不同处理方式的频次，包括检查订正情况、在课堂上留出时间讲评作业、用一节课讲评作业、用课余时间给学生单独讲评作业。对教师作业处理方式与提高学生学业成绩的效果进行回归分析（详见表 11-24），可发现检查学生作业订正情况对于提高学业成绩的正向影响最大。小学标准回归系数为 0.150，初中标准回归系数为 0.179，关系较为明显。也就是说，检查作业订正情况的频次越高，就越有利于提高学生的学业成绩。

表 11-24　教师作业处理方式与提高学业成绩的回归分析

学段	自变量	非标准化系数		标准系数	t	Sig.
		B	标准误差	试用版		
小学	（常量）	3.814	.041		92.076	.000
	检查订正情况	.114	.008	.150	13.504	.000
	留时间讲评作业	.048	.007	.073	6.465	.000
	用一节课讲评作业	−.032	.006	−.054	−4.911	.000
	单独讲评作业	.046	.007	.078	7.085	.000
初中	（常量）	3.192	.050		64.218	.000
	检查订正情况	.160	.010	.179	16.113	.000
	留时间讲评作业	.053	.009	.064	5.652	.000
	用一节课讲评作业	−.032	.008	−.045	−4.185	.000
	单独讲评作业	.080	.008	.112	10.295	.000

此外，在初中阶段，利用课余时间给学生单独讲评作业与提高学生学业成绩的标准回归系数为 0.112，关系也较明显。值得指出的是，小学和初中阶段，教师专门用一节课时间来讲解作业错误的方式与提高学生学业成绩的标准回归系数均小于零。可见，教师通过一节课这么长时间集体讲评每一道作业的方式，由于讲评毫无针对性，导致这种讲评的效果很差。

5. 综合分析

综合先前分析可发现，对于作业批改与反馈，关键在于针对性。相对于学生、家长而言，教师的批改无疑针对性最强，能够准确地发现问题之所在。而在教师的批改方式中，指出存在的问题和解决问题的思路无疑是针对学生个体而言，更能满足学生的需要。此外，及时检查作业订正情况以及单独讲评作业，同样是针对学生个体采取的措施。相对而言，具有针对性的留出一些时间讲评作业的效果要明显优于不具针对性的用一节课时间讲评作业。

为此，对于教师作业批改与反馈而言，若能以作业分析与统计为基础，选择迫切需要讲解的问题，针对学生的不同需要，指明存在的问题，或提出问题解决的思路，会有助于作业效果的提升。此外，对于一些学生自主批改或同伴批改更为有效的作业，如抄写、默写等查书即可解决的问题，学生的批改也许更为细致，能更具针对性地找出问题。

二、影响作业设计质量的因素分析

前已提及,学科作业设计质量对于作业效果有明显影响。那么,作业设计质量又受到哪些因素的影响呢? 在此将从学校作业管理、教师作业设计能力等方面进行分析。

(一) 教师作业设计能力对作业设计质量的影响

作业设计能力量表中有 10 道题目主要调查教师在作业设计时考虑的问题,包括撰写作业目标、预做作业题、分析作业题目标、分析作业题错误、判断作业题难度、估计作业题时间、明确作业题对象、估计作业难度、估计作业时间、调整作业内容,这可在一定程度上反映教师作业设计能力。对教师作业设计能力和作业设计质量进行回归分析(详见表 11-25),可发现小学教师作业设计能力对作业设计质量影响的标准回归系数为 0.175,在 0.1—0.3 之间,关系较明显。也就是说,小学教师的作业设计能力越强,作业设计质量越高。初中教师作业设计能力对作业设计质量影响的标准回归系数仅为 0.036,要明显低于小学,小于 0.1,关系不明显。

表 11-25　教师作业设计能力对作业设计质量的回归分析

学段	自变量	非标准化系数		标准系数	t	Sig.
		B	标准误差	试用版		
小学	(常量)	2.807	.061		46.191	.000
	作业设计能力	.213	.014	.175	15.308	.000
初中	(常量)	3.282	.056		58.189	.000
	作业设计能力	.043	.013	.036	3.219	.001

此现象的出现可能有几方面的原因:第一,小学教师作业设计能力要高于初中教师,相互之间差异较为明显,因而对作业设计质量的影响也较为明显。第二,初中教师作业设计能力差异不大,相互之间差异不明显,标准差要低于小学,对作业设计质量的影响也就不明显。第三,初中教师布置作业更多地来源于各类资料,自主设计过程相对较为缺乏,作业设计能力的影响自然也就不明显。

对教师作业设计能力各要素与作业设计质量进行回归分析(详见表11-26),可发现标准回归系数均小于0.1,说明教师作业设计能力各要素并不是单独对作业设计质量产生明显影响,而是通过各要素的协同作用后,对作业设计质量产生明显影响。也就是说,在发展教师作业设计能力时,需综合考虑各种相关因素的提高,不宜仅考虑某个单一的因素,需要系统思考与共同提高。

表11-26 作业设计能力各要素对作业设计质量的回归分析

学段	自变量	非标准化系数		标准系数	t	Sig.
		B	标准误差	试用版		
小学	(常量)	2.786	.076		36.697	.000
	撰写作业目标	.059	.011	.080	5.145	.000
	预做作业题	.078	.015	.076	5.308	.000
	分析作业题目标	−.071	.014	−.087	−5.015	.000
	分析作业题错误	.026	.010	.035	2.440	.015
	判断作业题难度	−.053	.019	−.048	−2.785	.005
	估计作业题时间	.058	.016	.060	3.661	.000
	明确作业题对象	.055	.014	.064	4.002	.000
	估计作业难度	.017	.022	.014	.781	.435
	估计作业时间	.025	.020	.021	1.230	.219
	调整作业	.062	.018	.057	3.362	.001
初中	(常量)	3.198	.069		46.439	.000
	撰写作业目标	.005	.009	.007	.508	.611
	预做作业题	−.002	.012	−.002	−.141	.888
	分析作业题目标	−.035	.011	−.049	−3.164	.002
	分析作业题错误	.012	.009	.018	1.295	.195
	判断作业题难度	.011	.015	.012	.759	.448
	估计作业题时间	.001	.012	.001	.060	.952
	明确作业题对象	−.023	.011	−.030	−2.031	.042
	估计作业难度	.034	.018	0.33	1.934	.053
	估计作业时间	.049	.017	.048	2.875	.004
	调整作业	.008	.014	.009	.602	.547

（二）学校作业管理对作业设计质量的影响

教师问卷中有 2 道题目要求对学校作业管理作出评价，包括学校的作业实施要求是否明确，学校是否重视作业过程管理。根据家长回答结果，将频次转化为分值，分别赋值 1—5 分，并求算平均分。

研究发现，在小学，学校的作业管理能显著影响教师的作业设计质量，即学校作业管理工作做得越到位，教师的作业设计质量越高。标准回归系数为 0.161，在 0.1—0.3 之间，影响较为明显。而在初中，标准回归系数仅为 -0.004，学校的作业管理基本上对教师的作业设计质量没有影响（详见表 11-27）。这种现象产生的原因可能有两种：一是因为初中学校作业管理质量均不到位，相互之间差异不大（标准差要低于小学），因而也就无法显示出作业管理质量对于作业设计质量的影响。另外一个可能的原因是，初中的教师和学科作业更加复杂多样，学校作业管理没有针对性和指导性，从而导致作业管理无法产生作用。

表 11-27 学校作业管理对作业设计质量的影响

学段	自变量	非标准化系数		标准系数	t	Sig.
		B	标准误差	试用版		
小学	（常量）	3.706	.008		468.404	.000
	作业管理	.215	.015	.161	14.012	.000
初中	（常量）	3.462	.007		512.614	.000
	作业管理	-.005	.012	-.004	-.395	.693

本项研究提出如下研究假设，即在小学，学校的作业管理规定（x）影响教师作业质量的高低（y）是通过教师的作业设计能力（u）实现的。依次进行回归分析，结果如表 11-28 所示。

表 11-28 作业设计能力对学校作业管理影响作业设计质量的中介效应分析结果

标准化标准回归系数	标准回归系数检验
第一步　y=0.166x	se=0.016　t=14.463***
第二步　u=0.444x	se=0.115　t=42.518***
第三步　y=0.131u	se=0.002　t=10.265***
＋0.108x	se=0.108　t=8.476**

说明：***，$p<0.001$；**，$p<0.01$。

由于依次检验(前三个 t)是显著的,所以作业设计活动的中介效应显著。由于第四个 t 检验也是显著的,所以是部分中介效应,中介效应占总效应的比例为 $0.444 \times 0.131/0.166 = 35.0\%$。

包含了中介变量的模型分析结果表明:一方面,学校作业管理规定对教师的作业设计质量有直接正效应,即学校作业管理规定做得好的学校,教师设计的作业质量往往会高一点。另一方面,学校作业管理规定通过影响教师的作业设计能力,对作业质量有间接正效应,即学校作业管理规定做得好的学校,教师往往作业设计能力也强,而教师的作业设计能力会影响作业设计质量,使得教师作业设计质量较高。可见,提升学校作业管理的质量与水平,也是提升作业质量的重要途径之一。

三、影响教师作业设计能力的因素分析

前面的分析已表明,提升学校作业管理水平,发展教师作业设计能力有助于提高作业设计质量。作业专业发展无疑是提高教师作业设计能力的主要途径,主要涉及理念与实践层面,理念层面强调先进观念的熏陶,突出观念对于实践的指导作用。

(一) 不同因素对教师作业设计能力的影响分析

究竟是什么因素对教师的作业设计能力产生明显的影响? 在不考虑教师自身条件差异等影响因素的情况下,本部分着重探讨教师的专业发展活动与作业观念对教师作业设计能力的影响。

在专业发展量表中有 5 道题目考查了教师作业专业发展活动的问题,包括参与培训、阅读相关文章、备课组讨论、同伴交流、自我反思等。通过回归分析发现(详见表 11 - 29):对于小学教师,教师的专业发展对作业设计能力的标准回归系数为 0.518,关系非常明显;作业观念对作业设计能力的标准回归系数为 0.151,关系较明显。对于初中教师而言,教师的专业发展对作业设计能力的标准化标准回归系数为 0.46,关系明显;作业观念对作业设计活动的标准化标准回归系数为 0.146,关系较明显。

相对而言,教师专业发展对作业设计能力的正向影响作用要高于教师作业观念对作业设计能力的正向影响作用。可见,改变观念虽然非常重要,但若缺乏有效操作路径的支撑,也很难对教学设计产生实质性的影响。

表 11-29　专业发展与作业观念对作业设计能力影响的回归分析

学段	自变量	非标准化系数		标准系数	t	Sig.
		B	标准误差	试用版		
小学	（常量）	1.745	.053		33.229	.000
	专业发展	.455	.009	.518	52.162	.000
	作业观念	.171	.011	.151	15.206	.000
初中	（常量）	2.123	.048		44.559	.000
	专业发展	.376	.008	.160	15.850	.000
	作业观念	.146	.010	.146	14.533	.000

对于这个问题,可能具有一定的学科差异。因为前面的作业观念部分分析也可发现,不同学科,不同教龄的教师对于作业价值的认可度不完全相同。这个问题值得学科进一步深入探讨,因为有些学科可能对于教师作业观念的完善更迫切,而有些学科的作业变革可能已不是观念问题,而是如何设计和实施得更好的问题。

（二）各类专业发展活动对作业设计能力的影响

各类作业相关专业发展活动对作业设计能力的影响进行回归分析(详见表 11-30),可发现小学与初中具有类似的特征。自我反思对作业设计能力的正向影响最大,小学标准回归系数为 0.303,初中标准回归系数为 0.351,均在 0.3—0.5 之间,关系明显。也就是说,自我反思的频次越多,越有助于提高作业设计能力。备课组讨论、阅读相关文章对作业设计也有正向影响,小学、初中的标准回归系数均在 0.1—0.3 之间,关系较为明显。参与培训、同伴交流对作业设计似乎作用不大,小学、初中的标准回归系数均小于 0.1,关系不明显。

表 11-30　教师专业发展各要素对作业设计能力影响的回归分析

学段	自变量	非标准化系数		标准系数	t	Sig.
		B	标准误差	试用版		
小学	（常量）	2.161	.042		51.873	.000
	参与培训	.011	.006	.021	1.725	.085
	阅读文章	.082	.008	.132	10.723	.000

学段	自变量	非标准化系数		标准系数	t	Sig.
		B	标准误差	试用版		
小学	备课组讨论	.159	.009	.242	17.763	.000
	同伴交流	.023	.012	.024	1.938	.053
	自我反思	.247	.011	.303	23.404	.000
初中	（常量）	2.238	.035		64.209	.000
	参与培训	−.009	.006	−.019	−1.548	.122
	阅读文章	.069	.007	.128	10.413	.000
	备课组讨论	.109	.008	.176	13.575	.000
	同伴交流	.040	.009	.054	4.282	.000
	自我反思	.264	.009	.351	30.017	.000

参与培训未能产生明显影响,主要可能在于有关作业专业方面的培训频次普遍较低。同伴交流未能产生明显影响,则可能与同伴交流的主题不够聚焦有关,而且也可能和同伴作业水平差异不大,无法形成促进有关。

整体来看,强化教研组或备课组交流以及自我反思是提升作业设计能力的重要途径。对于培训而言,若能增加培训的针对性,或将教研组之间的交流作为培训的重要方式,可能会促进教师作业设计能力的发展。

四、作业系统关系模型的综合建构

作业是一个复杂的系统。根据上述研究结果和综合分析结果,排除部分特殊学科、特殊群体的差异性,本项研究尝试对作业各要素之间的相互影响,建立作业各关键要素的综合关系图(详见图 11-2)。

根据前述所有的研究结果分析,可对作业各因素的相关关系,形成基本的总结与解释如下:

第一,作业效果普遍不理想。

作业效果是作业产生的实际价值与意义。作业效果主要包括作业负担、作业兴趣和学业成绩三个方面。根据调研结果显示,目前作业效果普遍不理想。具体表现为学生作业负

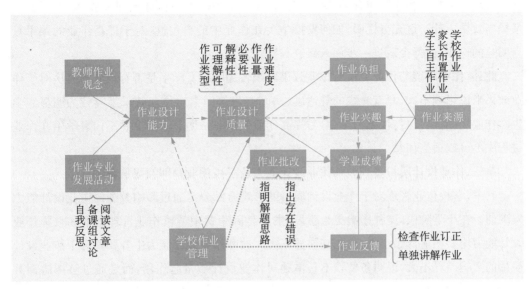

图 11-2 作业各系统相互影响的关系图

说明:实线箭头表示有较为明显的直接影响;线状虚线箭头表示既有较明显的直接影响,又有较明显的中介作用;点状虚线箭头表示影响属于推测,未能通过数据分析证实。

担重,作业兴趣不高,作业对于提高学业成绩的作用不明显。相比较而言,学生最认可作业对学业成绩的价值,同时普遍感觉作业负担重。作业负担主要表现为生理负担,即作业量大,作业时间长。随着年级的升高,学生越来越不认同作业效果。

第二,影响作业效果的因素是多方面的。

研究表明,作业效果主要受到作业来源、作业设计质量、作业批改方式、作业反馈方式、作业环境和学生作业习惯的影响。作业设计质量对学业成绩的影响,部分是通过影响学生的作业兴趣而实现的。也就是说,要提升作业效果,不仅需要减轻作业负担,更需要激发作业兴趣。

首先,作业设计质量对作业效果具有明显影响,但作业设计质量中影响作业效果最关键的有 6 个主要要素。分别为作业类型、可理解性、解释性、必要性、作业量、作业难度。而在学生回答开放题时,要求丰富作业类型的呼声也非常高。

其次,教师的作业批改方式和讲评方式影响学生学业成绩的提高效果。在作业各种批改方式中,教师指出存在的错误和指明解决问题的思路有助于提高学生学业成绩;在作业反馈与讲评时,教师检查作业订正情况、给学生有针对性地讲解作业有助于提高学生学业成绩。

再次,作业来源对作业效果有明显影响。相比较学校布置的作业、家长布置的作业和学生的自主作业,当学生自主做额外作业时,往往感觉到作业兴趣浓、作业负担轻、对学业成绩提高效果好。当家长布置额外作业时，往往感觉到作业兴趣弱、作业负担重、对学业成绩提高效果不佳。这充分说明，如何发挥学生在作业中的自主性，对于提高作业的效果具有明显的作用，值得今后进一步深入研究与实践。

此外，作业环境与作业习惯对作业效果影响较为明显。学生是否有独立的书房对于作业效果来说影响不大，只有光线的舒适度、房间安静等因素对作业效果影响较为明显。学生在作业期间能否保持注意力集中，对提高作业效果非常明显。但这并不代表学生在作业过程中不可以适当休息。

第三，作业设计质量受到教师作业设计能力及学校作业管理的双重影响。

其中，学校作业管理对于作业设计质量的影响有部分是通过影响教师的作业设计能力实现的。在小学阶段，这种影响更为明显，主要是因为初中学校作业管理水平和教师作业设计能力均要明显低于小学，且相互差异不大。教师作业设计能力中各要素对于作业设计质量的影响差异不大，说明各要素不是单独对作业设计质量起作用，而是通过整体协调共同发挥作用。

第四，教师作业设计能力受到教师作业观念和作业专业发展活动的双重影响。

其中，作业专业发展有 3 个主要因素，按对教师作业设计能力的影响大小排列，依次为自我反思、备课组讨论和阅读文章。研究表明，和所有学科相比，初中语文学科教师的作业观念在专业发展活动影响作业设计质量的过程中有较为明显的调节作用。

此外，改进学校作业管理水平，有可能会提高教师的作业批改与作业反馈质量。此假设是否成立，本项研究因为数据收集的关系，无法展开分析，有待后续研究证实。总之，作业各要素和作业效果的相关关系综合分析与研究，对于相关规律的发现与挖掘，相信对今后进一步提升作业设计与实施品质提供了科学而有效的研究基础。

第 12 章
总结与展望

　　作业调研是作业研究的基础。发现问题,寻找原因,更关键的在于解决问题。因此,作业调查研究的目的是为了变革作业本身,提升作业设计与实施的品质,发挥作业的正面效果才是作业研究与实践的终极价值追求。

　　作业变革的方向在哪里?我们应从哪些关键问题入手?这是本章努力回答的问题。限于篇幅,本章着重从认识、实践、研究层面提出一些初步的思路,提出一些方向性的思考,供各学科教师、教育管理者和教育工作研究者思考。希望这些方向性的思考对作业研究与实践提供一定的启示。

本章主要内容:

◆ 形成对作业问题的恰当认识。

◆ 把握有效解决作业问题的关键。

◆ 加强作业编制与研究。

本章阐述的主要问题与观点:

● 对于作业问题,需要形成哪些基本认识?

　　作业设计与实施中问题重重,是无可争议的事实。作业负担问题较为明显,但作业兴趣问题更为关键;作业时间长是作业负担重的重要标志,但减轻作业负担绝非减少学校作业量这么简单;作业问题存在群体差异，要给予学困生群体以高度关注。更为关键的是，作业问题并不仅仅是教师自身原因，也并非教师态度问题。

● 要有效解决作业问题，需要把握哪些关键因素？

有效解决作业问题，并不是抓某个因素就能解决，而是需要从系统的角度看待作业问题，系统化地解决作业问题。我们需要建立一系列有效而且有序的"解决问题链"来进行。从加强对作业功能的正确认识开始，教育管理层面要提高作业管理的水平，加强对教师作业专业能力的培训，从而提升教师作业设计能力，这样才有助于提高教师作业设计质量。作业设计质量和实施质量的提升有助于提高作业效果。

当然，本书的研究中，虽然发现家长对于作业的参与没有发挥明显的价值，这可能和家长缺乏有效指导有关。因此，如何建立和谐有效的家校关系，促进家校之间良性互动，共同促进作业的有效价值也是今后需要进一步探索的重要问题之一。此外，作业变革还呼吁作业专业队伍的建设，这样才能促进长效发展！

作业是联系学校与家庭、社会的桥梁，是社会理解和评价学校教育的重要途径之一。由于国内长期缺乏有关作业的深入研究与探索，导致作业在实践中产生了很多问题，未能发挥作业应有的价值。作业问题事关重大，作业是深化课程改革中不可轻视的研究与实践领域。

作业变革之旅正在起步，要走好这段荆棘密布的旅程，实现作业设计与实施品质的突破，深化对于作业应用现状的认识是前提，强化与作业应用相关的研究是基础，优化学校作业设计、实施与管理则是关键。本书完成了对于作业现状的全面透析，为深化认识、强化研究、优化实践提供了充分的证据基础。

一、形成对作业现状的科学认识

正如一千个读者心中有一千个哈姆雷特一样，一千个人头脑中也有一千种对作业现状的认识。而经过此次作业的全面研究与现状剖析，我们既在一定程度上验证了部分对于作业现状的认识，也发现了诸多意料之外、情理之中的现实。具体而言：

第一，作业设计与实施中问题重重，是无可争议的事实。

本项研究从影响因素、作业设计与实施方式、作业效果等三个层面展开，影响因素分为教师因素、学校因素、学生因素、家长因素等要素；实施方式分为作业设计、作业完成、作业批改、作业分析、作业讲评等环节；作业效果则分为学业成绩、作业兴趣、作业负担等方面。遗憾的是，在这样一项多视角、多层面、多维度的研究中，能提炼的优点屈指可数，发现的问题却比比皆是。

整体来看，作业问题不容乐观。比如，学生作业时间长、睡眠时间少、作业负担重是不争的事实。即使在没有升学考试压力的小学阶段，作业负担并没有因此得到缓解。无论是学生、家长、教师问卷调查的结果，还是专家的作业文本分析结果，都充分显示各年级作业时间长，睡眠时间少，且随着年级升高上述现象越来越严重。

又如，国内的作业功能主要以巩固课堂教学内容，强化知识与技能为主，教师很少考虑作业其他方面的功能。教师以照搬教辅材料上的作业为主，而且教辅材料上的作业内容与教学实际严重脱节，自身质量堪忧，导致学生作业的难度加大，负担加重；再如，在作业设计能力方面,教师作业设计缺乏目标意识,作业内容选择随意,作业内容与作业目标匹配度不够;作业设计质量不够理想,多样性、选择性、结构性和解释性均存在不足;教师虽然重视作业批改,但批改方式与学生期望不相符合,批改质量亟待改善;作业分析基本依赖于个体经验,作业讲评缺乏针对性等。为此,提升作业设计与实施品质是一项系统工程,既需要整体把握,也需要点上突破。

第二,作业问题不仅仅是教师自身原因,也并非教师态度问题。

面对这么多的作业问题,我们能够简单地把责任推向教师吗?显然不能。

作业是一个系统,关系错综复杂。作业在设计、实施中的种种问题,有些是教师的专业能力导致的,有些是学校管理水平导致的,有些则是整个教育和社会大环境导致的。

而在这样一种复杂关系中,教师犹如夹心饼干一样成为关注的焦点。作业多了、少了、难了、易了,家长、社会都有意见,正可谓众口难调。但每当发现作业中存在的种种严重问题时,管理部门、社会和家长往往会习惯性地将矛头直指教师,给生理压力已然沉重的教师平添更为沉重的心理压力。然而,本项研究的一组数据,却可证明教师为充分利用作业而付出的艰苦努力。教师在只教一个班级的情况下,用于作业设计、批改、分析、辅导、讲评的时间总计已超过 2.5 小时。而若执教两个班级,时间就会超过 4 小时,占据教师在学校近一半的时间。可见,教师对于作业的态度不可谓不积极,对于发挥作业功能的愿望不可谓不美好。甚至在一定程度上可以说,我们所面临的现实问题恰恰是:不是去要求增加教师在作业方面的工作时间,而是减轻教师作业负担。

当然,前面已指出,教师在作业应用能力上存在一定的欠缺。只有提高教师作业设计与实施能力,才能真正起到增作业之效、减师生之负的效果。本项研究还发现了学校作业管理层面存在的诸多不足,如作业管理文本表述随意,作业要求缺乏针对性,作业检查流于形式,学校有计划地对教师开展有关作业方面的专业培训几乎没有等问题。此外,本项研究针对家长参与和学业成绩的相关分析表明,家长参与作业,无论是简单地看看作业有没有完成,还是深入地讲解每一道题目,除增加了作业时间之外,对提高作业完成质量,从而提高学业成绩而言,并没有起到多大积极作用。因此,要解决作业问题,需要综合思考各要素的特征,以及相互之间的关系,以采取切实有效的针对性措施。教育行政、学校、家庭和社会的责任都非常重大。

第三,作业负担问题较为明显,但作业兴趣问题更为关键。

借鉴绿色指标的先进经验,本项研究不仅考虑学生通过作业获得的成果,还考虑学生在作业过程中的付出,将作业效果界定为作业兴趣、作业负担、学业成绩。整体来看,学生对于做作业提高了学业成绩的说法较为认同;对于喜欢做作业,认同度就略低一些;对于作业负担不重,认同度就更低一些。可见,学生学业成绩的提高,实际上是以作业兴趣的弱化和作业负担的加重为代价的。从这点来看，无法得出作业效果好的整体结论。

若对作业兴趣、作业负担对于提高学业成绩的效果进行多元回归分析，可发现作业兴趣对于提高学业成绩的标准回归系数要明显高于作业负担对于学业成绩的标准回归系数。也就是说，对提高学业成绩而言，作业兴趣的影响要比作业负担的影响更为明显，这就应验了"兴趣是最好的老师"这句古老却又有生命力的俗语。有了兴趣，完成作业时就会更加投入，也就会减轻完成作业时的负担感，提高完成作业的效果。

然而，在调查对于作业功能的认识时，无论是教师，还是学生，均将巩固课堂学习内容放在首位，将提高学业成绩置于前列，而将提高或保持学生的学习兴趣放在最后。也就是说，为了提高学业成绩，采取了多种办法，增加了作业负担，但却疏于应用提高作业兴趣这条最为关键的途径。从这点来看，如何通过增加学生作业的兴趣，来提高作业效果，是作业研究与实践中永恒的、值得持续进行探索的深层次问题。

第四，作业时间长是作业负担重的重要标志，但减轻作业负担绝非减少学校作业量这么简单。

本项研究将作业时间作为重点，收集了专家、教师、家长、学生等群体对于作业时间的估计。虽然不同群体之间的时间估计存在差异，有时甚至达到 2 倍以上，但各群体估计的时间均明显超过上海市的整体要求。因此，可以说，作业时间长是造成作业负担重的重要原因。为此，教育部和各地出台的控制学校作业时间的制度是有一定道理的。有些地区还采取了严格的监控学校作业量的措施，可谓动了真格。

然而，在研究过程中，我们却发现了另外一个无可争辩的事实。即学生作业包括学校作业、家长作业和自主作业等三种类型，且以总量控制为主要特征。学校作业量减少后，家长除了抱怨作业量不够外，还会给学生安排一些教辅材料上的作业，或由学生再自主做一些作业。作业文本分析表明，教辅材料泛滥且质量堪忧，存在科学性错误，形式单一，内容综合性过强，不切合教学进程，为撑版面而注重重复训练。再加上家长对教学过程不了解，布置作业的针对性存在严重欠缺，使得对于提升学业成绩几乎起不到什么作用。

因此，减少学校作业量后，可能会面临因家长作业量增加而带来的负担没有减轻，但作业效果更差的窘境。要避免此现象，可能需要提高学校作业质量，需要证明完成家长作业是一种负效劳动，更需要考虑如何用丰富而又有意义的活动来充实学生的课余时间。

第五，作业问题存在群体差异，要给予学困生群体以高度关注。

本项研究发现，诸多结果存在不同群体的差异，如初中与小学的差异、不同教龄教师的差异、不同学业成绩学生的差异等。整体而言，初中的情况要比小学更为糟糕，教师的作业设计能力要比小学弱，作业质量也比小学要低，学生对作业的认识要比小学更为负面，作业时间则比小学要长，作业效果则比小学要差，作业内容存在较为明显的应试倾向。

但无论是小学还是初中,教师均几乎为所有学生布置相同的作业。虽然教师多数宣称依照中等水平学生的情况布置作业,但通过对教师与学生作业时间估计的比较,可发现教师估计的作业时间与学业成绩很靠前的学生完成作业的时间更为接近。也就是说,教师实际上是以最优学生为标准设计作业的。出现此现象的原因可能在于教师在潜意识中认为要体现高标准、严要求,也可能在于教师对作业时间的估计能力存在欠缺。

但无论是何种原因,这给学业成绩靠后的群体带来了非常沉重的作业负担。他们作业的时间最长,休息的时间最短,作业的兴趣最弱,作业的负担最重,学业成绩却最低。也就是说,他们在面对不适合自己的学校作业的情况下,付出了最艰辛的劳动,却取得了最差的效果,这无疑给信心带来了沉重打击。而在作业批改时与作业讲评时,学业成绩靠后的学生得到的关注要少于其他学生。因此,如何使作业能够适应各类学生的需要,尤其是作业如何面向学业成绩靠后的学生,是目前作业研究与实践中需要特别关注的问题。

当然,除了以上认识外,本报告各章还提供了其他诸多有意义的结论。若您重新阅读、理解这些结论,可能会加深您对于作业现状的理解与把握。

二、有效把握解决作业问题的关键

变革不是一幅蓝图,而是一段旅程。虽然这段旅程有起点,有方向,但却面临崎岖,甚至可能找不着道路。也许针对存在的问题,可提出一系列的解决方案。但要明确哪些问题是最迫切需要解决的问题,哪些方案是最值得实施的解决方案,却又颇费思量。在此以研究结果为基础提出方案,供教师与学校参考。

第一,转变作业观念,优化对于作业功能的认识。

观念不是万能的,但没有观念却是万万不能的。有了观念不一定能产生实质性的改变,但没有观念就会迷失方向。本书中的作业研究结果表明,作业观念对于提高作业设计能力的影响虽不如作业专业发展来得直接,但也较为明显。对于观念转变而言,主要体现在对作业功能的认识,以及对优质作业特征的认识层面。

作业的应然功能很多,如巩固课堂学习内容,培养学生良好习惯,提高学业成绩,掌握学习方法,增强学生对学科重视程度,合理安排时间,提高或保持学生学习兴趣等。就目前而言,对功能的认识需要实现两个转变:

首先,强化作业对于保持学生学习兴趣的功能。本项研究发现了有关作业兴趣的三个现象:一是学生的作业兴趣整体不高,尤其是学业成绩落后的学生,兴趣很低;二是教师、学生均将保持兴趣作为作业的次要功能,对于作业激发兴趣不抱什么期望;三是增加作业兴趣对于提高学业成绩具有很明显的正向促进作用。因此,需要充分认识到通过作业激发学习兴趣的必要性。

其次,适当弱化作业对于增强学生对学科重视程度的功能。本项研究发现,小学有90.8%的教师、初中有89.4%的教师认同做作业可增加学生对学科的重视程度。这种看法会使得教师或主动或被动地增加学科作业量,从而导致总的作业时间的明显增加。因此,教师不能一厢情愿地用作业来抢占学生课余时间,需要摒弃"作业越多越有助于学习"的错误观点,更不能把作业作为争夺学生业余时间的主战场。

什么是高质量的作业?对于优质作业,本项研究采用专家咨询法以及问卷调查法,提取了解释性(目标一致性)、科学性、选择性、多样性、难度适宜度、时间适宜度、结构性等7个关键要求。多元回归分析结果表明,多样性是影响作业效果最为关键的因素,对学业成绩、作业兴趣、作业负担都具有较明显的影响。因为多样可避免单调,可增加兴趣,减轻负担感,从而提高作业效果。解释性也是影响作业效果的重要因素,对于保持作业兴趣,提高学业成绩有明显影响。此外,选择性对于作业负担产生了明显影响,正因为缺乏选择性,使得学业成绩靠后学生的负担加重。专家作业文本分析表明,作业在解释性、选择性(必要性)、多样性层面存在较为明显的欠缺。因此,可将这些方面作为提高作业质量需突破的重点。

第二,从系统的角度看待作业问题,系统化地解决作业问题。

此项研究反映出的是作业问题,折射出的却是整个教学系统的问题,在初中表现得尤为明显。具体而言,一是教学进度混乱,完全脱离教材,存在着加快教学进度,或选择教学内容的现象。二是随意增加课时,部分仅有2课时的学科,布置的作业居然达到5课时。换句话说,就是每天都有课。三是教学主题选择极为随意,重点把握不当,大量增加复习课,与教学规律相背离。四是作业与教学缺乏关联,出现较多作业内容与教学目标相背离的现象,为应付各类考试而布置与教学内容无关的作业。为此,有必要依据课程标准要求,参考教材的编排,合理、符合规律地安排教学内容,设置教学课时,设计对应作业。

即使是作业内容与教学内容相一致,作业仍然存在着诸多结构性问题。一是作业目标不明,教师在设计作业时,以整体层面的估计居多,对单题的分析相对较少,而写出整体作业目标和分析单题作业要求的频次都较低。失去了合理的目标指向,作业设计就会随意,针对性就会大打折扣。二是作业目标落实情况不佳,有些作业找不到对应的作业目标;有些作业与目标只能部分对应;多数作业指向记忆、抄写性质的低层次目标,缺乏对应用、综合等高层次目标的关注。三是作业分配不均,如完成作业所需时间时长时短,作业的难度时大时小,作业与内容的联系时紧时松;而同一单元的不同作业则各自为政,相互之间缺乏明显联系;作业类型可连续多次非常单调,也可连续多次布置新型作业。

为此,我们倡导单元作业的整体设计。在单元整体上考虑作业目标的分配、作业题目的分配以及作业类型的分配。一是依据标准,参考教材,合理地将单元目标分解至各课时,体现作业目标的系统性与递进性。二是恰当地分配各课时的作业题量,要注意避免不同课时作业时间相差过多,也要注意避免新授课题目与复习课题目的简单重复,更要避免不同新授课之间的重复训练。三是考虑作业类型问题,对于合作型、实践型的作业,需在单元整体上设计,注重实效性,避免为体现新理念而过度增加此类题目的极端现象。

第三,提高学校作业管理水平,关注教师作业专业能力的发展。

教师在教学设计时,作业仅占据了教案极少的空间,往往只有作业序号,不见作业内容,更别说作业分析与说明了。在集体备课时,作业研讨也往往是教学研讨的附庸,是研讨活动最后的壁虎尾巴,时间可长可短,讨论可多可少。在作业实施时,教师年复一年地重复着同样的作业批改方式,日复一日地重复着同样的作业辅导方式与讲评方式,较少考虑处理内容的必要性,也不太考虑处理方式的适切性。这些作业批改与反馈方式既未体现新课程的基本理念,也不符合学生的实际需要。例如,教师批改作业时,最主要的方式是指出存在的错误、评分或打等级,既不符合专家面批的期望,也不符合学生指出存在问题或问题解决思路的需要。

可见,在时间分配层面,人们给予作业以高度重视。而在处理方法层面,人们却对于作业极度忽视。因此,作业需要实现应用重心的转移。本书中相关研究结果表明,加强对于作业的自我反思,加强备课组的专题研讨,有助于发展教师的作业设计能力,提高作业设计质量,提升作业应用效果。因此,需要通过优化作业设计增强作业应用的适切性,通过加强作业分析增加作业讲评与辅导的针对性,从而提高作业效率。

当然,本项研究还发现,仅仅依赖于作业观念转变,而缺乏作业能力层面的有效措施,并不足以引发作业实践的根本性变化。教师作业能力的发展,既需要接受相关作业专业的培训,也需要查阅有用的资料,还需要在实践中加强研讨,不断反思。

第四,增强学校作业要求的明确性,增加学校作业调控的深入性。

学校作业管理文本分析表明,学校对于作业的要求整体上较为宏观,多为一些原则性的要求,缺乏明确的指向。对于作业的检查,更重视是否批改、是否订正等形式层面,对批改质量的关注度不够。对于作业分析与讲评,更是几乎没有规定。以本项研究结果为基础,我们认为,学校可从以下方面明确要求:

关于作业设计,需将增加作业的趣味性作为考虑的重点,优先考虑解释性、选择性、多样性、结构性层面的要求,同时考虑难度、完成时间、科学性等层面具体可操作的要求。

关于作业批改,需考虑增加批改的精细程度,尤其要考虑对学业成绩靠后学生的关注。

改变只判断对错的粗放式的批改方式,将指出存在的问题以及指明解决问题的思路作为批改重点。在必要时可找学生面批,但要注意以鼓励为主。

关于作业分析,需改变仅依赖于经验的分析方式,增加作业结果统计环节,总结存在错误的类型,统计出现各类错误的学生比例,分析错误产生的可能原因,提出改正错误的具体办法。

关于作业讲评,需改变讲评时间过长,但却缺乏针对性的现状,依据作业分析的结果,确定采用个别讲评还是全面讲评的形式。在全班讲评时,需要突出讲评重点,不必面面俱到,需要通过提问的方式诊断学生出现错误的原因。

第五,建立和谐有效的家校关系,促进家校之间良性互动。

目前,学校对于家长提出了较高要求,除基本的检查学生作业完成情况之外,还要求家长帮助学生解决遇到的难题,甚至要求家长和学生一起完成作业。家长问卷调查表明,不少家长认为学校对家长提出的要求过高。对于家长而言,他们更喜欢的参与方式是调控学生的作业时间,在学生完成学校作业后再布置一些额外的作业。

然而,本项研究可使我们认清一个事实,那就是家长参与对于提升作业效果几乎没什么正面影响。无论是仅给学生布置作业,还是参与学生作业完成过程,抑或指导学生解决遇到的难题,对于提高学业成绩几乎没有什么帮助。相反,却明显增加了学生的作业负担。

究其原因,除家长沉重的工作压力外,关键在于家长的辅导能力欠缺。教育是一项专业性很强的工作,需要专业支持。不少家长虽然能够做出题目,但却很难将解题过程讲清楚,更别提能够指导孩子去思考了。这样一来,学生就会处于一种似懂非懂的状态,效果自然就会大打折扣。此外,家长帮助学生完成作业,还有可能导致教师对作业状况产生错误判断,从而过高估计学生水平。

因此,学校与家庭之间的联系,应该更多地体现在就学生的情况进行沟通层面。学校不适合给家长提出过高要求,更不适合给家长布置力所不能及的任务。至于如何提高家长参与质量,在世界范围内也少见成功案例,需以研究与实践探索为基础,不断积累成功经验进行推广。

三、加强作业编制与研究

如何提高作业设计与实施的质量,很多措施的有效性尚待检验。在采取各种行动时,一定要注意研究跟进,有效调控行动方向,准确把握行动效果,并逐步优化行动策略。具体而言,可从作业编制、工具研制、实证研究等三方面着手。

第一,组织精干力量,优化作业编制,减轻教师负担。

体育竞技中,运动员往往各有所长,全能型运动员极少,既全能又有特长的运动员更是凤毛麟角。同样道理,要教师在设计作业、批改作业、分析作业、讲评作业等方面均发展到很高程度,也并不现实。本项作业研究中,教师也表露出希望直接提供优质作业,以减轻作业设计负担的强烈愿望。文本分析表明,小学数学、初中数学作业整体具有相对较高的设计质量,主要是因为多数教师直接使用了教材配套练习册。练习册由专家编写,并经过了多轮审查,使得题目逐步优化,质量日益提升。

当然,对于练习册而言,同样存在选择性欠缺、适应性不够的问题。可供学生自主选择的题目较少,尚不能适应各类学生的不同需要。在一定意义上说,需要提供作业成品,更需要提供充分的资源。例如,对于每一道作业题,若不仅提供题目与答案,还提供作业题目标、类型、难度、完成时间、适合的学生群体等基本信息,无疑会给教师选择作业题带来很大帮助。为此,各类研究部门以及学校,可考虑组织精干力量,从浩瀚无边的题海中,精选高质量的作业题,并精确地标定作业属性,同时提供各课时作业选择与应用的指导性意见,无疑会为提高作业应用水平提供更高的起点,奠定更好的基础。

第二,研制作业设计工具,引导思考路径,提升应用效果。

做事,要做正确的事,也要正确地做事。本项研究已表明,改进作业实践就是在做非常正确的事。若仅提出一些方向性要求,虽然有助于引导教师思考,但教师只能在一种自发的状态下发展,见效会非常缓慢。在国外,较为有效的一种专业发展途径是提供一系列辅助性的工具,引导教师思考的路径,增加教师的思维深度,促使他们在按图索骥的过程中逐步实现方法的内化,最终促进作业专业能力的发展。

例如,对于作业设计而言,若能提供明确的作业设计流程,可帮助教师把握作业设计的主要阶段。若能提供每个环节中需要思考的问题,无疑会促进教师全面深入地思考。如作业遴选阶段,思考作业题的目标是什么,类型是什么,适合于哪一类学生完成;作业形成阶段思考与不同目标相对应的题目是否合适,整体难度是否合理,时间是否合适。而若能提供一些辅助性手段,如以流程图形式表示作业设计过程,通过填写作业属性表分析作业题特征,通过填写作业检核表分析并优化作业质量,无疑会减少教师的技术压力,提高教师思维的质量。同时,使用这些辅助性手段,还可为教师交流提供有效平台,促使他们开展基于证据的交流,从而增加研讨效果。

"上海市提升作业设计与实施品质项目"已致力于通过可视化的技术路径,通过强化辅助性工具的设计,来提高作业设计效果。这些学科作业设计的"可视化技术"工具目前在实证检验阶段,已初步在各学科的作业实践中显示出良好效果,说明此方向的研究切实可行。

为此,可将辅助性工具的设计作为提升作业应用水平的突破重点。

第三,强化实证研究,积累有效方法,促进长效发展。

当今是一个用证据说话的时代,但教育却是很难用证据说话的领域。正因为缺乏证据,人们依据理论说话,依据经验说话,甚至依据感觉说话,最终演变为自说自话,各说各话。于是,专家往往会提出一系列看似美好但却很难落实的方案,而教师则不得不重复着低效乃至无效的劳动。因此,对于提出的方法与措施,到底能够产生怎样的效果,需要进行有效的实证研究,以此来帮助教师建立变革的信心。

例如,前面已提到了开发辅助性工具的问题,这些工具的应用能否提高教师的作业设计能力,又是否会明显地增加教师的作业负担? 都需要在实践中不断证明。又如,本项研究发现,在作业批改中,指出存在的问题或者提供解决问题的思路最有助于增加作业效果,提高学业成绩。同时,学生最喜欢的作业批改方式也是指出存在的问题或提供解决问题的思路,并非专家所倡导的面批。然而,指出问题有多种形式,提供解决问题的思路也有各种可能,如何使指出的问题更具针对性,又如何使提供的思路更为有效,都需要在实践中不断优化,不断提炼,并且用证据证明其有效性究竟有多大。这样才能为研究成果的推广奠定良好的基础。

在当前作业问题众多的情况下,行动研究无疑是较为合适的研究方式。我们需要针对突破的重点,提出试验性的问题解决方案,在行动的同时,不断收集、深入分析相关的证据,不断提炼成功的经验,不断反思存在的问题,不断优化问题解决的方案,最终形成符合本校特点,又具有推广价值的作业问题解决措施。

作为本书的最后一个章节的总结与分析,我们有充分的理由相信,这些并不代表着作业研究的结束,而是代表了作业研究与实践新的开始。在明确作业设计与实施中存在的问题、探寻清楚了问题的原因、挖掘了作业各因素的综合关系后,我们有足够的信心继续作业变革的旅程!

后记

　　这仅仅是一本代表一个研究团队的研究专著,不代表任何官方意见。完成本书撰写时,我们觉得这样一个郑重的声明非常重要。这本书中所描述的一切有关作业的现象与思考,只是本着一个研究团队应该具有的研究态度与社会责任感:真实客观,不渲染,不夸大,不扭曲,实事求是。我们写这本书的良好初衷仅仅是为了撬动作业变革的开始,引起整个社会对作业问题的关注与反思。因为,如果想进行深刻而有意义的教育变革,就需要我们首先具有撩开面纱、直面现实的勇气与魄力,不管这样的现实有多么的残酷与无奈。

　　本着写一本科学、严谨、实事求是的研究专著的初衷,我们客观、真实地用数据、文字、表格、图片途径,描述了我们所发现的,我们所思考到的,我们所分析出来的初步的"研究结论"。我们几乎每表达一些观点,就会用客观的证据来支持,目的只是为了告诉大家:事实就是如此,没有经过任何人为的加工与刻意渲染。当然,我们相信这些有关作业的研究结论,在未来或许还会随着整个教育环境的变更而发生更改或完善。

　　或许一些阅读者在粗粗浏览后会觉得,这本书中揭示的一些作业现象、问题和原因,可能不通过这样的数据收集也会知道个大概。但我们相信,如果读者仔细阅读了整本书后,就会发现这本书的不一样。因为它不仅告诉了大家用什么方法获得了这些结果,保证了结果的可信度;还阐述了作业相关的现象与问题究竟严重到什么程度,并且还用证据和数据解释了这种现象产生的原因,以及可能解决的方法等。更为重要的是,这本书中还揭示了更多我们平时根本没有发现和关注到的作业问题与规律,比如教师作业设计中存在的关键困难,影响作业效果的关键因素,不同教龄教师作业设计与实施中的差异等等,这些对于变革作业来说,都奠定了较扎实的研究基础。当然,我们更加相信,认真细致并致力于作业研究与实践的读者,或许能够从很多数据图表中解读出我们所没有解读到的现象与问题。

　　我们希望这本书能够告诉大家作业究竟有什么问题,有什么经验,有什么原因,有什么可能的解决办法;我们更希望通过这本书,向广大教育工作者传播一种科学严谨的研究方法,传递一种深入钻研的研究精神与态度。作为一本全面透析作业设计、作业实施、作业管理等各个层面的专著,无论是从研究方法,还是研究的态度,以及研究过程中,我们都始终保持着一种科学、严谨、合作和创新的精神。通过这本书开启作业研究之门,让教育改革触摸到最日常、最顽固、最深刻、最难以改革的角落。也希望这本作业研究的专著，能够给课程改革的内涵发展带来新的视角与动力。

这本书仅仅展示了上海市教委教研室2010年就开展的"提升中小学作业设计与实施品质"项目调研的部分研究成果。这本书的形成过程中除了已列出的人员名单外，背后还有很多人的支持与帮助。比如金山区教师进修学院袁小英、陆丁龙、顾啸平等老师，以及奉贤区教师进修学院杨连明、朱琳、马英等老师在作业前期调研的框架设计、预调研中都给予了很多的支持；作业调研的问卷网络平台由上海市远程教育集团和上海市教委教研室倪冬彬等提供技术支持；在作业调研的过程中，得到上海市教育委员会国家督学、巡视员尹后庆的关心，基础教育处正处级调研员朱蕾和金莉莉老师的支持，以及上海市6个抽样区县教育局、教研室和168所被抽样学校的大力支持。在调研方案和调研工具的论证过程中，还得到了华东师范大学杨向东教授、庞维国教授等的指导。由于人员涉及很多，而且本项研究对于被抽样的区县严格保密，所以我们对在本项研究中作出支持和贡献的所有单位以及相关成员表示衷心的感谢！

本书第1章由王月芬，张新宇撰写，第5章，第6章，第7章，第8章主要由王月芬撰写；第9章，第10章主要由相关学科作业文本分析专家撰写；第4章主要由张新宇、汪茂华撰写；第2章，第3章，第11章和第12章主要由张新宇撰写。本书的统稿工作由徐淀芳、王月芬、张新宇完成。

作为一项探索性的大规模研究，本项研究仅是一个非常稚嫩的开始，仍然存在一定不足。比如，少量问题的设计不够恰当，对提炼关键特征造成了影响，如整体作业时间，初中缺少上海市教委规定的1.5小时这个关键点，给统计造成了一定困难。又如，有些标准的确定还较为粗略，如学科文本分析时评价作业的标准，各学科还存在较大差异，会降低了分数的解释力等。因此，本项研究得出的成果，与其说是定论，不如说是一系列新的有一定依据的研究假设，期望这些假设能够为教育研究部门、学校和广大学科教师提供一些方向、思路层面的启示，使得作业研究能够在更大范围内更为高效地开展，从而推动我国的作业改革向纵深方向发展。

作业的变革远远不像这本书写完就能够解决一样，这仅仅是一个开始。这本书还不够完善，希望能够对作业研究与实践，起到抛砖引玉的作用，也希望得到广大教育工作者和社会的批评指正！希望这本书能够真正打开作业研究之门，为引领作业未来研究与实践的道路发挥应有的作用！

徐淀芳

2014年4月